HEYNE <

Das Buch

»Mit den Möbeln machen Sie sicherlich das meiste Geld. Aber vergessen Sie nicht den Deal. Es muss wirklich alles durchgesehen werden. Darauf hat er besonderen Wert gelegt.«

»Aber warum?«

»Das können wir ihn nicht mehr fragen, nicht wahr?«

Hannah legte den Kopf ein wenig schief. »Sie wollen mir doch nicht erzählen, dass Sie gar nicht neugierig waren und ihn nie danach gefragt haben.«

Mrs. Foley blinzelte in die Sonne. »Er sagte mal: ›Diese ganzen alten Geschichten, ich weiß nicht, ob sie erzählt oder vergessen gehören. Sollen das die Menschen entscheiden, die nach mir kommen.‹«

»Klingt, als steckte mehr dahinter.«

»Möglich. Wie auch immer, es wurde testamentarisch verfügt. Und der Erlös aus dem Verkauf wird gespendet.«

Hannah verstand immer noch nicht recht, was hinter diesem ganzen Aufwand steckte. Irgendein Geheimnis musste es doch geben. Warum reichte es nicht, die Möbel zu verkaufen und die Unterlagen an ein Archiv zu geben, dessen Mitarbeiter sich dann um alles Weitere kümmern würden?

Die Autorin

Liz Balfour, geboren 1968, studierte Theaterwissenschaften und ist als Dramaturgin in Deutschland sowie im englischsprachigen Raum tätig. Schon von früher Jugend an war sie fasziniert von Irland, der grünen Insel, und verbringt ihre freie Zeit am liebsten im County Cork.

Lieferbare Titel

Ich schreib dir sieben Jahre
Emmas Geheimnis
Die dritte Schwester

LIZ BALFOUR

DAS HAUS
BEI DEN FÜNF WEIDEN

Roman

WILHELM HEYNE VERLAG
MÜNCHEN

MIX
Papier aus verantwortungsvollen Quellen
FSC® C014496

Verlagsgruppe Random House FSC® N001967
Das für dieses Buch verwendete FSC®-zertifizierte
Papier *Salzer Alpin* wird produziert von UPM, Schongau
und geliefert von Salzer Papier, St. Pölten, Austria.

Originalausgabe 02/2016

Redaktion: Catherine Beck
Umschlaggestaltung: Eisele Grafik-Design, München
Satz: KompetenzCenter, Mönchengladbach
Druck und Bindung: GGP Media GmbH, Pößneck

Printed in Germany
ISBN 978-3-453-47126-9

www.heyne.de

1.

Hannah wusste nicht, ob sie dieses Haus nie wieder betreten oder sich monatelang darin einschließen wollte. Von außen war dem großzügigen Landsitz aus dem 19. Jahrhundert noch nicht anzusehen, was sie hinter den vielen Türen erwarten sollte. Die Nachlassverwalterin Mrs. Foley warnte sie vor: »Ich vermute, so etwas haben Sie noch nicht gesehen.« Sie führte Hannah aus der strahlenden Frühlingssonne in die dunkle, kühle Halle. Die Sonnenstrahlen, die durch die Kastenfenster fielen, wirkten wie durchsichtige Balken, projiziert aus einer anderen Welt. Zwar zeugten die abgetretenen Teppiche, die leicht vergilbten Tapeten, die altmodischen Vorhänge von einer gewissen Nachlässigkeit des Hausbesitzers gegenüber einer moderneren Gestaltung der Räume, aber ansonsten wirkte die Halle vollkommen normal. Anders als der Rest des Hauses.

In den Küchenschränken fanden sich Dosenvorräte, als würde ein mehrmonatiger Belagerungszustand erwartet. Geschirr und Besteck gab es allerdings nur in überschaubarer Menge, so als hätte der Bewohner des Hauses nie einen Gast erwartet, und alles, vom Boden über den Herd bis hin zu den Fenstern, war makellos sauber, wenn auch altmodisch. Ein blau lackierter Holzstuhl, von dem an manchen Stellen die Farbe abblätterte, stand an dem quadratischen Küchentisch, auf dem eine weiße Tischdecke lag. In den Bädern türmten sich Seifenschachteln, alle von derselben Sorte, außerdem Toilettenpapier, ebenfalls nur eine Sorte, frisch gewaschene, aber bereits etwas fadenscheinige Handtücher, die sich rau anfühlten, als Hannah vorsichtig die Hand nach ihnen ausstreckte. Es gab Dutzende Flaschen mit Rasierwasser von einer Marke, deren Produktion vor Jahren eingestellt worden war, verpackte neue Zahnbürsten, alle blau und identisch, und nur wenige persönliche Dinge. In dem großen Badezimmer im ersten Stock gab es keine Dusche, nur eine Badewanne, und die Wasserhähne sahen aus, als stammten sie aus dem frühen 20. Jahrhundert. Wie in der Küche war auch hier alles sehr rein.

Als Nächstes ging die Frau mit Hannah zum Schlafzimmer. Es war, als verfolgte sie bei dieser Hausführung eine eigene Dramaturgie, und tatsächlich sagte sie, bevor sie die Tür öffnete: »Ich will Sie langsam auf das vorbereiten, was auf Sie zukommt.«

Dort stand ein breites Bett mit einem riesigen Kopf- und Fußteil aus dunklem Holz. Nur auf einer Seite lag Bettzeug, es war abgedeckt mit einer grau-braunen Tagesdecke, die so alt wirkte wie das Haus, das Bett und der wuchtige Kleiderschrank, in dem sich bequem eine ganze Schulklasse hätte verstecken können. Mrs. Foley öffnete den Kleiderschrank und zeigte auf mehrere identische, aus der Mode gekommene Anzüge und weiße Hemden. Alles war sauber und akkurat aufgehängt. Hannah vermutete, dass Unterwäsche und Socken in den unteren Schubladen lagen, und stellte sich auch da eine geradezu unheimliche, uniforme Ordnung vor. Das alles hätte sie vielleicht nur kurios gefunden, wären da nicht die Regalwände gewesen, die offensichtlich nachträglich in das Schlafzimmer eingebaut worden waren. Die Regale ließen an den Wänden nur Platz für Bett, Schrank, Tür und Fenster und reichten vom Boden bis unter die Decke. In den einzelnen Fächern standen alte Bücher, die Regalbretter waren so angebracht, dass kein Platz verschwendet wurde. Sie verliefen sogar unter dem Fenster und über der Tür entlang. Die Bücher waren offenbar vor allem nach ihrer Größe sortiert. Als Hannah einen Schritt näher trat, sah sie, dass jedes Buch auf dem Rücken einen kleinen Zettel mit einer Art Archivnummer trug.

»Er hat wohl gern gelesen«, sagte Hannah.

»Nein«, erwiderte die Nachlassverwalterin.

Hannah hob erstaunt die Augenbrauen.

»Er hat die Bücher vor allem gesammelt und archiviert.« Als Mrs. Foley Hannahs fragenden Blick sah, lachte sie. »Wir sind noch nicht fertig mit unserer Hausbesichtigung.«

Es gab noch sieben weitere Zimmer. Im Normalfall hätte Hannah erwartet, dass die oberen Räume ebenfalls als Schlaf- oder Kinderzimmer genutzt würden, die vier unteren als Wohnräume. Der Verstorbene aber hatte aus all diesen Zimmern etwas gemacht, das sich am besten als eine Art Archiv beschreiben ließ. Regale mit Büchern und Ordnern, alten Zeitungen und Magazinen, Alben und Notizheften, stapelweise Kisten, alles war ordentlich beschriftet und folgte mit Sicherheit einem System. In jedem Zimmer gab es einen kleinen quadratischen Tisch, so groß wie der in der Küche, aber aus Metall, dazu einen zweckmäßigen Stuhl, ebenfalls aus Metall. Nur in einem der unteren Räume, dem größten im ganzen Haus, fand sich zwischen den Regalen so etwas wie eine gemütliche Leseecke vor einem Kamin: ein abgenutzter, mit grünem Samt bezogener Chippendale-Sessel, eine passende Fußbank, ein Abstelltischchen. Dieses Zimmer unterschied sich auch dadurch, dass ein Teil der Regale die Register beherbergte, in denen aufgelistet war, was unter welcher Archivnummer wo zu finden war. Ein Stehpult fand sich vor dem Register; es sah aus, als hätte es einmal in einer Kirche gestanden. Es war aber kein Kreuz darauf zu erkennen.

Hannah war aufgefallen, dass die Luft hier kühler war als im Rest des Hauses.

»Die Luft hier drin …«, begann sie.

»Ja. Klimaanlage. Sie sehen ja, dass er sonst nicht viel Geld ausgegeben hat, aber die Klimaregulierung der Räume ist auf dem modernsten Stand. Luftfeuchtigkeit, Temperatur, alles ist genau eingestellt.«

»Er muss eine beeindruckende Stromrechnung gehabt haben.«

»Die hatte er.«

»Warum stellen Sie die Klimaanlage nicht ab?«

Mrs. Foley schien in ihrem dunkelblauen Kostüm

kurz zu erschauern, dann sagte sie: »Lassen Sie uns in die Sonne gehen.«

Die beiden Frauen gingen in die Küche und traten durch die Hintertür in den weitläufigen Garten. Das Haus lag ein paar Kilometer nördlich von Bandon. Es gab keine direkten Nachbarn, und der Garten, der zum Haus gehörte, war nur durch einen kaputten Holzzaun von den umliegenden Feldern getrennt. Der Besitzer, ein Dr. Thomas Oliver, hatte vielleicht in seinem Haus penibel auf Ordnung geachtet, sein Garten aber schien ihm egal gewesen zu sein. Scheinbar wuchs und wucherte es hier, wie es der Natur gefiel, und erst auf den zweiten Blick sah Hannah, dass wohl doch gelegentlich ordnend eingegriffen wurde: Kleine Wege waren freigeschnitten, sie erkannte Blumenbeete neben Sträuchern und Büschen, und je länger sie hinsah, desto mehr glaubte sie, einen kreativen Geist zu spüren, der das Freie und Wilde der Natur liebte und schätzte und damit umzugehen wusste. Hannah merkte erst jetzt, wie eine Anspannung von ihr abfiel, die sich durch die Strenge und Kühle des Hauses in ihr aufgebaut hatte.

»Jemand aus dem Dorf kommt zwei, drei Mal im Jahr vorbei und kümmert sich um das Nötigste.« Mrs. Foley hatte bemerkt, wie Hannah das wilde Grün betrachtete. Sie deutete auf eine weiß gestrichene Holzbank, die unter einer Birke stand. Die Farbe der Bank platzte längst ab und ähnelte dadurch dem Stamm der Birke, das Weiß war verwaschen und angegraut und an manchen Stellen auch schon etwas grünlich. Sie setzten sich.

Mrs. Foley nahm eine Packung Zigaretten aus ihrer Handtasche, bot Hannah eine an, die aber ablehnte, und zündete sich ihre an. »Thomas Oliver hat in seinem Testament verfügt, dass die Klimaanlage für seine Sammlungen weiterläuft, bis alles begutachtet wurde. Der Erlös aus dem Verkauf seines Nachlasses soll an eine Organisation gehen, die sich um Kriegsflüchtlinge kümmert. Er hat mir eine Liste mit Antiquitätenhändlern und Antiquaren gegeben, die auch berechtigt sind, Gutachten zu erstellen, darunter Ihre Mutter. Tja, und was soll ich sagen, ich habe Sie ausgewählt. Wenn Sie wollen.« Mrs. Foley blies Rauch aus und legte den Kopf in den Nacken. »Wollen Sie?«

Hannah lehnte sich ebenfalls zurück und legte den Kopf in den Nacken. Mrs. Foley blies wieder Rauch aus, und Hannah sah zu, wie er zu den Ästen der Birke aufstieg und dabei immer dünner wurde.

»Wie lange dauert es, das alles durchzusehen?«, fragte sie.

»Keine Ahnung. Jahre?«

Hannah lachte. »Sie scherzen.«

»Machen Sie sich keine Sorgen. Er hat genug Geld hinterlassen, um noch sehr lange Zeit die Unterhaltskosten für das Haus zu zahlen. Daran wird es kaum scheitern.«

Hannah dachte nach. »Wäre es nicht besser, ein paar Mitarbeiter von einem Archiv oder einer historischen Gesellschaft dranzusetzen?«

»Das hat er ausdrücklich untersagt. Er wollte nicht, dass jemand möglicherweise einen persönlichen Nutzen daraus zieht oder Persönlichkeitsrechte verletzt werden, bevor alles von neutraler Stelle gesichtet wurde.«

»Persönlichkeitsrechte?«

»Fotos, Briefe …«

»Du meine Güte.«

»Ja, es gibt einiges zu bedenken. Was darf an die Öffentlichkeit, was bleibt unter Verschluss, und vor allem: Wo gehen die Dinge hin, die unter Verschluss bleiben … finden sich da noch Erben?«

»Du meine Güte.«

»Das sagten Sie schon. Jedenfalls sind deshalb alle Gutachter, die infrage kommen, aus England, Kanada oder den USA, und keiner von ihnen hat auch nur entfernt Verwandtschaft in Irland.« Sie setzte sich wieder gerade hin, Hannah tat es ihr gleich. »Er hat besonders akribisch Material über die Familien aus dem County gesammelt. Nicht nur das, er hat wirklich alles aufgehoben: Einkaufslisten, Quittungen, Parktickets, Werbeblättchen …«

»Und das soll wirklich begutachtet werden?«

»Oh, es sind auch wertvollere Dinge darunter, nicht nur alte Parktickets. Bei den Büchern könnten einige Erstausgaben dabei sein. Und dann gibt es ja Sammler für die verrücktesten Dinge, die sogar für alte Werbeblättchen eine Menge Geld ausgeben.«

»Im Ernst?«

Mrs. Foley hob die Schultern, warf den Zigarettenstummel vor sich auf die Erde und trat die Glut aus. »Sie sind hier, um festzustellen, ob etwas dabei ist, das sich lohnt. Wenn es irgendwo Sammler für Kassenzettel aus irischen Metzgereien der Fünfzigerjahre gibt, werden Sie sie finden. Das ist der Deal, nicht wahr?«

»Ich dachte, es ginge um Möbel.«

»Auch. Die stehen auf dem Speicher, in der Garage und im Gartenhaus. Er hatte ja keinen Platz dafür.«

Hannah hatte kein Gartenhaus bemerkt. Mrs. Foley zeigte auf ein Grüppchen eng beieinanderstehender Weiden, hinter denen eine hohe Hecke wucherte. Jetzt erkannte Hannah ein Dach hinter der Hecke. Das Gartenhaus, offenbar.

»Mit den Möbeln machen Sie sicherlich das meiste Geld. Aber vergessen Sie nicht den Deal. Es muss wirklich alles durchgesehen werden. Darauf hat er besonderen Wert gelegt.«

»Aber warum?«

»Das können wir ihn nicht mehr fragen, nicht wahr?«

Hannah legte den Kopf ein wenig schief. »Sie wollen mir doch nicht erzählen, dass Sie gar nicht neugierig waren und ihn nie danach gefragt haben.«

Mrs. Foley blinzelte in die Sonne. »Er sagte mal: ›Diese ganzen alten Geschichten, ich weiß nicht, ob sie erzählt oder vergessen gehören. Sollen das die Menschen entscheiden, die nach mir kommen.‹«

»Klingt, als steckte mehr dahinter.«

»Möglich. Wie auch immer, es wurde testamentarisch verfügt. Und der Erlös aus dem Verkauf wird gespendet.«

Hannah verstand immer noch nicht recht, was hinter diesem ganzen Aufwand steckte. Irgendein Geheimnis musste es doch geben. Warum reichte es nicht, die Möbel zu verkaufen und die Unterlagen an ein Archiv zu geben, dessen Mitarbeiter sich dann um alles Weitere kümmern würden? Aber sie merkte schon, dass sie bei Mrs. Foley nicht weiterkommen würde, also sagte sie: »Sie hätten uns sagen können, dass er ein … Messie war.«

Mrs. Foley lachte. »Aber nein, das war er nicht. Ein Messie muss zwanghaft Dinge horten und kann seine Wohnung, sein ganzes Leben nicht in Ordnung halten. Dr. Oliver war das genaue Gegenteil! Er konnte sich problemlos von Dingen trennen – es sei denn, sie interessierten ihn. Und wie ordentlich er war, haben Sie selbst gesehen.«

»Was hat ihn denn interessiert?«

Mrs. Foley hob die Schultern. »Sehen Sie selbst nach. Also? Was sagen Sie?«

Langsam wurde Hannah klar, dass nicht nur Thomas Oliver etwas exzentrisch gewesen war. Seine Nachlassverwalterin hatte er wohl nicht ohne Grund ausgesucht. Sie schien zumindest eine große Sympathie für die Verschrobenheiten ihres verstorbenen Klienten gehabt zu haben.

Mrs. Foley nahm die nächste Zigarette aus der Schachtel und zündete sie sich an. Wieder bot sie Hannah eine an.

»Schütteln Sie wegen der Zigarette den Kopf oder weil Sie nun doch kalte Füße bekommen haben? Ich könnte es verstehen.«

Hannah dachte daran, wie sie sich schon als Kind am

liebsten durch die alten Bücher und Fotoalben ihrer Großeltern gewühlt hatte. Wie sie mehr Zeit in der Schulbibliothek als auf dem Schulhof verbracht hatte. Wie es ihr später an der Universität anders als den meisten ihrer Kommilitonen nichts ausgemacht hatte, Tage und Nächte über komplizierten Prozessakten zu brüten und Präzedenzfälle zu studieren. Sie hatte es geliebt, sich in etwas hineinzugraben, sich zu verbeißen, in anderen Welten zu wühlen. Und sie hatte es mindestens ebenso sehr geliebt, die Möbelstücke und Gemälde zu erkunden, die im Antiquariat ihrer Mutter aufbereitet und dann verkauft wurden, mit den Fingern über die Oberflächen zu streichen, ihren Geruch einzuatmen … Irgendwann durfte sie dabei helfen, Schubläden zu leimen oder Scharniere auszutauschen, und es kamen immer mehr Arbeiten hinzu, die sie mit Hingabe und Akribie ausführte, und zwar nicht nur, um sich ihr Taschengeld aufzubessern.

Die Welt von Thomas Oliver konnte sie auf Wochen, wenn nicht Monate verschlingen. Ohne auch nur einen Blick in einen einzigen Ordner, auf ein einziges Dokument geworfen zu haben, spürte sie, dass das, was in diesem Haus auf sie wartete, intensiver und leidenschaftlicher war als alles, womit sie sich bisher beschäftigt hatte. Warum sonst hätte sich ein fast hundertjähriger Mann jahrzehntelang mit diesen Dingen umgeben?

Oder er war einfach nur senil oder gestört, dachte Hannah, während sie dabei zusah, wie Mrs. Foley mit ihren spitzen Absätzen kleine Löcher in die Erde grub.

»Darf ich eine Nacht darüber schlafen? Ich muss mich auch erst noch mit meiner Mutter beraten. Damit«, sie zeigte auf das Haus und dann zur Sicherheit noch in Richtung des Gartenhäuschens, »haben wir nicht gerechnet.«

Mrs. Foley erhob sich und lächelte. »Wenn Sie Ja gesagt haben, richte ich Ihnen hier ein kleines Gästezimmer ein.« Hannahs Augen mussten sich vor Schreck geweitet haben, denn sie fuhr fort: »Keine Sorge, ich mute Ihnen nicht zu, in sein Schlafzimmer zu ziehen. Aber vielleicht in einen der unteren Räume, dort, wo der Lesesessel steht? Ich denke, da könnte man Platz für ein Bett machen. Oder wir finden eine andere Lösung. Okay, ich sehe es Ihnen an. Sie wollen lieber in der Pension wohnen. Kein Problem.«

»Ich muss wirklich erst darüber nachdenken«, murmelte Hannah, stand nun ebenfalls auf und folgte der Frau. Sie gingen um das Haus herum über einen fast überwucherten Pfad, vorbei an frisch ausschlagenden Büschen und Bäumen und nach vorn, wo Hannah den Mietwagen geparkt hatte.

»Sie würden das sehr gut machen, das weiß ich«, sagte Mrs. Foley zum Abschied. »Sie wirken wie jemand, der weiß, worauf es ankommt.«

»Wie meinen Sie das?«

Die Nachlassverwalterin lachte laut auf. »Na, Sie sind immerhin nicht sofort schreiend rausgerannt. Ich halte das für ein sehr gutes Zeichen.« Sie reichte Hannah zum Abschied die Hand. »Wir telefonieren morgen, in Ordnung?«

Hannah verabschiedete sich und stieg in den Mietwagen. Auf der kurzen Fahrt zurück zu der Pension in Bandon schwankte sie zwischen einer Begeisterung, die ihr fast schon Angst machte, und Fluchtgedanken, die sie für absolut angemessen hielt. Dann entschied sie sich, nicht auf ihr Zimmer zu gehen, sondern sich in den kleinen Biergarten des Pubs zu setzen, der zur Pension gehörte.

Der Mann hinter der Theke hatte bemerkenswerte blaue Augen. Obwohl er bestimmt in Hannahs Alter, wenn nicht einige Jahre älter war – sie tippte auf vierzig, höchstens –, hatte er den jungenhaften Charme eines Studenten. Kurz überlegte Hannah, mit ihm zu flirten. Es wäre an der Zeit, sich wenigstens testweise wieder für Männer zu interessieren. Sie warf einen prüfenden, aber – wie sie hoffte – unauffälligen Blick auf die spiegelnde Oberfläche ihres Smartphones: Der dunkelblonde Zopf ließ sie etwas streng wirken, die helle Stoffhose und die grüne Bluse unterstrichen diesen Eindruck vermutlich noch. Keine gute Ausgangsbasis.

Und dann dachte sie: Wozu auch, ich komme sowieso nicht wieder hierher zurück.

THOMAS

Die allergrößte Liebe im Leben ist manchmal die, die sich nicht erfüllen kann. Es mag Menschen geben, die sagen, dass sich die Liebe abnutzt, sobald sie sich erfüllt, und vielleicht haben sie recht. Mich hat es tatsächlich nie unglücklich gemacht, Sara zu lieben. Aber ich kann nicht glauben, dass ich sie jemals weniger geliebt hätte, wenn wir ein Paar geworden wären.

Ich weiß noch, wie ich sie zum ersten Mal sah. Ich war zu Besuch bei meinen Eltern. Das letzte Jahr meiner Doktorarbeit stand bevor, und ich wollte zwei Wochen weit weg von Dublin verbringen, wo ich damals studierte, um mich ein wenig zu erholen. Meine beiden Brüder würden zu der Zeit ebenfalls dort sein, und ich freute mich, sie wiederzusehen. Charles, der ältere, war sechsundzwanzig und Lehrer für Naturwissenschaften an einem Jungeninternat im County Meath, und Patrick, gerade mal zwanzig, war gleich nach der Schule in die Armee eingetreten. Er war südlich von Dublin stationiert. Nach der anstrengenden Reise und einem fröhlichen Abendessen, das bis tief in die Nacht angedauert hatte, schliefen wir lange, fast bis zum Mittag. Schließlich kam ich runter zu meinen

Eltern, die hinter dem Haus im Garten saßen und die Sommersonne genossen. Von meinen Brüdern war noch nichts zu sehen oder zu hören.

»Ich kümmere mich jetzt um den Abwasch«, sagte ich.

»Das musst du nicht«, antwortete meine Mutter.

Verärgert rief ich: »Ihr habt doch nicht etwa selbst alles sauber gemacht! Wir haben euch versprochen, dass wir uns darum kümmern!«

Jetzt lächelte sie beruhigend. »Die neue Haushälterin ist schon gekommen. Sie hat gehört, dass wir zwei Wochen lang Besuch haben würden. Irgendjemand im Dorf muss es ihr gesagt haben. Da ließ sie sich nicht davon abbringen, schon früher anzufangen.«

»Sie sollte erst in ein paar Tagen anfangen, am 1. September«, sagte mein Vater. »Eine tüchtige Person, die Neue. Das merkt man sofort.«

»Ich habe es versprochen«, wiederholte ich. »Vielleicht ist sie noch nicht fertig, und ich kann doch noch helfen.«

Meine Eltern lachten und riefen mir nach, sie sei bereits seit sieben Uhr im Haus.

Als ich die Küche betrat, war sie natürlich längst mit dem Abwasch fertig und bereitete schon das Mittagessen vor. Ich konnte gar nichts sagen, ich war einfach schockiert von ihrem Anblick. Und ich weiß nicht mal genau, was es war, das mir die Sprache verschlug.

»Entschuldigung, ich wollte Sie nicht erschrecken«, sagte sie ruhig. »Haben Ihnen Ihre Eltern nicht gesagt, dass ich hier bin?«

Ich stammelte etwas, ich wusste selbst nicht, was ich da von mir gab.

Sie hob ein wenig die Augenbrauen. »Ich bin Sara. Sie müssen Mr. Thomas Oliver sein, der mittlere Sohn, nicht wahr?« Sie kam mir entgegen und hielt mir die Hand hin.

Stumm schüttelte ich sie und schaffte es gerade noch zu nicken. Meine Eltern legten Wert darauf, dass die Frauen, die ihnen im Haushalt halfen, nicht wie niedere Dienstboten behandelt wurden, sondern wie das, was sie waren: selbstbewusste Frauen, die mit harter Arbeit Geld verdienten, um ihren Lebensunterhalt zu verdienen und ihre Familien durchzubringen. Meine Familie war seit Generationen sehr wohlhabend. Man hatte uns dazu erzogen, diesen Wohlstand nicht als selbstverständlich hinzunehmen, sondern demütig und dankbar zu sein. »Bemüht euch immer, Gutes zu tun, und tut es nie mit Herablassung«, hatte mein Vater oft gesagt, dabei hätte er es gar nicht sagen müssen. Er lebte es vor. Deshalb stand die neue Haushälterin – wie schon ihre Vorgängerinnen – mit festem Blick vor mir und reichte mir die Hand.

Als ich immer noch nichts erwiderte, lächelte sie knapp und sagte: »Ich muss Sie ja wirklich furchtbar erschreckt habe. Das tut mir sehr leid. Hoffentlich gewöhnen Sie sich trotzdem an mich, damit wir die nächsten beiden Wochen gut miteinander auskommen.«

Wieder konnte ich nichts weiter tun, als zu nicken. Ich murmelte eine entschuldigende Ausrede, warum ich dringend gehen müsse, und lief zurück in den Garten zu meinen Eltern.

Mittlerweile waren auch meine Brüder aufgestanden, und wir verbrachten die Zeit bis zum Mittagessen damit, den wunderbaren Garten zu bewundern. Mein Vater schlug vor, bei dem schönen Wetter draußen zu essen. Wir halfen ihm, Tisch und Stühle hinauszuschleppen, und als Sara zusammen mit meiner Mutter den Tisch deckte, hatte ich Gelegenheit, sie in Ruhe zu betrachten. Ich hatte viele schöne Mädchen in Dublin gesehen, und mit der einen oder anderen war es zu einer flüchtigen Liebesbeziehung gekommen, mit ein paar wenigen auch zu mehr – allerdings nichts, wovon man seinen Eltern erzählen würde. Seit ein paar Monaten aber gab es eine, die mir den Kopf verdreht hatte. Eine intelligente, schöne junge Studentin, melancholisch und zärtlich an manchen Tagen, wild und ungestüm an anderen. Eine Frau, die es mir nicht einfach machte, und das gefiel mir. Ich erzähle das, um zu sagen: Ich war nicht unerfahren, ich war nicht ausgehungert, ich fühlte mich auch nicht einsam oder verzweifelt. Es gab keinen Grund, warum mich Sara so faszinierte, außer dem einen: Sie war der faszinierendste Mensch, der mir je begegnet war. Selbst die junge Frau, in die ich bis dahin unsterblich verliebt zu sein glaubte, erschien mir mit einem Mal belanglos, meine Gefühle zu ihr oberflächlich. Wie könnte ich diese Magie erklären, die mich von der ersten Sekunde an gefangen hielt? Ich kann es nicht.

Sara war schön, aber auf eine andere Art als die jungen Mädchen in Dublin. Sie war so schön, wie es nur eine erwachsene Frau sein konnte. Ich schätzte sie auf Ende dreißig, um die grünen Augen herum zeigten sich feine Fältchen, und der erste Anflug von einzelnen weißen Haaren war in ihren fast schwarzen Locken zu erkennen, wenn man genau hinsah. Sara war fast so groß wie ich, über eins siebzig. Ihr Auftreten war selbstsicher, aber zurückhaltend. Sie sprach nicht mehr als nötig, obwohl ich mir wünschte, ihre weiche, dunkle Stimme öfter zu hören. Ihr Blick war wach und klar, und mir kam es vor, als würde ihr nicht das geringste Detail entgehen, als könne sie in uns allen lesen wie in einem offenen Buch.

Ich weiß, wie das klingt. Wie albern und schwärmerisch und übertrieben … Aber es war genau so. Diese erste Begegnung berührte etwas in mir, erweckte Gefühle zum Leben, die mir bis dahin unbekannt gewesen waren. Dreiundzwanzig Jahre war ich alt und genoss mein Studentenleben in vollen Zügen – und jetzt stand ich hier und verliebte mich rettungslos in eine so viel ältere Frau, von der ich nichts wusste. Nichts außer der Tatsache, dass ihr mein Herz gehörte. Ich konnte nicht ahnen, dass sie es für immer behalten würde, noch über ihren Tod hinaus. Aber vielleicht spürte ich es an diesem Tag. Manchmal denke ich wirklich, dass ich es damals schon wusste.

Nach dem Essen bereiteten mein Vater und Charles eine Schachpartie vor. Patrick und ich rauchten, und ich zog ihn damit auf, dass wir ihn manchmal immer noch »den kleinen Paddy« nannten, weil er der Jüngste war.

Aber mittlerweile überragte er uns alle, und ich musste den Kopf fast in den Nacken legen, wenn ich ihn beim Reden ansah. Lang und dünn war er, kein Kraftprotz, sondern ein zäher Ausdauersportler. Sein noch jungenhaftes Gesicht reizte uns aber trotzdem immer wieder, den alten Spitznamen zu verwenden.

Meine Mutter nahm sich ein Buch, las aber nicht wirklich darin, sondern blinzelte vergnügt in die Sonne, bis sie irgendwann einschlief. Sara räumte den Tisch ab. Als Patrick und ich ihr helfen wollten, lehnte sie ab, lächelte aber sogar und sagte: »Bestimmt haben Sie im Leben noch oft genug Gelegenheit, Tische abzuräumen. Aber jetzt haben Sie zwei Wochen frei.«

Ich konnte nicht sitzen bleiben und mich bedienen lassen. Trotz ihrer Proteste half ich ihr, und Patrick folgte etwas mürrisch meinem Vorbild. In der Küche fragte ich: »Woher kommen Sie? Sind Sie aus Bandon? Ich habe Sie noch nie dort gesehen.«

Sara sah mich ruhig an. »Sie waren einige Jahre nicht hier.«

»Ich habe meine Eltern besucht. Sie wären mir doch bestimmt …« Aufgefallen, hätte ich fast gesagt, aber ich konnte mich gerade noch rechtzeitig korrigieren: »… mal über den Weg gelaufen, oder nicht?«

Der kleine Paddy war längst nicht so sensibel wie Charles, aber selbst er merkte, dass da gerade etwas mit mir geschah. Eilig verschwand er aus der Küche.

Sara ließ sich Zeit mit der Antwort. »Ich war auch einige Zeit nicht hier«, sagte sie schließlich. »Meine letzte Anstellung war in Wexford.«

»Ach, das ist aber wirklich ein Stück weg«, sagte ich und war mir bewusst, dass ich wie ein Idiot klang. Sie drehte sich um, und ich vermutete, dass sie sich ein Grinsen verbiss. Kläglich versuchte ich, die Situation zu retten, indem ich sagte: »Wie ist es denn in Wexford? Ich war noch nie dort. Ist es schön?«

Sie wandte sich wieder mir zu, und ich konnte ihr ansehen, dass sie meine Frage ernst nahm. »Es ist wohl nicht mehr so viel los, seit sie vor dreißig Jahren den Hafen in Rosslare gebaut haben. Jedenfalls hat man es mir so erzählt. Ich fand es schön dort. Ich mag Hafenstädte. Auch wenn nicht so viel los ist.« Jetzt lächelte sie, aber nicht, weil sie sich über mich lustig machte. Ihre grünen Augen funkelten.

Ich stellte ihr noch ein paar Fragen über die kleine Hafenstadt und den Südosten, achtete dabei jedoch darauf, nicht zu persönlich oder indiskret zu werden. Mein Eindruck war, dass es ihr auffiel und sie es sehr zu schätzen wusste. Wir hörten erst auf zu reden, als Charles den Kopf zur Tür hereinsteckte und mich fragte, ob ich jetzt mit unserem Vater weiterspielen wolle. Wie viel Zeit vergangen war, wusste ich nicht. Aber ich ging hinaus in den Garten und spielte die Partie Schach so unkonzentriert wie nie, sodass mein Vater mir unterstellte, ich ließe ihn gewinnen, weil ich wohl der Meinung sei, man dürfe einen alten Mann nicht zu sehr fordern.

Ich wurde erst wieder ruhiger, als es Abend war und Sara fortging. Am liebsten wäre ich ihr nachgegangen, hätte sie gefragt, ob ich sie begleiten soll, aber ich wusste, dass ich das unmöglich tun konnte. Ich hätte mich zum Gespött gemacht, vor meiner Familie, vor Sara. Und was wusste ich denn schon von ihr? Wahrscheinlich kehrte sie zurück zu Mann und Kindern. Am nächsten Tag würde ich sie wiedersehen, sagte ich mir. Zwei Wochen lang jeden Tag. Bestimmt, so dachte ich, würde sich diese Unruhe in mir legen – ja, das redete ich mir die ganze Nacht lang ein, obwohl ich es tief in mir längst besser wusste.

Ich stellte mir vor, wie ich zwei unbeschwerte Wochen mit meinen Brüdern und unseren Eltern verbringen würde. Wie wir über schöne Ereignisse in unseren Leben sprechen, aber auch den Weg Irlands, die politische Situation Europas durchnehmen würden. Es würde uns keine Sekunde langweilig werden, nicht bei so unterschiedlichen Geschwistern, wie wir es waren. Wir verstanden uns trotz aller Meinungsverschiedenheiten stets gut, weil wir gelernt hatten, die Haltung der anderen zu respektieren. Ich freute mich auf diese anregende Zeit, und war sicher, dass ich sie erleben würde. Bevor ich im Morgengrauen endlich einschlief, glaubte ich sogar daran, Sara davon überzeugen zu können, sich wenigstens von mir küssen zu lassen, und wenn es nur ein flüchtiger Kuss am letzten Tag wäre. Ich hatte keine Vorstellung davon, was tatsächlich kommen würde.

Es war nicht irgendein August, in dem ich Sara kennenlernte.

Es war der August des Jahres 1939.

2.

Als Hannah in Carolines fragendes Gesicht sah, bekam sie ein schlechtes Gewissen.

»Wenn du das gesehen hättest, wärst du auch wieder gegangen«, sagte sie schnell.

»Hallo. Wie war dein Flug? Warum hast du nicht angerufen? Ich hätte dich abholen können«, begrüßte Caroline ihre Tochter.

Hannah zog ihren Rollkoffer hinter sich her, während sie an ihrer Mutter vorbei ins Hinterzimmer des Antiquitätenladens ging. Dort setzte sie sich auf den kleinen Sessel vor dem überfüllten Schreibtisch. Sie musste an die akribische Ordnung von Thomas Oliver denken, dann an Mrs. Foley in ihrem dunkelblauen Kostüm und den hochhackigen Schuhen. Ihre Mutter achtete mindestens genauso sehr auf ihr Äußeres wie die irische Nachlassverwalterin, sie war ebenso darauf bedacht, seriös und kompetent zu wirken. Aber sie hatte sich für einen vollkommen anderen Look entschieden: flache, elegante Schuhe, die trotzdem sehr bequem waren, weite Marlenehosen, dazu raffiniert geschnittene Blusen, die einerseits sehr feminin und modisch wirkten, gleichzeitig aber praktisch und bequem genug waren, dass Caroline zupacken konnte, wann immer es nötig war. Ihre Lieblingsfarbe war Schwarz, sie trug es sommers wie winters. Hannah glaubte, dass es ihr um den Kontrast zu dem blonden langen Haar ging. Ihr Haar war ihr sehr wichtig, sie tönte es immer sorgfältig nach und trug die Lockenpracht mit Stolz stets offen.

Caroline war im Türrahmen stehen geblieben und hatte die Arme verschränkt. »Also?« Ihr Blick war neugierig, vielleicht sogar ein wenig belustigt.

»Es geht um einen Haufen alter Bücher und noch viel mehr Dokumente. Und ich rede hier nicht von ein paar Kisten, sondern von mehreren Zimmern. Acht, um genau zu sein. Und es sind große Zimmer.« Sie sah, wie sich die sanfte Belustigung ihrer Mutter in Staunen verwandelte. »Ja, der Mann hat ein Archiv, darauf wäre jede Stadtbibliothek neidisch. Die Möbel stehen auf dem Speicher, in der Garage und im Gartenhaus. Er hat sie weggeräumt, um Platz für die vielen Regale zu haben. Er hat sogar eine Klimaregulierung einbauen lassen, damit das Papier nicht schimmelt. Unglaublich.«

»Klingt großartig«, sagte Caroline, ohne sich vom Fleck zu rühren. »Warum bist du gegangen?«

Hannah hob die Arme. »Klingt großartig? Es ist eine Lebensaufgabe, sich dort umzusehen. Und ich habe keine Ahnung, ob es sich lohnt.«

»Dann sieh dich ein paar Tage lang um und finde heraus, ob es sich lohnt. Was ist mit den Möbeln?«

Hannah schwieg.

»Du hast sie dir gar nicht richtig angesehen?«

»Na ja.« Sie zögerte. »Das eine geht ja nicht ohne das andere. Wenn wir uns um die Möbel kümmern, müssen wir uns auch um alles andere kümmern.«

Ihre Mutter sah sie nur schweigend an.

Hannah wurde unruhig. »Du hast keine Ahnung, wie viel Zeug das war. Und jetzt hör auf, mich so anzusehen.«

»Ohne die Möbel begutachtet zu haben, kannst du gar nicht entscheiden, ob es sich lohnt.« Caroline seufzte. »Ach, Hannah. Du hast genauso viel Sachverstand wie ich. Nur mit dem Unterschied, dass ich als Hausrats- und Kunstsachverständige offiziell geprüft und vereidigt bin. Warum tust du gerade so, als würde dich die Sache überfordern?«

»Das hab ich gar nicht gesagt.«

»Hannah.«

Sie sah ihre Mutter nicht an, lehnte sich im Sessel zurück und schloss die Augen. »Ich bin müde.« Was sie eigentlich sagen wollte, war: *Ich will mich nicht wochenlang mit diesen Dingen beschäftigen, weil ich weiß, dass es eine Art Beschäftigungstherapie für mich sein soll, damit ich nicht verzweifle, weil ich meinen Job verloren habe und Matthew mich verlassen hat.*

»Hannah?«

Sie hörte, wie ihre Mutter näher kam. Als sie die Augen wieder öffnete, hockte Caroline neben ihr und sah sie besorgt an.

»Alles in Ordnung?«

Hannah nickte. »Ja. Entschuldige. Es war dumm von

mir.« Sie richtete sich etwas auf. »Ich habe nicht alle Möbel gesehen, aber was ich gesehen habe, sah sehr gut aus. Hervorragender Zustand und durchaus wertvoll. Die Gemälde sind nicht so der Hammer, aber auch da: sehr guter Zustand, und man könnte damit etwas anfangen. Aber es gehört nun mal dazu, dass wir uns auch um diese Papierberge kümmern, und die scheinen in erster Linie von regionalem Interesse zu sein. Warum nicht alles einfach einem Heimatverein übergeben werden darf, weiß ich auch nicht.«

»Der Verstorbene wird seine Gründe gehabt haben«, sagte Caroline und erhob sich. Sie legte ihrer Tochter kurz die Hand auf den Arm. »Also? Was tun wir?«

Hannah schüttelte den Kopf. »Es würde Monate dauern.«

»Du hast Zeit.«

»Na toll.«

»Was?«

»Drück es mir nur rein.«

Ihre Mutter setzte sich auf die andere Seite des Schreibtischs. »Hast du Angst vor einer Lücke im Lebenslauf? Das kann man alles hinbiegen. Außerdem bist du erst fünfunddreißig.«

Fünfunddreißig und schon auf ganzer Linie gescheitert. Wahrscheinlich konnte sie nie wieder in ihrem eigentlichen Beruf als Anwältin arbeiten. Jedenfalls nicht in London. Oder in England. Sie war gefeuert worden, weil sie einen unverzeihlichen Fehler gemacht hatte. Zähneknirschend gab sie ihrer Mutter recht: Sie hatte gerade nichts Besseres zu tun. Aber da war noch etwas anderes, das ihr, wenn sie ehrlich war, keine Ruhe ließ. Es musste doch irgendeinen Grund geben, warum der alte Mann wollte, dass jemand sich durch die Papiere wühlte. Welches Geheimnis wohl dahinterstecken mochte? In einem neunundneunzigjährigen Leben gab es doch bestimmt so einige kleine und vielleicht auch große Geheimnisse zu entdecken …

»Und es macht dir doch auch Spaß. Jedenfalls hat es das früher immer, hm?« Caroline schien ihre Gedanken gelesen zu haben.

Schließlich nickte Hannah. »Ich rufe die Nachlassverwalterin an und sag ihr, dass wir es machen.«

»Du.«

»Hm?«

»Dass du es machst.«

Hannah sagte misstrauisch: »Ich habe nicht die formelle Qualifikation.«

»Ich nehme am Ende natürlich alles noch mal ab. Und vielleicht hast du irgendwann Lust, dich für die Prüfung anzumelden.«

Spätestens jetzt war ihr klar, dass dieser Wahnsinnsauftrag aus Irland bei ihrer Mutter nicht nur auf so viel Interesse gestoßen war, weil sie darin eine vorzügliche Möglichkeit zur Therapierung ihrer Tochter gesehen hatte, sondern auch, weil sich dadurch mit etwas Glück endlich die Nachfolge für ihren Betrieb regeln ließe. Das Antiquitätengeschäft mit angeschlossenem Antiquariat sowie einer Werkstatt, in der Möbel, Gemälde und auch Bücher liebevoll und sachgerecht restauriert wurden, genoss nicht nur im Londoner Stadtteil

Marylebone, sondern im ganzen Land und mittlerweile sogar über die britischen Grenzen hinaus einen hervorragenden Ruf. Caroline hatte drei feste Mitarbeiter und beschäftigte freie Mitarbeiter aus einem Pool von Spezialisten, deren Arbeit ihren Ansprüchen genügten. Sie selbst wurde als Gutachterin von Museen, Auktionshäusern und Privatleuten bestellt. Aber sie war nun zweiundsechzig, und bei aller Liebe zu ihrem Beruf wünschte sie sich mehr Freizeit – und dass jemand, dem sie bedingungslos vertrauen konnte, in ihre Fußstapfen trat. Jemand wie ihre Tochter.

Genau dagegen hatte sich Hannah immer gewehrt, und das, obwohl sie eindeutig das Talent ihrer Mutter geerbt hatte: den untrüglichen Blick für den Wert, den alte Dinge hatten. Sie hatte sich für ihren eigenen Weg entschieden und Jura studiert, promoviert, sich auf Wirtschaftsrecht spezialisiert und bei einer großen internationalen Kanzlei in London angefangen. Sie war schnell aufgestiegen und noch schneller in Ungnade gefallen.

Was war die Alternative? In London herumsitzen und jammern? Versuchen, ihren ehemaligen Kollegen aus dem Weg zu gehen, indem sie die Cafés, Bars und Restaurants mied, in denen sie verkehrten? Versuchen, ihrem Exfreund auf dieselbe Art aus dem Weg zu gehen? London war manchmal viel kleiner, als man dachte. In Irland würde sie niemandem begegnen, den sie gerade nicht sehen wollte. Vielleicht konnte sie es ja doch als eine Art Urlaub oder Auszeit sehen, als Sabbatical, um dann, wenn Gras über die Sache gewachsen war, wieder zurückzukommen. Vielleicht war es tatsächlich die beste Idee. Sich in den nächsten Wochen, vielleicht Monaten mit nichts anderem zu beschäftigen, als den Aufzeichnungen eines fast hundertjährigen Mannes, seinen Möbeln, seinen Büchern. Sie musste sich ohnehin auf zu neuen Ufern machen, sich überlegen, wie ihr Leben weitergehen sollte. Warum es also nicht wenigstens einmal ausprobieren?

»Ich verspreche nichts«, sagte Hannah zu ihrer Mutter und nahm ihr Handy, um Mrs. Foley anzurufen. Die Nachlassverwalterin freute sich, dass Hannah den Auftrag annehmen würde, wunderte sich darüber, dass sie schon wieder in London war, ging aber wohl davon aus, dass Hannah bereits Koffer packte und sich auf den Aufenthalt von unbestimmter Länge im County Cork vorbereitete. Nachdem Hannah das Gespräch beendet hatte, wurde sie wieder unsicher und fragte sich, ob sie tatsächlich die richtige Entscheidung getroffen hatte. Vielleicht wäre es doch besser gewesen, hierzubleiben und sich der Realität zu stellen. Floh sie gerade vor sich selbst? Wollte sie sich den Problemen, für die sie letztlich selbst die Verantwortung hatte, nicht aussetzen? Jetzt war es aber zu spät, sie hatte verbindlich zugesagt, vor den Augen ihrer Mutter. Sie würde es also tun und in zwei Tagen zurück nach Irland fliegen.

»Gibt es dort ein schönes Hotel?«, fragte ihr Vater später beim Abendessen.

»Eine Pension«, sagte Hannah.

»Aber nett und sauber?« Er senkte gleich wieder den Kopf.

Sie antwortete nicht, weil sie wusste, dass er längst wieder in seiner eigenen kleinen Welt war. Ein ornithologisches Magazin lag neben seinem Teller. Er las auch beim Essen und konnte sich nur mit Mühe länger als zwei Minuten auf etwas anderes als seine Vogelkunde konzentrieren. Die beiden Frauen sahen sich, wie üblich in solchen Situationen, an und nickten einander lächelnd zu. Ihr Vater Edward war zehn Jahre älter als ihre Mutter, aber man konnte nicht sagen, dass er senil oder verkalkt war, nur war er eben mit dem Alter immer schrulliger geworden, exzentrischer, und sein Interessensgebiet hatte sich deutlich verkleinert, während sich das seiner Frau stetig ausweitete.

Hannah musste an Thomas Oliver denken, der seine Schrullen offensichtlich auch immer stärker ausgelebt hatte. Ob ihr Vater so geworden wäre, wenn er Caroline nicht geheiratet hätte?

»Mrs. Foley hat mir angeboten, ein Gästezimmer im Haus herzurichten, aber ich möchte das nicht. Das ist mir zu unheimlich«, sagte Hannah zu ihrer Mutter.

Carolines Gabel schwebte über der Schüssel mit den Kartoffeln, unentschieden, ob sie zustechen und sich eine weitere gönnen sollte. Mit einem unzufriedenen Laut entschied sie sich dagegen. »Weil in dem Haus jemand gestorben ist?«

Hannah legte ihrer Mutter die Kartoffel auf den Teller. »Auch. Und weil das Haus so weitab vom nächsten Ort ist. Ich will mich erst mal an die Gegend gewöhnen. So viel Landleben überfordert mich.«

Es würde so etwas wie der zweite Umzug für sie in

diesem Jahr werden. Erst hatte sie ihre kleine, aber sehr teure Wohnung in Camden aufgeben müssen, denn ohne ihr Gehalt von der Topkanzlei war das Apartment von der Größe einer Schuhschachtel schlicht zu teuer. Seitdem wohnte sie wieder in ihrem alten Jugendzimmer bei ihren Eltern. Und jetzt würde sie in ein Pensionszimmer in die irische Provinz ziehen. Zwar nur für einen gewissen Zeitraum, aber es war dennoch ein großer Schritt. Einer, den sie sich gern länger überlegt hätte, obwohl sie gleichzeitig wusste, dass sie ihn dann niemals gewagt hätte. Es war wohl manchmal das Beste, keine Zeit zum Nachdenken zu haben und Entscheidungen spontan zu treffen. Oder war es das Schlimmste, was man tun konnte? *Du wirst es schon herausfinden,* sagte sie sich, als sie ihre Sachen durchsah und überlegte, was sie mitnehmen würde. So viele Umzugskartons standen noch ungeöffnet im Lager des Antiquitätengeschäfts. So vieles, von dem sie einmal gedacht hatte, sie bräuchte es dringend in ihrem Leben, und nun hatte sie es wochenlang nicht mal vermisst.

Als sie am Ende mit einem gepackten Koffer und einer kleinen Reisetasche dastand und beschlossen hatte, nur das und nicht mehr zu brauchen, fühlte sie sich leicht und zufrieden und ärgerte sich sogar ein wenig darüber, dass der Flug nach Cork erst übermorgen ging.

Am nächsten Tag traf sie sich mit ihrer Freundin Zadie zum Mittagessen. Das helle, kleine thailändische Lokal war brechend voll, und sie mussten einen Moment warten, bis sie einen Platz an einem winzigen Tisch bekamen, von dem Hannah den Eindruck hatte, dass man ihn eben erst hereingestellt hatte, um noch mehr Gäste bedienen zu können. Ständig drängten sich Menschen an ihnen vorbei, weil sie kamen oder gingen oder auf die Toilette mussten. Die Bedienungen hatten etwas mehr Übung und stießen wenigstens nicht jedes Mal gegen Hannahs Stuhl, wenn sie vorbeimussten. Die meisten Gäste waren Angestellte aus den umliegenden Bürogebäuden, die ein schnelles, leichtes Mittagessen wollten, und ein paar Studenten. Touristen verliefen sich eher in die düsteren Pubs, die damit warben, authentisch und traditionell zu sein.

Zadie und Hannah hatten zusammen studiert, sie dachten ähnlich, handelten oft ähnlich, und vielleicht, überlegte Hannah, hätte es ihr zu denken geben sollen, als Zadie damals die Angebote der großen Kanzleien ausgeschlagen hatte, um in der Forschung und Lehre zu bleiben.

Zadie bestärkte sie in dem Entschluss, für ein paar Wochen nach Irland zu gehen. Andere Gesichter, andere Eindrücke. Sie brauchte ein paar Anläufe, um Hannah mitzuteilen, dass Matthew immer noch mit der Frau zusammen war, mit der er sie betrogen hatte. Hannah dachte nur ungern an die junge Blondine, ein Klischee der schlimmsten Sorte. Natürlich hatte Matthew ihr gesagt, es sei nur ein Ausrutscher, es bedeute gar nichts. Er hatte all das gesagt, was in diesen Momenten wohl immer gesagt wurde. Hannah hatte die beiden nie zusammen gesehen, aber ihr war aufgefallen, dass er ständig mit den Gedanken woanders war und häufiger als sonst an seinem Smartphone herumspielte. Dann hatte sie das Foto von der Blondine auf seinem Telefon gefunden, die Nachrichten, die sie sich geschrieben hatten, und sie fühlte sich mies, weil sie sich einfach sein Telefon genommen hatte, als er im Bad war.

Matthew, Anästhesist an einer großen Klinik, betrog sie mit einer Medizinstudentin. Wahrscheinlich hatte er versucht, alles herunterzuspielen, damit sie keine große Sache daraus machte und er am Ende noch seinen Job verlor. Sie hatte sich von ihm getrennt, vor einem halben Jahr schon, vier Monate bevor sie ihren Job verloren hatte, und jetzt war er immer noch mit diesem Mädchen zusammen und hatte immer noch seinen Job. Hannah fand, die Welt war irgendwie ungerecht.

»Ihr habt sowieso nicht zusammengepasst«, sagte Zadie immer, wenn Hannah mal wieder in solchen Gedanken versinken wollte. »Wer eine blonde Studentin für sein Selbstwertgefühl braucht, kauft sich als Nächstes einen Porsche. Wie alt ist er?«

»Dreiundvierzig.«

»Typisch.«

»Das hilft mir nicht.«

»Irgendwann lachst du über ihn.«

Das sagte Zadie immer wieder, und Hannah konnte immer noch nicht darüber lachen. Aber sie gab sich alle Mühe, wenigstens zu lächeln, und sei es nur, damit ihre Freundin das Thema wieder wechselte. Sie sprachen über die Aufgabe, die nun vor Hannah lag, spekulierten über die Schätze, die das Haus barg. Hannah lachte nun wirklich, als sie sich vorstellten, die vielen Papiere bestünden zum größten Teil wirklich nur aus Einkaufslisten oder Wettscheinen.

»Vielleicht hat er ein Gartenbuch geführt«, schlug Zadie vor.

»Was ist ein Gartenbuch?«

»In dem steht drin, was wann blüht oder nicht mehr blüht, welche Vögel wann wo nisten, ob Schädlinge an den Rosen sitzen und wie das Wetter so ist. Das Wetter ist überhaupt das Wichtigste.«

»Das Gartenbuch eines Hundertjährigen«, sagte Hannah und klang fast verträumt. »Vielleicht keine schlechte Sache, etwas weniger Aufregung zu haben. Gerade stelle ich mir das sehr entspannend vor.«

»Du wirst dich nicht langweilen«, sagte Zadie. »Ich kenne dich. Du würdest noch mit einem alten Telefonbuch deine Freude haben, weil du darin etwas Besonderes entdecken würdest.«

Sie wünschte Hannah viel Spaß, sie versprachen, sich zu schreiben und zu telefonieren. Zadie eilte nach dem Essen zurück an die Universität, und Hannah schlenderte hinunter zur Themse, um noch etwas Sonne mitzunehmen, bevor sie in die U-Bahn stieg und ihrer Mutter im Laden half oder ihrem Vater dabei zusah, wie er sich durch ornithologische Schriften grub und hin und wieder mit zärtlicher Bewunderung ein Foto von einem besonders seltenen Federvieh hochhielt, damit sie es zusammen mit ihm bestaunen konnte.

Als sie an den Gebäuden des King's College vorbeikam, bemerkte sie einen Wagen, der gerade einparkte. Sie blieb stehen und spürte, wie ihr Herz anfing, schneller zu schlagen: Es war Matthews Wagen. Für ein paar Augenblicke glaubte sie, er sei ihretwegen stehen geblieben, warte nun auf sie, wolle mit ihr reden… Hoffnung durchströmte sie, Freude stieg in ihr auf, doch dieser Zustand dauerte nur Sekunden an, bis sie hart auf dem Boden der Realität aufkam. Matthew war ausgestiegen, und eine sehr junge blonde Frau lief aus einem der Collegeeingänge heraus und stürmte auf ihn zu. Er breitete die Arme aus, sie sprang an ihm hoch, ließ sich von ihm herumwirbeln. Sie quietschte dabei, er lachte laut.

Mit Hannah hatte er so etwas nie gemacht. Hannah hätte so etwas auch nicht gewollt, viel zu kindisch und übertrieben war diese Begrüßung, sie wirkte unecht auf sie. Aber nun stand sie wie versteinert da, schaffte es nicht, auch nur einen Schritt vor oder zurück zu gehen. Ein Student streifte sie am Arm, als er an ihr vorbeieilte, sie nahm es nur entfernt wahr. Matthew, dieses Mädchen – es war, als blickte Hannah in eine andere Welt.

Die beiden sahen sie nicht. Sie stiegen in seinen Wagen, er fuhr los und bog an der nächsten Kreuzung ab. Hannah hatte nicht gemerkt, dass sie sich auf einem der parkenden Autos am Straßenrand abgestützt hatte. Eine Frau sprach sie an, fragte: »Ist alles in Ordnung? Brauchen Sie Hilfe?«

Hannah blinzelte erschrocken und sah die Frau an.

Sie war etwa im Alter ihrer Mutter, grauhaarig und gepflegt, und wirkte ehrlich besorgt. Hannah schüttelte den Kopf und sagte: »Mir ist nur ein bisschen schwindelig. Der Kreislauf.«

»Sie sollten sich ein wenig hinsetzen. Da drüben ist ein Café, soll ich Sie begleiten?«

»Nein«, wehrte Hannah ab. »Vielen Dank. Es geht schon wieder. Ich glaube, ich brauche eher ein bisschen Bewegung.«

Die Frau sah sie zweifelnd an, aber Hannah schaffte es offenbar, sie so überzeugend anzulächeln, dass sie schließlich doch weiterging. Allerdings drehte sie sich noch ein-, zweimal nach ihr um. Hannah winkte ihr zu, als Zeichen, dass es ihr gut ging.

Hannah überquerte Victoria Embankment, die große, mehrspurige Straße am Ufer der Themse. Auf der anderen Straßenseite angelangt, stellte sie sich an die Brüstung und sah über das Wasser auf das südliche Ufer. Zu ihrer Rechten war die Waterloo Bridge und das London Eye, das Riesenrad, mittlerweile schon so etwas wie das Markenzeichen der Stadt. Zur Linken in der Ferne die Blackfriars Bridge und dahinter The Shard, das größte Gebäude der Stadt. Sie hatte sich mit Matthew nie einigen können, ob es sich um eine architektonische Meisterleistung oder schlicht um eine Scheußlichkeit handelte. Matthew hatte das Ding nie gefallen, und er hatte sich stets geweigert, mit ihr hinaufzufahren, um die Stadt von oben zu betrachten. So wie er auch niemals mit ihr im Riesenrad gefahren war.

Sie fragte sich, warum sie es nicht einfach allein getan hatte. Oder mit einer Freundin. Warum sie auf Matthew gewartet hatte, ganz so, als dürfte sie besondere Momente nur dann erleben, wenn er dabei war. Galt das gerade für ihr ganzes Leben? War sie dabei, etwas zu verpassen, nur weil sie glaubte, sie bräuchte jemanden wie Matthew, um das Erlebte zu teilen?

Sie dachte daran, wie Matthew seine neue Freundin hochgehoben und herumgeschleudert hatte. Wie alt er ausgesehen hatte neben dieser jungen, schönen Frau. Wie verzweifelt und albern. Ein Mann in der Midlife-Crisis. Zum ersten Mal fragte sie sich, was das Mädchen an ihm fand, während sie sich sonst immer nur mit Vergleichen zwischen ihr und sich selbst zerfleischt hatte. War Hannah zu alt, zu unattraktiv? Hatte sie zu viel gearbeitet? Ihm zu wenig Zeit gewidmet? Was hatte ihn an ihr gestört? Aber jetzt dachte sie daran, wie das Mädchen eines Tages aufwachen und den alten Kerl neben sich sehen würde, wie sie denken würde: Was will ich mit so einem alten Mann? Und Matthew würde wie ein Idiot dastehen und wahrscheinlich als Erstes bei Hannah anrufen und ihr vorjammern, wie schlecht es ihm ging. Und Hannah würde einfach auflegen.

Sie sah einem Schiff hinterher, riss dann den Blick von der Themse los und machte sich auf den Weg zur U-Bahn. Das schöne Frühlingswetter hatte mehr Menschen als sonst um diese Zeit herausgelockt. Überall war es voll, überall war es laut. Hannah merkte, wie ihr das alles zu viel wurde. Sie drängte sich in die

U-Bahn, klammerte sich an einem der Haltegriffe fest und dachte an Irland. Ihre Augen brannten, sie verstand im ersten Moment nicht, warum. Dann merkte sie, dass sie immer noch wegen Matthew weinen musste.

THOMAS

Geboren bin ich am 29. April 1916, am letzten Tag der Osteraufstände. Ich wusste mein Leben lang nicht, ob ich das als gutes oder schlechtes Omen sehen sollte. Egal sein konnte es mir nicht, denn wann immer ich dieses Datum nannte, wurde ich darauf angesprochen. Ist es heute noch so, bei dir und den jungen Leuten in deinem Alter? Zuckt ihr zusammen, wenn die Rede vom April 1916 ist? Bedeutet euch diese Jahreszahl etwas, und wenn ja, ist es dasselbe, was es meiner Generation bedeutete?

Mein Leben lang hieß es: »Du wurdest zusammen mit unserer Republik geboren.« Was sollte ich darauf erwidern? Ich erblickte an dem Tag das Licht der Welt, an dem die Aufstände scheiterten und die Aufrührer nach ihrer bedingungslosen Kapitulation festgenommen wurden. Sechzehn Männer wurden nur wenige Tage später von einem britischen Kriegsgericht verurteilt und erschossen. Patrick Pearse, der einen Teil der Irish Volunteers anführte, soll vorher noch zu seiner Mutter gesagt haben, dass man ihn erschießen würde, ihn und seinen Bruder und alle anderen. Er dachte vermutlich, er würde im Kampf gegen die britischen

Soldaten sterben. James Connolly, er führte die Irish Citizen Army an, war schwer verwundet worden, er konnte nicht mal mehr stehen, als sie ihn erschießen wollten, also banden sie ihn auf einen Stuhl. Junge Männer, die willig in den Tod gingen, weil sie an ihr Land glaubten, an Irland und an die Freiheit.

Hunderte, vielleicht Tausende hatte man festgenommen. Ich weiß nicht, wie viele davon in Internierungslager gesteckt wurden. Aber der größte Held, den Irland haben sollte, Michael Collins, war unter ihnen. Ihn erschossen sie nicht. Éamon De Valera, der spätere Präsident, hatte Glück, ihn rettete seine amerikanische Geburt. Die Briten verschoben den Termin seiner Hinrichtung, bis der öffentliche Druck zu hoch war, bis ganz Europa und einflussreiche Stimmen aus Amerika dafür sorgten, dass die Exekutionen gestoppt wurden.

Was wäre aus unserem Land geworden, wenn De Valera nicht überlebt hätte?

Es hätte andere gegeben. Vielleicht wäre einer unter ihnen gewesen, der noch fanatischer geherrscht hätte. Man kann die Vergangenheit nicht ändern, man kann nicht wissen, ob ein anderer Verlauf wirklich Besseres gebracht hätte.

Ich wurde geboren, in Dublin tobte ein blutiger Aufstand, der Rest der Welt versank im Krieg.

Als ich in die Pubertät kam, fragte ich meine Eltern: »Wie war das für euch, in dieser Zeit ein Kind zu bekommen? Hattet ihr keine Angst? Mein Bruder war gerade mal drei, und dann kam noch ein Baby, was habt ihr da gedacht?«

Sie antworteten: »Wir hatten immer Glück im Leben. Der Krieg, die Aufstände, all das ging an uns vorüber. Wir konnten immer anderen Menschen helfen und Gutes tun.«

Das war keine richtige Antwort. Ich glaube, was sie damit meinten, war, dass sie normal weiterlebten, egal, was um sie herum geschah. Sie mischten sich nur ein, um zu helfen. Aber bezogen sie je Stellung? Meine Eltern waren so wunderbare Menschen, so großherzig und liebevoll, gütig und voller Wärme. Charles, ich und später dann Patrick bekamen alles, was wir brauchten. Unsere Eltern hatten Zeit für uns, sie lasen uns Geschichten vor, malten und übten Buchstaben, spielten jedes Spiel mit, nach dem uns war. Sie förderten den Geistesmenschen in Charles, den Sportler in Patrick, den Forscher in mir, aber das reichte mir nicht. Ich zweifelte in meinem jugendlichen Drang an ihnen, wollte, dass sie sich einmischten, laut wurden, die Dinge regelten, das Land führten! Ich sah nicht, dass sie sich längst einmischten, nur eben auf ihre leise Art, im Hintergrund. Ich verstand es erst später, ich musste erst noch lernen, dass jeder nun mal seinen eigenen Weg in diesen Wirren suchte. Und dass es mir nicht zustand, über sie zu richten, denn woher hätte ich wissen sollen, dass andere Taten die besseren gewesen wären? Charles, der älteste von uns Brüdern, lehrte mich, dies zu verstehen. Der kleine Patrick war anderer Meinung, und das sollte ihn das Leben kosten.

Ich kann also nicht mit zweifelhaftem Stolz über meine Eltern berichten, dass sie damals aufrechte

Republikaner gewesen wären. Mein Vater war nie Mitglied der Irish Republican Brotherhood oder später der Irish Republican Army, die etwa zu der Zeit meiner Geburt entstand, infolge des Osteraufstands. Meine Eltern waren keine Sympathisanten derer, die die Freiheit der Iren um jeden Preis verlangten, sie standen aber auch nicht auf der Seite der Briten. Sie wollten Frieden, für alle. Nationalistisches Denken behagte ihnen nicht. Sie ließen es nicht zu, dass man sie in eine Position hineinzwang. Sie bekannten sich zu keiner Partei. Sie sagten immer: Das, woran wir glauben und was wir leben, braucht Menschen, die danach handeln, aber das tun Politiker nicht.

Patrick konnte dem nicht zustimmen. Er interessierte sich schon früh für linksnationalen Republikanismus. Mit vierzehn oder fünfzehn war er glühender Anhänger der Fianna-Fáil-Partei und sprach in höchsten Tönen von seinem Vorbild Éamon De Valera, der zu dieser Zeit seit einem guten Jahr irischer Ministerpräsident war. Meine Eltern nahmen das vorerst als jugendliche Rebellion hin.

Bei mir lagen die Dinge ganz anders. 1933 interessierte ich mich zwangsläufig mehr für meine Schulnoten, und wenn ich freihatte, für Mädchen, die ich nicht erobern konnte. Meine rebellische Phase hatte sich mit einsetzender Beruhigung meines Hormonhaushalts gelegt, und wenn ich ein Vorbild hatte, dann noch eher Charles, der bereits in Dublin studierte und mir so unglaublich erwachsen und reif erschien. Die Eskapaden des drei Jahre jüngeren Patrick empfand ich als peinlich, und ich zog ihn mit seinem Geschwätz von einem vereinigten Irland und dem britischen Joch auf. Er schimpfte mich einen Kollaborateur, einen Verräter, schließlich einen Engländer. Er lernte Gälisch und bestand darauf, seinen Namen »Pádraig« zu schreiben. Manchmal tat er so, als verstünde er kein Englisch, oder er antwortete nur auf Gälisch.

Bis es unserem Vater in den Sommerferien zu viel wurde. Ich erinnere mich noch genau, wie Patrick ein gerahmtes Foto von Éamon De Valera in seinem Zimmer aufgehängt hatte und mein Vater es ihm abnahm. Patrick schrie Vater daraufhin an – etwas, das noch nie vorgekommen war. Ich war mit Charles und Mutter draußen im Garten, als wir Patricks erhobene Stimme hörten, und wir sahen uns alle erschrocken an. Charles unterdrückte ein hysterisches Kichern, ich nehme an, er war völlig damit überfordert, dass es bei uns zu Hause so laut wurde. In unserer Familie herrschte immer ein rücksichtsvoller Umgang miteinander, und wenn wir Jungs einmal etwas angestellt hatten, waren wir nicht mit Geschrei, Geschimpfe oder gar Schlägen bestraft worden, sondern mit strengen Lektionen, die uns lehren sollten, unser Fehlverhalten zu verstehen.

Aber nun wurde geschrien. Patricks Stimme überschlug sich, er schien gar kein Ende zu finden. Dann ertönte ein lauter Knall. Wir erfuhren erst hinterher, dass Vater einfach die Tür zu Patricks Zimmer zugeworfen hatte, um sich das Geschrei seines Jüngsten nicht länger anhören zu müssen.

Eine Stunde später wurde Patrick zu einem Vier-

Augen-Gespräch in die Bibliothek zitiert. Neugierig schlich ich mich an und legte das Ohr an die Tür.

Patrick sagte gerade: »Was hast du gegen eine demokratisch gewählte Partei einzuwenden? De Valera wollte immer den parlamentarischen Weg in die Unabhängigkeit!«

Ich hörte Vater sagen: »Er lässt sich als Held feiern, aber wir werden wohl nie erfahren, wie er es immer wieder geschafft hat, den Kopf rechtzeitig aus der Schlinge zu ziehen, während seine Verbündeten sterben mussten. Darf man so einem Mann trauen?«

»Worauf gründet sich dein Misstrauen? Auf Spekulationen? De Valera ist der Ministerpräsident unserer Republik! Glaubst du, man hätte einem Verbrecher dieses Amt gegeben?«

»Du musst noch viel lernen, Junge. Politik hat weniger mit Überzeugung und mehr mit Machtwillen zu tun. Und nicht wenige von denen, die sich wählen lassen, sind ganz große Gauner.«

Schweigen. Patrick wusste offenbar nicht, was er erwidern sollte.

Vater fuhr fort: »Du wirst dich für den Rest deiner Ferien intensiv mit der Geschichte dieses Landes befassen.«

Mein Bruder rief: »Das muss ich nicht! Ich habe genug gehört und gelesen. Ich weiß viel mehr als du! Und anders als du werde ich nicht einfach nur dasitzen und zusehen. Unser Land braucht uns …«

Vater unterbrach ihn harsch. »Ich weiß, dass du glaubst, schon alles zu wissen, aber das tust du nicht.

Du wirst deine Nase in Geschichtsbücher stecken, und wir werden gemeinsam ins Zeitungsarchiv gehen. Du wirst dich so umfassend politisch bilden, als wärst du längst an der Universität. Wenn du dir dann gründlich deine eigenen Gedanken gemacht hast und immer noch der Überzeugung bist, dass dieser Mann dein leuchtendes Vorbild sein soll, dann sei's drum, häng sein Bild auf, von mir aus. Aber erst informierst du dich. Haben wir uns verstanden?«

Patricks Stimme war zu leise, ich konnte ihn nicht verstehen, aber immerhin antwortete er etwas, das Vater zufriedenzustellen schien. Als ich Schritte hörte, verschwand ich schnell nach oben auf mein Zimmer. Wenig später hörte ich Patrick die Treppe hinaufkommen. Ich steckte den Kopf zur Tür heraus und fragte ihn, ob alles in Ordnung sei. Patrick ging schweigend an mir vorbei. Er sah mich nicht einmal an. Die Hände hatte er zu Fäusten geballt, er zitterte vor unterdrückter Wut.

Auch in den folgenden Tagen war er extrem wortkarg. Aber er hielt sich an die Anweisung unseres Vaters, von der wir anderen nichts wissen sollten, wälzte Bücher und alte Zeitungen. Bis zum Ende der Schulferien blieb er schweigsam und in sich gekehrt, und auch Vater äußerte sich nicht weiter dazu. Die beiden wussten ja nicht, dass ich sie belauscht hatte. Patrick verkniff es sich, Gälisch zu reden, er erwähnte den Ministerpräsidenten De Valera, seine Partei oder andere politische Angelegenheiten mit keinem Wort mehr und verließ den Raum, wenn wir anderen Radio hörten oder über das sprachen, was in der Welt geschah.

Ich glaubte schon, er hätte sich gefangen und seine politische Phase hinter sich gelassen. Wir alle glaubten das. Umso erschütterter waren wir, als er uns mitteilte, dass er nach der Schule dem Militär beitreten würde. Es war an Weihnachten im Jahr 1936, als er es uns sagte. Wir hatten gerade mit dem Essen begonnen.

Vater ließ das Besteck sinken und sagte leise: »Das ist nicht dein Ernst, Junge.«

»Natürlich ist das mein Ernst. Ich will Soldat werden. Für mein Land kämpfen.«

»Und dafür sterben? Warum willst du dein Leben riskieren?« Vaters Stimme bebte.

Patrick lächelte kühl. »Du wolltest, dass ich mich mit der Geschichte unseres Landes befasse, und das habe ich getan. Sehr intensiv sogar. Ich habe lange darüber nachgedacht, welchen Beitrag ich leisten kann. Mir liegt die Politik tatsächlich nicht, damit hattest du recht. Aber mir liegt noch weniger, herumzusitzen und nichts zu tun, während die Welt am Abgrund steht.«

»Es ist kranker Nationalismus, der die Welt an den Abgrund drängt! Das gierige Streben nach neuen Territorien, der Wille, über andere zu herrschen und immer mächtiger zu werden! Dafür willst du kämpfen?«

»Ich glaube an unsere Republik und an die Politik unserer Regierung. Und ich will mein Land unterstützen.«

Mutter war ganz bleich und schaffte es nicht, auch nur einen Ton zu sagen. Vater starrte aus dem Fenster, vermutlich irgendwo ins Nichts. Charles nahm Mutters Hand und drückte sie, murmelte beruhigende Worte. Patrick aß seelenruhig weiter, als sei nichts geschehen. Als er meinen entsetzten Blick auffing, grinste er nur hochmütig.

Rückblickend staune ich noch heute über seine Hellsichtigkeit in diesem Moment. Hitler mochte für einigen Gesprächsstoff sorgen, aber mir kam zu der Zeit noch kein ernsthafter Gedanke an Krieg. Vielleicht war ich zu naiv, vielleicht hatte Patrick die feinere Wahrnehmung. Vielleicht aber wollte er in diesem Moment einfach nur etwas Großes, Gewichtiges sagen, um uns alle zu schockieren.

Charles übernahm die Rolle des vernünftigen großen Bruders. »Du hast nur noch ein halbes Jahr Schule vor dir. Aber du musst dich jetzt noch nicht entscheiden. Bestimmt haben unsere Eltern nichts dagegen, wenn du erst einmal auf Reisen gehst?«

Mutter nickte zustimmend. Vater saß immer noch da, das Besteck neben dem Teller, und rührte sich nicht.

Patrick sagte ruhig: »Es ist entschieden, und ich werde es tun. Es ist eine ehrenhafte Laufbahn, ihr solltet lieber stolz auf mich sein. Auf uns alle!« Er sah Vater direkt an. »Drei Söhne. Der eine wird Lehrer, der nächste Arzt, der dritte geht zum Militär. Das kann sich doch sehen lassen!«

»Wir waren immer stolz auf euch alle«, sagte Mutter.

»Natürlich wart ihr das. Und ihr könnt es auch weiterhin sein. Oder etwa nicht?« Er klang herausfordernd, angriffslustig.

Ich sagte: »Patrick, überleg es dir noch mal. Es gibt so viele Möglichkeiten, was du …«

»Nein«, unterbrach er mich. »Es ist entschieden.«

»Du willst doch nur Vater provozieren!«, warf ich ihm vor.

»Ich halte mich nur an seinen Ratschlag«, erwiderte er kühl.

In derselben Nacht dieses ersten Weihnachtsfeiertags gab es wieder ein Vier-Augen-Gespräch zwischen Vater und Patrick, doch diesmal kam mein Bruder mit erhobenem Kopf aus der Bibliothek. Ich sah, wie sich meine Eltern lange stumm umarmten. Sie hatten Angst um ihn. Sie hatten zu viele blutige Kämpfe erlebt in diesem Land, zu viele Menschen in Kriegen sterben sehen.

Bis 1920 hatten wir noch in Dublin gewohnt, in einem schönen Haus im Stadtteil Sandymount, direkt an der Bucht. Es gibt noch Fotos aus dieser Zeit, wie ich mit Charles, dem kleinen Patrick und den Eltern am Wasser spiele. Wir mussten wirklich nur über die Straße gehen und waren am Strand.

Ich war zu klein, um mich an die Anfänge des Unabhängigkeitskriegs zu erinnern, aber manchmal habe ich heute noch merkwürdige Albträume, vielleicht von traumatischen Szenen, die ich als Kind beobachtete, vielleicht aber bilde ich mir das nur ein.

Dieses Haus hier bei Bandon, in dem ich später aufwachsen sollte und in dem ich wohl schon sehr bald sterben werde, gehörte meinen Großeltern. Mutter erbte es, und wir zogen ein. Meine Eltern wollten nicht länger so nah am Zentrum der schwersten Kämpfe leben, sie glaubten, außerhalb der Städte sei es am sichersten für uns alle. Tatsächlich blieben wir von allem verschont. Aber dadurch, dass Vater immer wieder geschäftlich in Cork und Dublin zu tun hatte, bekam er hautnah mit, wie sich die Kämpfe im Unabhängigkeitskrieg zuspitzten: Die IRA gegen die britische Armee. Die Propaganda auf beiden Seiten. Die Hinterhalte, bei denen auch Zivilisten den Tod fanden. Dann kam der Waffenstillstand im Juli 1921, aber noch lange keine Ruhe. Ein Jahr später war der Bürgerkrieg ausgebrochen, die IRA wollte den Anglo-Irischen Vertrag nicht akzeptieren, weil der Norden Irlands nicht Teil des Irischen Freistaats war.

Wir bekamen kaum etwas mit von den Kämpfen des Bürgerkriegs. Es war, als läge ein Schutz um dieses Haus, als stünde es in einem anderen Land oder einer anderen Zeit.

Für dieses Glück waren meine Eltern stets dankbar gewesen. Sie hatten das Schicksal, wie sie es nannten, nie herausgefordert – im Gegenteil hatten sie sich immer um diejenigen gekümmert, die Hilfe nötig hatten. Jetzt aber wollte ihr jüngster Sohn genau das tun: sich mitten in den Kampf stürzen.

»Es ist die Armee unseres Landes, wir sind eine demokratische Republik«, wiederholte Patrick immer wieder. »Mit den Wirren des Unabhängigkeitskriegs oder gar des Bürgerkriegs hat das, was ich als Soldat tun werde, überhaupt nichts gemein! Ich verteidige unser Land. Ich tue das Richtige.«

Und unser Vater würde antworten: »Wer eine Waffe trägt, steht nie auf der richtigen Seite.«

Die Bedingungslosigkeit seiner Aussage beeindruckte mich. Mag sein, dass ich ein Feigling war, wie Patrick mich manchmal nannte, mich und Charles. Aber ich verabscheute Gewalt, ich hielt es mit meiner Meinung zu Waffen wie unser Vater. Ich wollte Menschen helfen, ein gutes, gesundes Leben zu führen, deshalb studierte ich Medizin. Zu dieser Zeit machte ich mir wenig Gedanken um die junge irische Republik, das Interesse für die Zeit, in die ich hineingeboren wurde, sollte erst später kommen. Ich schüttelte den Kopf über die Sturheit des kleinen Patrick. Denn wie gesagt, ich rechnete nicht im Mindesten damit, dass schon bald der nächste Krieg ausbrechen würde. Drei Jahre später, in dem Jahr, in dem ich Sara kennenlernen würde, war es so weit.

3.

Den Weg vom Flughafen nach Bandon kannte sie nun schon, sie war ihn vor fünf Tagen erst gefahren, außerdem funktionierte das Navi auf den engen Landstraßen, die die meiste Zeit durchs Nichts zu führen schienen, tadellos. Und wie beim letzten Mal verfuhr sie sich in Bandon auf der Suche nach der Pension, weil ausgerechnet hier das Navi versagte. Erst wollte es sie durch Wohnstraßen in einem Neubaugebiet schicken, in die sie entweder nicht einbiegen durfte oder die klar als Sackgassen gekennzeichnet waren. Kurz darauf verlor es das GPS-Signal, und Hannah musste sich wieder durchfragen, bis sie im mäßig pittoresken Zentrum des knapp Sechstausend-Seelen-Orts angekommen war. Bandon war vor vierhundert Jahren gegründet worden, und damals hatten sich ausschließlich englische Protestanten dort ansiedeln dürfen. Hannah fand, dass davon heute nichts mehr zu spüren war. Nicht hier im Süden der Republik, nicht in diesem friedlichen Städtchen.

Diesmal bekam Hannah einen Preisnachlass und ein etwas größeres Zimmer mit Blick auf den Fluss, weil sie für vier Wochen gebucht hatte. Sie schleppte den großen Koffer und die schwere Reisetasche die Treppen hinauf und durch die verwinkelten Gänge. In ihrem Zimmer angelangt, packte sie als Erstes aus und stellte sich unter die Dusche. Danach fühlte sie sich besser, ruhiger und erholter. Sie sah sich im Zimmer um: Es war tatsächlich größer als beim letzten Mal, als man ihr ein Einzelzimmer gegeben hatte. Jetzt war genug Platz für ein breiteres Bett, und sie hatte sogar einen Schreibtisch mit Stuhl und einen Sessel unter einer Leselampe. Die Einrichtung war zweckmäßig und sauber, aber nicht besonders schön. Ein grün gemusterter Teppich, grün gemusterte Vorhänge, dazu Landschaftsgemälde an den Wänden, die aussahen, als hätte ein mäßig talentierter lokaler Künstler sie zu verantworten. Sie trat ans Fenster und sah auf den Fluss, im Vergleich zur Themse ein unscheinbares Gewässer. Aber Hannah mochte Wasser, sie freute sich über den Ausblick.

Sie legte sich aufs Bett, um kurz die Augen zuzumachen, und wachte erst gegen Abend wieder auf. In der Nacht zuvor hatte sie schlecht geschlafen, Angst hatte sie gequält, vielleicht doch die falsche Entscheidung getroffen zu haben, vielleicht einen Fehler zu machen. Sollte sie nicht in London sein und sich bei anderen Kanzleien bewerben? Lief sie gerade vor den Konsequenzen ihres Handelns, das ihr die Kündigung eingebracht hatte, davon? Erst in den frühen Morgenstunden war sie erschöpft eingeschlafen und hatte kurz danach aufstehen müssen, um den Flieger nicht zu verpassen. Diesen Schlaf hatte sie wohl gerade nachgeholt.

Hannah zog sich an und ging hinunter ins Pub. Es war kein Touristenpub, sondern ein echtes traditionelles Pub, wie es sie in London immer weniger gab. Hannah erkannte den Mann hinter der Bar vom letzten Mal wieder. Der, mit dem sie dann doch nicht geflirtet hatte.

»Wieder hier?«, fragte er freundlich mit angenehm tiefer Stimme, als sie sich auf einen Barhocker setzte.

»Und diesmal viel länger«, antwortete sie und nannte ihm ihre Bestellung. Sie spürte, dass er neugierig war, ihr aber nicht zu nahe treten wollte.

»Fragen Sie ruhig«, sagte sie lächelnd. Der Mann wirkte sympathisch, er sah außerdem gut aus mit seinen großen, lächelnden Augen und dem weichen, sinnlichen Mund, und sie würde ihm in den nächsten Wochen zwangsläufig öfter begegnen, wenn sie nicht beschließen sollte, ab sofort immer außer Haus zu essen.

Er spülte gerade Gläser. »Was soll ich fragen?«

»Warum ich schon wieder hier bin. Und warum diesmal länger.«

Jetzt schmunzelte er. »Geht mich das denn was an?«

»Ich hatte den Eindruck, Sie würden es gern wissen.«

»Und ich habe den Eindruck, Sie wollen es gern erzählen.« Er zwinkerte ihr zu.

Mit diesem Verlauf hatte sie nicht gerechnet. Natürlich, sie war beim Flirten aus der Übung … oder nie in der Übung gewesen. Die Beziehung mit Matthew hatte sieben Jahre gedauert, und in den Monaten danach hatte sie andere Probleme als neue Bekanntschaften gehabt, wann also hätte sie üben sollen? Hannah merkte, dass sie rot geworden war. »Ach, nicht so wichtig«, murmelte sie. »Ich setze mich da drüben hin.« Sie verschwand schnell an den Tisch in der Ecke, legte ihr Smartphone vor sich und las die Nachrichten, oder jedenfalls versuchte sie, so zu tun.

Als er ihr das Essen brachte, sah sie kurz auf, um sich zu bedanken. Er fragte: »Warum sind Sie wieder hier? Und diesmal so lange? Ich heiße übrigens Daniel Pallis. Wenn Sie Pech haben, finden Sie mich jeden Abend hier. Ich leite den Laden.«

»Das Hotel?«

»Nur die dazugehörige Gastronomie, wenn Sie das beruhigt.« Er lachte. Sein Lachen gefiel ihr.

Sie nickte knapp und ärgerte sich, dass er sie so verunsicherte. »Freut mich. Hannah Deane. Ich begutachte den Nachlass eines alten Herrn, der vor Kurzem gestorben ist. Was normalerweise nicht so lange dauert, nur in diesem besonderen Fall.«

Ungefragt setzte er sich zu ihr an den Tisch. »Sie sind das?«

Sie hatte gerade das Besteck genommen, um mit dem Essen anzufangen. Jetzt legte sie es wieder hin. »Ich bin was?«

Er schien sich wirklich zu freuen. »Thomas Oliver?«

»Oh, Sie kannten ihn?«

»Natürlich! Er war so eine Art Patenonkel von meinem Vater und war immer für ihn und für uns alle da. Mein Vater sagte, er sei ein Mentor für ihn. Ohne ihn hätte er sich niemals getraut zu studieren.«

Hannah lächelte. Sie freute sich, dass es die Sachen eines so netten Mannes waren, derer sie sich nun annehmen würde.

»Ich habe mich ab und zu um seinen Garten gekümmert«, fuhr er fort.

»Sie waren das?«

»Oh. Jetzt denken Sie bestimmt, was für ein nachlässiger, fürchterlicher Gärtner ich bin. Aber er wollte eigentlich gar nicht, dass sich überhaupt jemand um den Garten kümmert, er hat immer gesagt: Lass die Natur machen, was sie will, sie weiß schon, was sie tut. Aber zwei, drei Mal im Jahr bin ich vorbeigefahren und habe versucht, ein wenig Ordnung in das Chaos zu bringen.« Jetzt lächelte er, wie bei einer schönen Erinnerung.

Spontan erwiderte sie: »Wissen Sie, was ich gedacht habe, als ich zum ersten Mal im Garten war? Dass da jemand mit ganz viel Kreativität und Liebe sanft eingreift, um den Geist dieses Orts zu erhalten.« Sie war ein wenig erschrocken über sich selbst, dass sie es wirklich ausgesprochen hatte.

Daniel sah sie mit großen, neugierigen Augen an, sagte aber nichts.

»Entschuldigung, wenn ich …«, begann Hannah nervös und ärgerte sich, so persönlich geworden zu sein.

Er unterbrach sie. »Das war sehr poetisch. Vielen Dank.« Er lachte etwas verlegen. »Ich fühle mich richtig verstanden von Ihnen. Danke!«

Verlegen sah sie weg, lächelte aber.

Er wechselte das Thema, sprach wieder von dem alten Herrn. »Neunundneunzig Jahre alt. Und trotzdem habe ich gedacht, es ist viel zu früh. Er war nie krank, und er war geistig immer noch voll auf der Höhe.« Daniels Lächeln wurde melancholisch.

»Das tut mir sehr leid«, sagte Hannah, dann fügte sie zögerlich hinzu: »Wie ist er denn gestorben?«

Daniel hob die Schultern. »Einfach eingeschlafen, sagt der Arzt. Das Herz wollte nicht mehr. Vielleicht hatte er sich eine Erkältung eingefangen, und das Immunsystem hat einfach nicht mehr mitgemacht.«

»Tut mir sehr leid«, wiederholte sie. »Er schien nicht mehr so viel unter Menschen gegangen zu sein, hatte ich den Eindruck?«

Daniel sah zur Bar. Seine beiden Kollegen warfen ihm fragende Blicke zu, es herrschte großer Andrang. Er stand auf. »Ich muss leider weitermachen. Wenn Sie wollen, reden wir später?«

Hannah nickte und spürte, wie enttäuscht sie war, dass er schon gehen musste. »Wie lange sind Sie denn hier?«

»Bis zum Schluss.« Er hob entschuldigend die Hände. »Aber wenn nachher nicht mehr so viel los ist…« Er beeilte sich, wieder hinter die Bar zu kommen. Einer seiner Kollegen schlug neckend mit einem Geschirrhandtuch nach ihm, und Daniel ging lachend in Deckung.

Hannah aß auf, schrieb ihrer Mutter eine kurze Nachricht, dass alles in Ordnung sei. Dann schrieb sie länger an Zadie: wie sie gestern noch fast Matthew und seiner Neuen in die Arme gelaufen wäre, dass sie schlecht geschlafen hatte, dass sie jetzt erst einmal ankommen müsse, auch innerlich. Zadie meldete sich nicht zurück, sie stand häufig sehr früh auf und schlief deshalb abends manchmal schon auf der Couch ein. Aber Hannahs Mutter, eine wahre Eule, die mit vier Stunden Schlaf auskam, schrieb sofort zurück, wünschte ihr alles Gute und eine ruhige Nacht, hängte sogar noch ein Foto von Hannahs Vater an, wie er etwas verwundert über den Rand seiner Brille in die Handykamera schaute, vor sich einen Bildband über Greifvögel.

Für ihre Mutter fiel ihr sofort eine Vogelart ein, die Eule. Ihren Vater hätte sie früher mit einem Emu verglichen: Er war anders, er war besonders. Die anderen Vögel konnten vielleicht fliegen, aber er konnte rennen. Er war temperamentvoll und kräftig, zielgerichtet und ausdauernd. Jetzt war der Emu alt, seine Kräfte schwanden. In der freien Wildbahn würde er keinen Tag mehr überleben. Ohne Caroline wäre er verloren. Traurig lächelte Hannah das Foto an. Dann stand sie auf und ging zur Bar, etwas zögerlich und mit klopfendem Herzen, weil Daniel dort stand und sie warm anlächelte.

»Schon müde?«, fragte er.

»Ich fürchte, sehr viel länger halte ich nicht mehr durch.«

Daniel sah sich um, winkte dann einem Mitarbeiter zu und gab ihm zu verstehen, dass er eine Pause machen würde. »Setzen wir uns wieder an Ihren Tisch?«, fragte er Hannah.

Sie nahmen jeder ein Glas Wein mit und setzten sich hin, Hannah auf ihren alten Platz, er sich wieder ihr gegenüber. Thomas Oliver, sagte er, sei ein ungewöhnlicher Mann gewesen, einer, der immer anderen geholfen und nie selbst etwas eingefordert habe.

»Dann hat er doch nicht so zurückgezogen gelebt, wie ich erst dachte?«, fragte Hannah.

»Doch. Er ging fast nie aus dem Haus. Er ließ sich die Dinge, die er benötigte, liefern, und er hat ausgesprochen selten Besuch empfangen. Er sagte immer: Ich habe hier genug Gesellschaft.«

»Seine Bücher?«

»Seine Erinnerungen.« Daniel lächelte. »Nehme ich an. Ich habe ihn mein ganzes Leben lang gekannt, aber das heißt nicht, dass ich alles über ihn weiß.« Er hielt inne, dachte kurz nach. »Ich mochte ihn sehr. Und wie schon gesagt, er war ein sehr wichtiger Mensch für meinen Vater. Aber er machte nicht viel Aufhebens um seine Person. Er sprach nicht viel über sich. Ein seltsamer, liebenswerter Kauz.« Wieder lächelte er. »Was genau werden Sie jetzt tun?«

Hannah nahm einen großen Schluck von ihrem Weißwein. Bevor sie antworten konnte, sagte er: »Ach je, so schlimm?«

Sie lachte und fragte ihn, ob er denn nicht wisse, wie es in Dr. Olivers Haus aussah. Er wusste es, schien darin aber kein Problem zu erkennen.

»Ich muss alles durchsehen«, sagte Hannah. »Alles. Jeden Schnipsel.«

Jetzt staunte er doch, damit hatte er nicht gerechnet.

Daniel stand auf, ging hinter die Bar und kam mit der Flasche Wein zurück. »Wir brauchen wohl noch einen Schluck davon«, sagte er und schenkte ihr und sich nach.

»Er hatte also gar keine Verwandtschaft?«, fragte Hannah.

Daniel schüttelte den Kopf. Die beiden Brüder waren unverheiratet und kinderlos gestorben. Auch Thomas Oliver hatte nie geheiratet, nie Kinder gehabt, natürlich gab es Gerüchte, er sei schwul gewesen. Daniel wusste von dem alten Mann, dass es einmal eine große Liebe in seinem Leben gegeben hatte. Ob Frau oder Mann, war ihm herzlich egal, aber offenbar war die Sache höchst unglücklich verlaufen. Die weitläufige Verwandtschaft der Eltern war vermutlich nicht mehr auffindbar oder ebenfalls tot.

»Haben Sie nicht gesagt, er war ein entfernter Onkel Ihres Vaters?«

»Patenonkel, jedenfalls nenne ich es so. Mein Vater war ein Waisenkind. Mein Großvater fiel auch im Krieg, und meine Großmutter starb kurz nach der Geburt. Mein Vater kam dann zu einer Familie, von der er später adoptiert wurde. Für mich waren das immer meine richtigen Großeltern und meine richtigen Onkel und Tanten.«

»Wie passt Dr. Oliver da rein?«, fragte Hannah.

»Die Olivers waren die reichste Familie in der Gegend und nicht nur dadurch auch die einflussreichste. Wenn jemand in Not war, halfen sie, so gut sie konnten. Sie suchten eine Familie für meinen Vater, nachdem meine Großmutter gestorben war. Thomas war eigentlich immer da, er sorgte dafür, dass es ihm gut ging und er sich gut eingewöhnte.«

»Das klingt schön«, sagte Hannah. »Dann war Dr. Oliver so was wie der Bürgermeister hier?«

Daniel hob abwehrend die Hände. »Oh, nein. Politik war nicht sein Metier. Er war Arzt. Früher hat er in Dublin am Krankenhaus gearbeitet, er war Herzspezialist, aber nach dem Tod seiner Eltern kam er hierher und machte eine ganz normale Landarztpraxis auf.«

Ein Arzt. Hannah musste an Matthew denken und verzog das Gesicht. Daniel erkundigte sich verwundert, ob etwas nicht in Ordnung sei.

Hannah entschuldigte sich. Sie wusste nicht, wie sie ihm erklären sollte, was in ihr vorging. Sie hatte gedacht, Oliver sei ein Doktor der Geisteswissenschaften gewesen. All diese Bücher, das Archiv … Geschichte, hatte sie vermutet. Wieso brachte es sie nun derart aus dem Konzept, dass sie es hier mit dem Nachlass eines Arztes zu tun hatte? Wie lange würde ihr die Erinnerung an Matthew und den Schmerz, den er ihr zugefügt hatte, noch die Laune verhageln?

Daniels Stimme kam ihr weit entfernt vor, als er wieder fragte, ob es ihr gut ginge. Ihr wurde klar, dass sie ihr merkwürdiges Verhalten irgendwie erklären musste, aber ihr fiel nichts ein. Die Wahrheit konnte sie ihm schlecht sagen. Wie musste das für einen Fremden klingen, wenn sie erklärte, dass sie gerade ganz schlecht draufkam, nur weil jemand denselben Beruf hatte wie ihr Ex? Dass sie ihn gestern gesehen hatte, dass sie sogar in der U-Bahn geweint hatte, das alles hatte die schlecht verheilte Wunde wieder aufgerissen.

»Ich bin fürchterlich müde«, sagte sie endlich. »Ich habe rasendes Kopfweh. Darf ich Sie in den nächsten Tagen noch mal bitten, mir mehr über ihn zu erzählen? Ich werde bestimmt einige Fragen haben.«

»Sicher«, sagte Daniel, und immerhin lächelte er jetzt, nur sehr viel vorsichtiger als noch zuvor. »Sie wissen ja, wo Sie mich finden.«

Er wollte kein Geld für den Wein von ihr nehmen. Sie bedankte sich und verließ das Pub durch die Tür, die direkt zur Pension führte. Hannah ärgerte sich, dass das Gespräch so seltsam geendet hatte. Sie würde es wiedergutmachen müssen.

Auf dem Weg hinauf zu ihrem Zimmer entdeckte sie ein Foto von einem schönen alten Wagen. Sie tippte auf die Zwanzigerjahre. Davor standen zwei junge Männer. Neben dem Foto entdeckte Hannah einen kleinen Begleittext. »Michael Collins und Emmet Dalton, 22. August 1922 vor unserem Haus, auf dem Weg nach Béal na Bláth. Eine halbe Stunde nach seiner Abreise fand Collins den Tod.«

Michael Collins, der irische Nationalheld, der nach der Unterzeichnung der Unabhängigkeitserklärung ermordet worden war? Dem Datum nach könnte er es wirklich sein. Offenbar waren sie in der Pension stolz darauf, dass er seine letzten Stunden hier verbracht hatte. Aber die Bildunterschrift las sich unbeabsichtigt ein wenig so, als hätte man ihn von hier aus in den Tod geschickt.

Hannah schauderte bei dem Gedanken. Was für ein makaberes Ausstellungsstück! Und als sie die Treppen zu ihrem Zimmer hinaufging, wurde sie das Gefühl nicht los, dass es mit diesem Bild mehr auf sich hatte.

THOMAS

Von nun an sah ich Sara jeden Tag, und ich wollte nicht, dass die Zeit verging. Vom ersten Moment an hatte sie mich so sehr fasziniert, und ich wünschte mir, ich könnte dieses Gefühl festhalten. Zwei Wochen nur! Wie lang war mir diese Zeitspanne vorgekommen, als ich in Dublin aufgebrochen war. Wie kurz erschien sie mir nun.

Mit jedem Tag wuchs meine Zuneigung zu ihr, und jede Minute, die ohne sie verging, machte mich unglücklich. Ich wollte die Stunden, in denen ich Sara nicht sah, eintauschen gegen Zeit mit ihr. Das Fürchterlichste von allem war, dass ich nicht mal richtig mit ihr sprechen konnte. Nie ergab es sich, dass wir allein waren. Ich bekam keine Gelegenheit herauszufinden, ob sie in irgendeiner Weise Interesse an mir hatte. Sie behandelte mich wie alle anderen, sodass ich auch an ihrem Verhalten nichts ablesen konnte. Wenn sich unsere Blicke trafen, glaubte ich, ihre Augen lächeln zu sehen, aber wie konnte ich mir sicher sein, dass ich es mir nicht doch nur einbildete?

Ich wollte nicht, dass meine Eltern oder meine Brüder etwas von meiner Verrücktheit mitbekamen, also musste ich mich zusammenreißen. Wenn Sara nicht in der Nähe war, fiel es mir kaum leichter, meine Stimmung zu verbergen, denn dann lauschte ich darauf, ob ich ihre Schritte hören konnte, ob ihre Stimme irgendwo im Haus erklang. Meine Brüder unternahmen Ausflüge, und ich musste Ausreden erfinden, warum ich mich nicht vom Haus wegbewegen wollte. Eigentlich war es gar nicht meine Art, so lange an einem Ort zu bleiben. Damals war ich neugierig und unruhig, stets auf der Suche nach etwas, von dem ich nicht genau wusste, was es war. Unter dem Vorwand, mich dringend von den Strapazen meines Studiums erholen zu müssen, blieb ich zu Hause, saß im Garten, tat so, als würde ich lesen oder schlafen, und entwickelte ein bisher nie gekanntes Interesse an allem, was um das Haus herum wuchs. Aber nie traf ich sie allein an. Als hätte es nicht sein sollen.

Wenige Tage nach meinem Eintreffen, am 1. September 1939, brach der Krieg aus. Die Deutschen waren in Polen einmarschiert. Am Tag darauf rief die irische Regierung den nationalen Notstand aus.

»Wir sind doch neutral«, sagte Charles beim Abendessen. »Warum rufen sie den Notstand aus?«

»Wie kann man da neutral sein«, ereiferte sich Patrick. »Wir dürfen nicht neutral bleiben. Niemand darf jetzt noch neutral sein! Es muss alles getan werden, um diesen Hitler zu stoppen!«

Unsere Eltern warfen sich besorgte Blicke zu. Ich wusste, was in ihnen vorging: Patrick, der Hitzkopf, der nun seit zwei Jahren in der Armee war und immer noch darauf brannte, das Richtige zu tun, sich einzumischen, die Welt zu verändern.

»Dieser Hitler ist ein schlimmer Mensch«, sagte Charles. »Natürlich muss man ihn aufhalten. Aber Gewalt und Krieg, das sind doch keine Lösungen!«

»Er hat angefangen!«, sagte Patrick. »Was sagst du, wenn er Irland angreift? Sollen wir dann immer noch neutral bleiben?«

»Dazu kommt es nicht«, sagte Charles. »Kann es denn die Aufgabe unseres Landes sein, sich in diese Angelegenheiten einzumischen? Sollen wir uns als Nächstes auch noch um die Japaner kümmern? Die Russen, die Chinesen?«

»Neutral!« Patrick spuckte das Wort fast schon aus. »Wenigstens eine Haltung sollten wir einnehmen.«

»Unter neutral verstehe ich auch eine Haltung. Neutral sagt für mich, dass man vollständig gegen den Krieg ist.«

Jetzt sagte unser Vater: »Irland gegen den Krieg?« Seufzend schüttelte er den Kopf. »Wäre das nicht schön.«

Ich hörte zu, wusste aber nicht, was ich sagen sollte. Sara tauchte immer wieder auf, um Essen aus der Küche zu bringen oder etwas abzuräumen. Ich versuchte, sie nicht anzustarren, nahm sie aber so intensiv wahr, dass alles andere in den Hintergrund trat und verblasste. Ich atmete ihren Duft ein, nahm den Klang ihrer Stimme in mich auf, suchte ihren Blick.

Zu meiner Verwunderung wirkte sie sehr angespannt, während sich meine Brüder unterhielten, und ich wusste instinktiv, dass es mehr war als die allgemeine Sorge um den Zustand der Welt. Sara hatte Angst. Diese selbstbewusste Frau mit den dunklen Locken und den ernsten Augen hatte Angst, und sie zeigte diese Angst nicht eine Sekunde. Ihr Blick blieb klar, ihre Haltung aufrecht, aber ich konnte es dennoch spüren. Da war etwas, das sie verändert hatte.

Ich ließ mich dazu hinreißen, das Wort direkt an sie zu richten, indem ich sie fragte: »Was denken Sie über den Krieg? Ist es richtig, dass sich Irland nicht einmischt?«

»Irland ist kein Land, das sich einmischt. Wir haben genug eigene Probleme, weil sich andere eingemischt haben«, sagte sie.

»Und jetzt mischen sich die Deutschen bei den Polen ein«, rief Patrick. »Sollen wir etwa tatenlos zusehen?«

»Kriege bringen doch nur Unglück«, erwiderte Sara ungewöhnlich harsch. »Sie machen alles kaputt. Menschen sterben oder verlieren ihre Heimat, und egal, wie es am Ende ausgeht, es sind doch immer alle unglücklich, und selbst die Gewinner sind unzufrieden. Nein, ich glaube, ein Krieg hat nie echte Sieger.« Damit verschwand sie in der Küche.

»Da hat sie recht«, sagte Charles.

»Ich frage mich, wie sie zur irischen Sache steht«, sagte Patrick, als sie außer Hörweite war.

»Sie hat doch gerade gesagt, sie wünscht sich Frieden«, entgegnete ich.

»Aber was sie vorher gesagt hat. Dass wir eigene

Probleme haben. Damit meint sie bestimmt den Norden. Und mit dem Einmischen die Briten.«

Charles sagte: »Du hältst sie aber jetzt nicht für eine heimliche IRA-Anhängerin, hoffe ich?«

»Ihr redet wirklich einen unglaublichen Blödsinn«, sagte unsere Mutter. »Manchmal möchte ich nicht glauben, dass ihr meine Söhne seid.«

»Also so schlimm sind wir doch gar nicht!«, empörte sich Charles.

»Diese Frau scheint mir eine vernünftige und gesunde Einstellung zum Leben zu haben«, beendete Vater die Diskussion, zumindest vorerst.

Für Patrick war sie nämlich noch lange nicht vorbei. Nach dem Essen wartete er darauf, dass sich unsere Eltern zurückzogen, dann ging er in die Küche, wo Sara mit Aufräumen und Abspülen fertig war. Sie wollte gerade nach Hause gehen, als er sie mit seinen Vorträgen über die Pflicht eines jeden Bürgers, sich politisch eine Meinung zu bilden, überfiel. Sara entgegnete knapp, dass sie durchaus eine Meinung habe, nur verstehe sie nicht, warum sie damit bei ihm hausieren gehen müsse. Ich stand etwas abseits und hörte den beiden zu, sah, wie sich Patrick immer mehr aufregte, wie Sara immer ruhiger wurde und mit klarer Stimme schließlich die Neutralität guthieß. Daraufhin stürmte Patrick die Treppen hinauf zu seinem Zimmer. Sara verabschiedete sich mit einem knappen Nicken im Vorbeigehen von mir und verließ das Haus.

Ich hatte meine Gelegenheit, allein mit ihr zu reden, verpasst.

Am folgenden Tag, dem 3. September, erklärten Großbritannien und Frankreich den Deutschen den Krieg. Patrick wurde unruhig. Er packte seine Sachen, wollte zurück zu seiner Einheit. Charles und ich versuchten, ihn aufzuhalten, bevor unsere Eltern etwas davon bemerkten. Er musste doch wissen, dass Irland nicht Seite an Seite mit den Briten kämpfen würde, nicht einmal gegen einen wie Hitler. Aber Patrick blieb stur. Er verabschiedete sich von unseren Eltern, die ebenfalls versuchten, ihn zur Vernunft zu bringen, schließlich könne er auch nichts weiter tun, als in der Kaserne zu sitzen. Er ließ sie nicht einmal ausreden, sondern verließ einfach das Haus, um sich zu Fuß nach Bandon aufzumachen, von wo aus er den Zug nach Cork nehmen wollte. Damals fuhren von Bandon aus noch Züge, du kannst dich daran nicht erinnern. Der Zugverkehr wurde lange vor deiner Zeit eingestellt. Ich weiß noch, dass Sara ihm einen Abschiedsgruß hinterherrief, auf den er aber nicht reagierte. Mein Vater blieb eine Weile regungslos in seinem Sessel sitzen, dann raffte er sich auf und ging hinaus, blieb vor der Garage stehen, unschlüssig, ob er den Wagen nehmen und Patrick folgen sollte. Charles und ich gingen zu ihm, zu dritt standen wir schweigend vorm Haus und sahen die Straße hinunter in Richtung Bandon, obwohl Patrick längst nicht mehr zu sehen war. Hinterher habe ich mich oft gefragt, ob wir alle spürten, dass wir ihn nie wiedersehen würden. Als ich mich umdrehte, um hineinzugehen, sah ich, dass meine Mutter und Sara am Fenster standen.

Die Tage vergingen, sie rasten geradezu vorüber, und

zugleich schleppten sie sich zäh dahin – anders kann ich meinen Zustand nicht beschreiben. Über unserem Haus schien eine dunkle Wolke zu hängen, die Stimmung war seit Patricks Abreise gedrückt, und trotzdem war in meinem Herzen immer noch Raum für diese schmerzende, unerklärliche Sehnsucht, die ich für Sara empfand.

Charles und ich reisten eine gute Woche nach Patrick ab, Vater fuhr uns zum Bahnhof. Ich umarmte Mutter zum Abschied, Sara konnte ich nur die Hand reichen, mehr durfte nicht sein. Sie lächelte mich an, wünschte mir alles Gute, und ich bildete mir ein, dass sie ihre Hand etwas länger als nötig in der meinen ließ. Als unser Wagen losfuhr, sah ich zum Haus zurück und winkte noch einmal. Sie winkte zurück, bis wir nicht mehr zu sehen waren. Auch Mutter winkte. Aber ich hatte nur Augen für Sara und behielt dieses Bild von ihr in meinem Gedächtnis.

In Dublin hätte mich mein Studium ablenken sollen. Die Vorlesungen, die Nächte in der Bibliothek, die Seminare. Ich hatte zunächst Schwierigkeiten, mich zu konzentrieren, aber irgendwie schaffte ich es doch. Dem Mädchen, das ich damals traf, teilte ich mit, dass wir uns nicht mehr sehen würden. Ich glaubte, es würde ihr nichts ausmachen, hatte sie doch immer behauptet, sich auf nichts Festes einlassen zu wollen. Aber sie schien sehr unglücklich darüber zu sein. Nichts, was sie sagte oder tat, konnte mich allerdings umstimmen, und das, obwohl Sara so weit weg, so unerreichbar war.

Die Freizeit mit meinen Kommilitonen langweilte mich. Ich wollte nicht mit ihnen trinken und debattieren, wollte nicht über Mädchen reden und die Nächte durchmachen. Es kam mir kindisch vor: Wie sich die jungen Männer so amüsieren konnten, während sich die Länder, die uns geografisch am nächsten waren, im Krieg befanden. Dabei war mir in Wirklichkeit etwas anderes viel wichtiger als der Krieg: Sara. Keine der Studentinnen, kein einziges Mädchen in der ganzen Stadt fand ich noch interessant, ich hatte nicht einmal Augen für ihre Schönheit – sie wirkten auf mich fad und oberflächlich. Nie im Leben hatte ich mich so gefühlt, nie hätte ich gedacht, dass eine Frau bei mir Derartiges bewegen könnte.

Nach ein paar Wochen stellte ich fest, dass Sara mich nicht etwa vom Studium ablenkte, wie ich zunächst angenommen hatte, sondern mich vielmehr beflügelte. Die Professoren sprachen mich auf meine Sorgfalt, meinen Eifer, meine immer umfangreicheren Kenntnisse an. Hatte ich einen Sommerkurs belegt, von dem sie nichts wussten? Was hatte mich angefacht? Ich konnte es ihnen nicht sagen. Ihr Lob aber spornte mich zu noch besseren Leistungen an, die Zeit bis zu den Weihnachtsferien verflog geradezu.

Und dann durfte ich endlich, endlich nach Hause und Sara wiedersehen. Als ich gegen vier Uhr am Nachmittag in Bandon ankam, war es längst dunkel. Draußen war es kalt, aber nicht eisig, ich trug trotzdem meinen wärmsten Mantel. Ich hatte ihn über meinem Anzug angezogen, um im Koffer mehr Platz für die

Geschenke zu haben, die ich für meine Eltern und Brüder gekauft hatte. Eine Kleinigkeit für Sara war auch dabei: ein Buch von Flann O'Brien, ich hatte es selbst nicht gelesen und wusste nichts darüber, aber man hatte es mir empfohlen. Ich wollte damit intellektuell wirken und ihr gleichzeitig das Gefühl geben, dass ich sie für sehr intelligent hielt und entsprechend schätzte. Mir war sonst nichts eingefallen, das nicht in irgendeiner Weise verfänglich hätte wirken können. Heute muss ich darüber lächeln, wie ungeschickt ich damals war.

Meine Eltern holten mich am Bahnhof in Bandon ab, in der Bahnhofshalle hing überall Weihnachtsschmuck, und ein schöner großer Baum war errichtet worden. Sie sprachen mich darauf an, wie gut ich aussah, fast so, als käme ich von einer Kur und nicht vom Studium. Ob ich dem Studentenlotterleben abgeschworen hätte, fragte mein Vater im Scherz, und ich antwortete stolz, dass ich mich tatsächlich mehr aufs Lernen und weniger aufs Vergnügen konzentrierte. Natürlich erwähnte ich auch, wie zufrieden die Professoren mit mir waren. Sonst war Charles immer der Musterstudent gewesen und ich der, bei dem es ruhig ein wenig besser hätte laufen können.

Als wir auf unser Haus zufuhren, sah ich bereits Kerzenlicht in den Fenstern. An der Haustür hing ein Stechpalmenkranz, und ich fühlte mich sofort in das Weihnachtsgefühl meiner Kindheit zurückversetzt. Ich brachte nur rasch mein Gepäck auf mein Zimmer, dann kam ich wieder runter, um mit meinen Eltern

Tee zu trinken. Charles war bereits seit zwei Tagen da, und Patrick erwarteten wir am Samstag.

»Hat er geschrieben, wann genau er kommt?«, fragte Charles.

Mutter schüttelte den Kopf. »Nur dass er am Samstag vor Weihnachten kommt und gleich nach den Feiertagen wieder wegmuss.«

»Immerhin kann er mit uns feiern«, sagte Charles zufrieden.

»Was ist mit Sara?«, fragte ich. Es war keine ungewöhnliche Frage. Meine Eltern überließen es ihren Hausangestellten, wie sie die Feiertage verbringen wollten. Vielleicht hatte Sara eine kranke Mutter, die sie pflegen musste, oder …

»Sie wird sicherlich bei ihrem Mann sein wollen«, sagte mein Vater.

Oder einen Ehemann.

»Ja, natürlich«, sagte ich und bemühte mich, die Fröhlichkeit, mit der ich angereist war, nach außen hin zu behalten. Einen Ring an ihrem Finger hätte ich doch sicherlich bemerkt. Aber sie trug keinen. Der Schock saß tief, dabei hätte ich darauf vorbereitet sein müssen. Natürlich gab es einen Ehemann! Aber heimlich hatte ich gehofft, sie sei früh verwitwet und kinderlos geblieben. Oder hätte nie den Richtigen gefunden.

Sie war also verheiratet. Ich fragte mich, ob es eine glückliche Ehe war, versuchte mir vorzustellen, welcher Mann wohl zu ihr passen würde. Es tat mir weh, es kränkte mich. Ich wollte nicht mehr an sie denken, wusste ich doch nun endgültig, wie sinnlos, wie dumm es war, wusste aber gleichzeitig, dass ich sie nicht einfach so vergessen konnte. Zu sehr hatte ich mich in diese Fantasie von ihr hineingesteigert, immer wieder geglaubt, eines Tages mit ihr zusammen sein zu können. Ja, ich hatte gedacht, wir würden ein Paar werden, warum auch nicht? Schließlich drehten sich meine Gedanken bei allem, was ich tat, um sie. Ich stellte mir ganze Unterhaltungen mit ihr vor. Wie es sein würde, sie zu küssen, ihren Körper zu spüren … Und nun brach das Kartenhaus meiner Zukunftsfantasien zusammen. Ich war froh, ihr nur ein Buch als Geschenk gekauft zu haben. Wie sehr hätte ich mich mit allem anderen blamiert!

Jetzt musste ich mich zusammenreißen, damit meine Familie nicht mitbekam, was in mir vorging. Ich tat so, als folgte ich dem Gespräch der anderen, irgendwann stand ich auf und ging ein paar Schritte im Zimmer umher, so als sei ich von der Zugfahrt noch etwas steif.

Ich fragte mich, wo sie in diesem Moment war, denn seit meiner Ankunft vor nicht einmal einer halben Stunde hatte ich sie noch nicht gesehen.

Ich musste mich noch etwas gedulden. Offenbar hatten meine Eltern sie direkt nach unserer Ankunft zum Einkaufen geschickt, mit Vaters Wagen. Sie musste das Haus verlassen haben, als ich oben auf meinem Zimmer war. Also hatte ich sie knapp verpasst. Jetzt war ich erst einmal tief beeindruckt, dass sie Auto fahren konnte. Es gab damals nicht sehr viele Frauen, die Auto fuhren, und Charles nahm dies zum Anlass, unsere

Mutter zu fragen, ob sie es nicht auch lernen wolle, aber sie lachte nur. Ihre Orientierung sei so schlecht, erklärte sie, sie würde sich nur verfahren. Wir erinnerten uns an einen Reitausflug mit ihr, von dem wir hundemüde und durchgefroren weit nach Anbruch der Dunkelheit zurückgekommen waren, weil Mutter sich verirrt hatte.

Als wir immer noch bei den alten Geschichten waren und herzlich miteinander lachten, kam Sara herein. Mir blieb das Lachen vor Schreck im Halse stecken, ich musste husten. Schnell nahm ich meine Tasse Tee und trank etwas, tat so, als spürte ich eine herannahende Erkältung. Sie sah mich, den Neuankömmling, nur freundlich an und nickte mir zu. Ich stand auf, immer noch mich räuspernd, um ihr zur Begrüßung die Hand zu geben. Diesmal achtete ich genau darauf, ob sie einen Ring trug, aber es war tatsächlich keiner zu sehen.

»Soll ich Ihnen einen Kräutertee machen?«, fragte sie mich.

Ich sah sie verständnislos an.

»Wegen Ihrer Erkältung.«

»Oh, nein, das geht schon wieder. Vielleicht habe ich mich auch nur verschluckt. Danke.« Ich spürte, wie ich rot wurde, und hüstelte noch ein bisschen in die vorgehaltene Hand. Mir fiel ein, dass sie gerade vom Einkaufen kam. »Darf ich Ihnen helfen, die Taschen und Körbe hereinzutragen?«, fragte ich.

Sie schüttelte den Kopf und versicherte, dass dies nicht nötig sei. Aber ich bestand darauf, ihr zu helfen, und zu meinem Unglück mischte sich nun auch noch Charles ein, der ebenfalls seine Hilfe anbot. Sara gab ihren Widerstand auf und ließ es zu, dass wir die Einkäufe in die Küche trugen. Ich unterdrückte meinen Ärger darüber, schon wieder nicht mit Sara allein zu sein, doch fiel mir nichts ein, wie ich meinen Bruder loswerden konnte, ohne mich zum Narren zu machen.

Während wir die schweren Einkäufe, die verdächtig nach Weihnachtsessen aussahen, durch die kalte Abendluft ins Haus trugen, plauderte Charles mit Sara über die Läden in Bandon. Gab es noch den alten Simmons mit seinem Gemüseladen? Hatte sie das Fleisch von O'Neill? Ich hörte ihre Antworten, mehr aber als das, was sie sagte, hörte ich, *wie* sie es sagte. Wie ihre dunkle, melodische Stimme warm durch die eisige Luft klang und mich zu umhüllen schien, obwohl sie gar nicht mit mir, sondern mit meinem Bruder sprach. Wie ungezwungen Charles doch war. Warum sollte ich es nicht auch auf diese Art versuchen?

»Sind Sie an den Weihnachtsfeiertagen gar nicht bei uns?«, fragte ich, als wir in der Küche waren und die Einkäufe abstellten.

Sie sagte mir, dass sie für ein paar Stunden vorbeischauen würde, um meiner Mutter bei den Vorbereitungen zu helfen, aber sie könne nicht die ganze Zeit bleiben, weil sie sich um ihren Mann und dessen Familie kümmern müsse. Ich fragte sie, warum sie keinen Ring trug – die Frage schoss einfach aus mir heraus, und ich war selbst erschrocken darüber, sie gestellt zu haben. Charles warf mir einen fragenden Blick zu, aber Sara reagierte vollkommen gelassen und antwortete, sie trüge den Ring nicht gern, er sei ihr ein wenig zu groß und störe nur bei der Arbeit. Um das Thema schnell zu wechseln, fragte ich sie, ob sie besondere Wünsche zu Weihnachten und für das neue Jahr habe, und nach einer kleinen Pause antwortete sie, sie wünsche sich nur, dass dieser furchtbare Krieg zu Ende ginge. Sie wisse aber, fügte sie hinzu, dass sich dieser Wunsch nicht erfüllen würde. Jetzt war sie es, die das Thema wechselte und anfing, vom Essen zu reden. Sie gab uns Anweisungen, wie wir die Sachen verstauen sollten, bedankte sich schließlich und gab uns dann lachend zu verstehen, dass sie die Küche wieder gern für sich allein hätte.

Charles war wieder ganz in der Rolle des großen Bruders und warf mir vor, mich wie ein kleines Kind aufgeführt zu haben. »Solche Fragen konntest du mit zehn stellen, aber doch jetzt nicht mehr!«, rügte er mich.

Aber ich war zufrieden. Ich glaubte jetzt zu wissen, dass Sara zwar einen Mann, aber keine Kinder hatte. Sie schien außerdem nicht allzu familiär zu sein, sonst hätte sie sich die Tage über Weihnachten ganz freigenommen. Ich wusste, dass meine Mutter dies immer anbot, die letzte Haushälterin war stets zum Jahreswechsel für drei Wochen fort gewesen, und in der Zeit war eine Aushilfe ins Haus gekommen. Sara aber wollte hier sein und nicht rund um die Uhr bei ihrem Mann. Ich hielt dies für ein gutes Zeichen. Und ich glaubte jetzt auch zu wissen, dass sie eine sehr intelligente

Frau war, die sich mit dem beschäftigte, was auf der Welt vor sich ging, anstatt nur nach dem eigenen Leben in den eigenen vier Wänden zu schauen. Hätte sie sonst diese Aussagen über den Krieg gemacht? Man kann mir vorwerfen, völlig euphorisiert und verblendet gewesen zu sein, aber letztlich sollte sich herausstellen, dass ich recht hatte. Jedenfalls mit den meisten meiner Vermutungen.

4.

Als sie am nächsten Morgen die enge Landstraße entlangfuhr, an der Thomas Olivers Haus lag, versteckte sich die Sonne noch hinter grauen, hohen Wolken. Hannah bemerkte, dass die Straße im weiteren Verlauf nach Béal na Bláth führte – dem Ort, an dem der berühmte irische Nationalheld getötet worden war. Ihr hatte das Bild von Michael Collins, das im Hotel hing, keine Ruhe gelassen, und sie hatte gestern Nacht noch ein wenig im Internet recherchiert, weil sie mit ihrem vagen Halbwissen, das sie noch aus der Schulzeit besaß, nicht weiterkam. Collins war 1890 in einem Ort namens Clonakilty geboren worden, nicht allzu weit von Bandon – ein Stück weiter südwestlich in Richtung Küste. Nach der Schule war er nach London gegangen, weil er in seiner Heimat keine Berufsmöglichkeiten sah. Dort hatte er andere Iren kennengelernt und sich bald der Irish Republican Brotherhood angeschlossen, einem Geheimbund, der für ein von den Briten unabhängiges Irland kämpfte. Später sollte Collins den Osteraufstand 1916 mitplanen. Er wurde nach dessen erwartetem Scheitern interniert, aber nicht hingerichtet wie so viele andere. 1919 half er mit, Éamon

De Valera aus der Haft zu befreien, im selben Jahr wurde De Valera der Leiter der provisorischen irischen Regierung. Collins übernahm viele seiner Aufgaben, wenn De Valera in den USA für die irische Unabhängigkeit warb. Im Unabhängigkeitskrieg spielte er eine wichtige Rolle als Chef des IRA-Geheimdienstes, und spätestens zu dieser Zeit wurde immer klarer, dass er in de Valera einen seiner größten Gegner hatte. Größer noch als die Briten, die mittlerweile ein Kopfgeld auf ihn ausgesetzt hatten. Als es nach dem Unabhängigkeitskrieg darum ging, den Anglo-Irischen Vertrag auszuhandeln, wollten die Briten mit Collins an den Verhandlungstisch. De Valera konnte das nicht akzeptieren, setzte sich durch und reiste allein nach London.

Es kam zu Gesprächen, die geheim bleiben sollten. Nach diesen Gesprächen zog sich De Valera zurück und schickte Collins vor. Die Verhandlungen liefen auf einen notwendigen Kompromiss hinaus, dem sich viele irische Republikaner nicht anschließen wollten: Die nordirischen Provinzen erhielten die Möglichkeit, aus dem irischen Freistaat auszutreten. Sie taten es gleich nach der Unterzeichnung des Vertrags.

Im Juni 1922 brach der Bürgerkrieg aus.

Im August 1922 wurde Collins von Vertragsgegnern ermordet. County Cork, wo Collins geboren worden war und wo er starb, galt als Hochburg der Vertragsgegner. Bis heute wusste niemand genau, wer sein Mörder war.

Was für eine verzwickte und auch geheimnisvolle Geschichte! Zwei Männer, die miteinander kämpften und doch die größten Gegner waren: Éamon De Valera und Michael Collins. Zwei Männer, die das gleiche Ziel hatten und sich doch nicht einig wurden. Heute galt Michael Collins als Nationalheld und Éamon De Valera, trotz seiner wichtigen politischen Ämter, als höchst umstritten.

Und hier hatte Michael Collins also Station gemacht, bevor er wenig später seinem Mörder begegnet war! Hannah beschloss, Daniel danach zu fragen. Welche Bedeutung so ein Foto wohl für ihn hatte? Als Engländerin wusste sie letztlich doch zu wenig über die irischen Befindlichkeiten, gerade wenn es um Ereignisse ging, die so weit in der Geschichte zurückreichten und offenbar bis heute nicht restlos geklärt waren.

Sie parkte vor Dr. Olivers Haus. Im grauen Morgenlicht und zwischen den weiten, flachen Feldern wirkte das Gebäude nicht mehr so einladend, eher einsam und traurig. Was ein paar Sonnenstrahlen – oder ihre Abwesenheit – doch verändern konnten. Wie sich hier wohl ein Winter anfühlte? Eine Reihe kalter Regentage? Oder war es dann gerade besonders gemütlich, vor dem Kamin zu sitzen und in einem der unzähligen Bücher zu lesen?

Mrs. Foley erwartete sie bereits, übergab ihr die Schlüssel und zeigte ihr die restlichen Räume, zu denen sie noch nicht gekommen waren: die Dienstbotenstube, einige Abstellkammern, schließlich Speicher, Garage und Gartenhaus, in denen sich tatsächlich lauter Antiquitäten von nicht geringem Wert stapelten.

»Die müssen natürlich anders gelagert werden«,

sagte Hannah. »Und ich brauche Platz, um sie mir richtig ansehen zu können.«

Mrs. Foley zündete sich zufrieden eine Zigarette an. »Ich sehe schon, Sie wissen genau, was zu tun ist.« Sie wünschte Hannah viel Vergnügen, gab ihr die Schlüssel für das Haus und stöckelte rauchend zu ihrem Wagen.

Die Hilfe, die sich Hannah von Mrs. Foley erhofft hatte, musste sie sich offenbar allein organisieren. Sie fragte sich, wer die Kosten dafür übernehmen würde, wenn sie jemanden engagierte, der die Möbel für sie herumschleppte. Einen Teil könnte sie vielleicht nach und nach allein ins Haus tragen, aber längst nicht alles. Sie hatte Schränke, Truhen und Kommoden gesehen, bei denen schon zwei kräftige Männer ins Schwitzen kommen würden. Hannah beschloss, dieses Problem auf später zu verschieben und sich erst mal dem zu stellen, was ihr am meisten Angst machte: den unzähligen Papieren.

Sie wollte sich einen Überblick verschaffen, in der Hoffnung, ein System zu entdecken, das es ihr leichter machen würde, alles zu sichten. Hannah arbeitete gern systematisch und strukturiert, wie im Jurastudium. Wenn es irgendwo ein Muster gab, erkannte sie es schnell. Nachdem sie eine Stunde in dem Lesesessel mit der Fußbank gesessen und sich mit Dr. Olivers Register befasst hatte, bekam sie eine Ahnung, was hier auf sie wartete: sein gesamtes Leben.

Zögerlich ging sie die Treppe hinauf. Der dicke Teppich, mit dem sie bedeckt war, schluckte ihre Schritte, und als sie eine der Türen mit einem Knarren öffnete, erschrak sie von dem Geräusch. Hannah atmete tief durch, lachte über sich selbst und schaltete dann das Licht an, als misstraute sie noch den Sonnenstrahlen, die gerade erst durch die trüben Fenster fielen und die grauen Wolken am Himmel vertrieben. Mehrere Reihen Neonröhren flackerten um die Wette, bis sie konstantes, grelles Licht abgaben. Sie blinzelte, die Hand noch am Schalter, sah in den veränderten Raum und machte das Licht wieder aus. Langsam ging sie das erste Regal ab. Hier befand sich die Schulzeit des alten Mannes. Schulhefte aus den 1920er-Jahren, Schulbücher, Hausaufgabenhefte. Zeichnungen, Übungsblätter, zusätzliche Lernmaterialien. Er war schon als Junge unglaublich gründlich gewesen, dachte Hannah. Oder hatten seine Eltern damit angefangen, alles für ihn aufzuheben? Dieser Gedanke erschien ihr sehr viel wahrscheinlicher: Mutter oder Vater hoben alles auf, vielleicht auch für den jüngeren Bruder. Später dann fragen sie ihren Sohn, ob er davon etwas behalten möchte oder ob die Sachen wegkönnen. Er entscheidet sich, alles aufzuheben, und macht anschließend damit weiter …

Hannah nahm eines der Hefte heraus und schlug es auf. Lateinische Vokabeln. Die Schrift war sauber und regelmäßig, die Buchstaben blieben auf den Linien und purzelten nicht umher. Und doch wirkte seine Handschrift energisch und kraftvoll, nicht etwa gezähmt oder bieder. Sie las einige der Vokabeln und merkte, wie eingerostet ihr Schullatein war. Als sie das Heft wieder an seinen Platz stellen wollte, fiel ihr auf, wie abgegriffen es war. Sehr viel abgegriffener, als man es von einem Schulheft erwarten würde, selbst wenn es sich um einen unordentlichen Jungen handelte. Dass Thomas Oliver ein unordentlicher Junge gewesen war, konnte sie nahezu ausschließen. Manche der Knicke wirkten neuer. Hannah wurde klar, dass Dr. Oliver dieses Heft immer wieder herausgeholt und seine Vokabelkenntnisse aufgefrischt haben musste. Lächelnd stellte sie es zurück und griff nach einem anderen, älteren Heft, einem der ersten in der obersten Regalreihe. Schreibübungen, wie sie vermutet hatte. Schon die ersten Versuche waren klar und kräftig. Vielleicht hatten seine Eltern bereits mit ihm Schreiben geübt, bevor er zur Schule gegangen war. Vielleicht sein großer Bruder.

Hannah ging am Regal entlang, zog hier und da noch eines der Hefte oder Bücher hervor, um müßig darin zu blättern, schritt die andere Seite des Regals ab, wo immer noch Materialien aus seiner Schulzeit standen. Erst eines der nächsten Regale zeigte die Studienzeit, und als sie am letzten Regal angekommen war, verstand sie, warum Dr. Oliver so viel Platz gebraucht hatte: Hier war alles Mögliche aus den jeweiligen Lebensjahren versammelt. Neben den Schulsachen auch Postkarten, Fotos, Briefe, Notizen, ja sogar Einkaufslisten, Wunschzettel für seinen Geburtstag und für Weihnachten, kleine Nachrichten von seinen Brüdern, Bücher, die er ohne Schulzwang gelesen hatte … Später kamen Ausschnitte aus Tageszeitungen hinzu, manchmal ganze Magazine, Korrespondenzen mit Ämtern,

Zug- und Busfahrkarten. Hatte Dr. Oliver Angst gehabt, auch nur einen Tag in seinem Leben zu vergessen? Warum hatte er all diese Dinge aufgehoben und katalogisiert? Und wann hatte er damit angefangen?

Hannah war mittlerweile ganz gefangen von dem Menschen, der Thomas Oliver gewesen sein mochte. Sie betrachtete Fotos von ihm als Baby, als kleiner Junge in Schuluniform, als Student. Sie fand Familienfotos, die längst nicht so steif und staubig wirkten wie die meisten Bilder, die sie aus dieser Zeit kannte. Auf diesen Fotos war Leben und Bewegung. Die drei Brüder lachten und scherzten in dem Garten des Hauses, in dem sie sich gerade befand. Es war ein schöner, üppiger und doch ordentlicher Garten. Auf einem Bild hatte sich die gesamte Familie verkleidet.

Seine Brüder ähnelten stark dem Vater, Thomas Oliver hatte die Gesichtszüge seiner Mutter geerbt, und auch sein Haar schien heller zu sein als das der anderen. Von der Statur her fiel wiederum einer seiner Brüder aus dem Rahmen, er war sehr groß und dünn, Vater und die anderen Jungen waren mittelgroß und breitschultrig, aber nicht dick. Sie fragte sich, wer die Fotos gemacht hatte, wenn die ganze Familie zu sehen war, erinnerte sich an die Diensträume, natürlich, jemand vom Personal musste sich mit der Kamera ausgekannt haben.

Sie zog ein weiteres Album hervor, blätterte darin, stieß auf das Bild einer Frau, die sie vorher noch nicht gesehen hatte. An diesem Foto blieb ihr Blick hängen. Die Frau trug ein dunkles, langes Kleid mit langen

Ärmeln und einer weißen Schürze. Das dunkle Haar war zum Dutt gebunden. Sie stand im Garten, die Arme hatte sie um den Körper geschlungen, ihr Blick schweifte melancholisch in die Ferne. Irgendetwas lag in der Ausstrahlung dieser Frau, irgendetwas Besonderes. Es mochte ein Trugschluss sein, schließlich war es nur ein Foto, aber es war ein verdammt gutes, denn Hannah glaubte sofort zu wissen, was für einen Menschen sie dort sah: Das Foto erzählte von einer starken, schönen, vielleicht einsamen Frau mit einem Geheimnis …

Amüsiert schüttelte Hannah den Kopf und musste über sich selbst lachen. Wahrscheinlich kam dieser Eindruck nur daher, dass sich die Frau nicht bewusst zu sein schien, fotografiert zu werden. Hannah stellte sich vor, wie die Frau erschrocken zusammenfuhr, als sie das Geräusch des Auslösers bemerkte. Bevor sie nachsehen konnte, was es mit dem Foto auf sich hatte, klingelte es an der Haustür, und jetzt war sie diejenige, die erschrocken zusammenzuckte.

Sie klappte das Album zu, stellte es zurück an seinen Platz und überlegte gar nicht erst, sondern ging direkt nach unten, um die Tür zu öffnen. Ein Mann Mitte vierzig stand vor ihr, Liam Neeson in jünger, als er in »Schindlers Liste« die Hauptrolle spielte. Er trug das Haar etwas länger als die meisten Männer und war auf eine lässige Art unrasiert. Dazu trug er einen hellen Anzug, leger und modisch. Mitten in dieser Einsamkeit einen so attraktiven, geschmackvoll gekleideten Mann zu sehen, damit hatte Hannah nicht gerechnet, und er wirkte mindestens so überrascht wie sie. Beide brauchten einen Moment, um sich zu fangen.

Endlich sagte er: »Entschuldigen Sie, ich hatte eigentlich Dr. Oliver erwartet. Sind Sie ... arbeiten Sie für ihn?«

»Oh, ja, ich ... Nein, nicht direkt«, stammelte sie. »Dr. Oliver ist leider vor drei Wochen verstorben.«

»Verstorben?« Der Mann sah sie erschüttert an. »Aber er war doch kerngesund!«

»Er war neunundneunzig«, sagte sie.

Kopfschüttelnd trat er einen Schritt zurück. Sein Blick wanderte ziellos umher, blieb dann an ihr hängen. Sie begriff, dass sie ihre Anwesenheit vielleicht erklären sollte. »Mein Name ist Hannah Deane. Die Nachlassverwalterin Mrs. Foley hat mich hierherbestellt, damit ich den Nachlass sichte.«

»Den Nachlass?«, fragte der Mann verwirrt. »Hatte er denn Erben? Ich dachte, es gab niemanden.«

Jetzt zögerte sie, wartete, dass er sich ihr vorstellte.

»Oh. Entschuldigen Sie. Cahal Keady. Ich war heute eigentlich mit Dr. Oliver verabredet. Das nimmt mich jetzt doch alles sehr mit.«

»Dann sind Sie wohl nicht aus der Gegend? Ich habe den Eindruck, jeder hier kannte Dr. Oliver, und sein Tod hat sich sofort überall herumgesprochen.«

Cahal Keady nickte gedankenverloren. »Vier Wochen USA«, sagte er. »Ich bin eben erst zurückgekommen. Der Termin stand schon seit Wochen fest.«

Sie überlegte kurz. »Wollen Sie vielleicht trotzdem reinkommen?« Sie wusste nicht, warum sie es sagte, aber es erschien ihr das Mindeste, den Mann einzuladen. Sie bot ihm eine Tasse Tee an, weil sie gesehen hatte, dass es in der Küche welchen gab, aber keinen Kaffee. Er nahm an und setzte sich auf den blauen Stuhl.

»Kannten Sie ihn gut?«, fragte Hannah, während sie Wasser aufsetzte.

»Ich bin Journalist«, sagte Cahal. »Eigentlich bin ich der Herausgeber einer Zeitung … Von den Southern News. Kennen Sie die?«

Hannah verneinte.

»Sie sind ja aus England. Natürlich kennen Sie sie nicht. Aber hier im Süden haben wir mittlerweile eine immer größere Verbreitung. Da sind wir fast gleichauf mit der Irish Times. Wir haben eben die richtige Mischung aus Regionalem und Weltgeschehen.«

»Und Sie hatten sich mit Dr. Oliver verabredet, weil Sie mit ihm über Regionales oder über Weltgeschehen reden wollten?« Sie lächelte ihn an. »Entschuldigung, ich bin ein bisschen neugierig.« In Wirklichkeit war es wohl eher die Anwältin in ihr, die mit dieser Frage durchgekommen war.

»Der Mann war neunundneunzig! Zu seinem hundertsten Geburtstag hätte er selbstverständlich ein schönes Porträt verdient. Hören Sie«, sagte er und klang nun ganz zaghaft, »es tut mir schrecklich leid, dass ich Ihnen solche Umstände bereite. Wenn ich Sie störe, geh ich besser. Ich war nur vorhin total überrascht, als sie mir gesagt haben, dass er tot ist. Damit habe ich wirklich nicht gerechnet.«

»Ach, ich bin ganz froh, dass Sie mich rausgeklingelt haben«, sagte Hannah und stellte ihm die Tasse Tee auf den Tisch. Sie sah sich nach einer Sitzgelegenheit um, aber abgesehen von dem blauen Stuhl gab es in der Küche tatsächlich nichts.

»Wollen wir vielleicht in den Garten gehen?«, schlug sie Cahal Keady vor.

Sie traten durch die Hintertür hinaus in die Frühlingssonne. Hannah betrachtete den Himmel, keine Wolke war mehr zu sehen. Sie musste an die alten Fotos vom Garten denken, die sie sich gerade angesehen hatte, und mit einem Mal verstand sie, dass Daniel in Wirklichkeit noch mehr tat, als sie bisher bemerkt hatte, vielleicht sogar mehr, als ihm selbst bewusst war: Er erhielt die ursprüngliche Struktur, die einstige Architektur, denn es war ein Garten der Erinnerung. Vielleicht hatte der alte Mann ihn gar nicht vernachlässigen wollen. Vielleicht hatte er nur nichts darin zerstören wollen. Daniel hatte es genau richtig gemacht.

Sie setzten sich, wie schon Hannah mit Mrs. Foley, auf die weiße Bank. Nun war es Cahal, der sich etwas hilflos umsah, weil er nicht wusste, wo er seinen Teebeutel entsorgen sollte, und Hannah ließ ihn resolut neben die Bank plumpsen.

»Ich nehme ihn gleich wieder mit rein«, sagte Cahal und wirkte ein wenig unsicher.

Hannah lachte. »Unsinn. Machen Sie sich darüber mal keine Sorgen. Woher kannten Sie Dr. Oliver eigentlich?«

Cahal hob die Schultern. »Wie man sich eben so

kennt. Er war so eine Art Legende. Jeder hier kannte ihn.« Er seufzte. »Dass ich ausgerechnet jetzt in die USA musste … Aber er war wirklich so ein Typ, bei dem man dachte, er würde ewig leben.«

»Was haben Sie in den USA gemacht?«

»Verwandte besucht. Meine Schwester lebt in Chicago, und wie alle Iren habe ich einen Haufen Cousins und Cousinen in den Staaten. Und Sie? Wo in England leben Sie?«

Sie erzählte ein wenig von London und dem Geschäft ihrer Mutter, ließ allerdings aus, dass sie eigentlich Anwältin war, jedenfalls bis noch vor Kurzem, und mogelte sich um dieses Thema auch noch weiter herum, als er sie darüber ausfragte, wie man Sachverständige für Kunst und Antiquitäten wurde.

»Ich wusste gar nicht, dass er irgendetwas von Wert besaß«, sagte Cahal.

Hannah antwortete ausweichend. »Der Nachlass muss begutachtet werden. Ich bin gerade erst angekommen.«

»Man erzählt sich, er besäße ein unglaublich umfangreiches Archiv?«

»Erzählt man sich das? Ich dachte, er hätte sehr zurückgezogen gelebt.«

»Was nicht heißt, dass sich die Menschen über ihn ausschweigen.« Seine Augen lächelten, als er von dem Tee trank.

»Was nicht heißt, dass sie immer richtig liegen.« Jetzt lächelte Hannah. Wieder kam die Anwältin in ihr durch. Sich nie von einem Fremden in die Karten sehen lassen. Ganz egal, wie sympathisch und attraktiv er war. »Warum kümmert sich der Herausgeber einer Zeitung um das Interview mit einem Hundertjährigen? Haben Sie dafür keinen engagierten Nachwuchs?«

Er stellte seine Teetasse neben sich auf die Bank und sah sie neugierig an. »Haben Sie so ein schlechtes Bild von Journalisten? Das muss dann wohl an der englischen Presse liegen.«

»Gar nicht. Ich kenne Kollegen von Ihnen, die ganz hervorragende Arbeit leisten. Aber ich dachte, als Herausgeber hätte man doch zu viel zu tun, um sich noch selbst an einen Artikel zu setzen.«

Cahal lehnte sich zurück und sah zu den fünf Weiden, hinter denen sich das Gartenhaus versteckte. »Das ist Irland. Hier geht es noch vergleichsweise familiär zu. Zum einen. Der andere Grund ist, dass Dr. Oliver sehr viel für Bandon und die direkte Umgebung getan hat, wie schon seine Eltern. Er war immer großzügig und hat geholfen, wo er konnte. Besonders als Arzt hat er sich sehr engagiert, noch bis weit über seinen Ruhestand hinaus.«

»Der zurückgezogen lebende Dr. Oliver. Soso. Mein Bild von ihm wird immer widersprüchlicher.«

»Oh, er hat nie viel Aufhebens um seine Person gemacht. Er spendete Geld oder vermittelte Menschen in Not an jemanden, der ihnen helfen konnte. Er blieb immer im Hintergrund, war aber über alles informiert. Besonders darüber, was früher war.«

»Was früher war?« Sie dachte an die ungezählten Regalmeter im Haus.

»Regionale Geschichte.« Er schien nachzudenken. »Thomas Oliver war der Älteste in der Gegend. Zwischendurch war er einige Jahre in Dublin, sonst hat er immer nur hier gelebt. Und als Arzt kennt man die Familien vielleicht besser als jeder Pfarrer oder Lehrer.«

Da er Dr. Olivers Sammlung nicht ansprach, tat sie es auch nicht. »Schade, dass ich ihn nicht kennenlernen konnte«, sagte sie.

»Das liegt wohl an Ihrem Job.«

Sie brauchte eine Sekunde, um zu verstehen, dass er sie nicht als Anwältin betrachtete, dann nickte sie. »Trotzdem schade. Mrs. Foley hat schon so nett von ihm gesprochen.« *Und Daniel*, dachte sie, erwähnte ihn aber nicht, um keinen falschen Eindruck zu erwecken. Sie wollte nicht, dass er dachte, sie würde gleich mit jedem, der ihr über den Weg lief, über alles reden.

»Tja«, sagte Cahal. »Was mache ich denn jetzt mit dem angebrochenen Tag?« Er sah sie mit gespielter Verzweiflung an. »Sie hätten wohl nicht ein wenig Zeit, um mir Gesellschaft zu leisten?«

»Müssen Sie denn nicht arbeiten?«, fragte Hannah, vor allem aber, weil sie selbst arbeiten wollte. Einerseits. Andererseits fand sie die Vorstellung, noch etwas mehr Zeit mit diesem Mann zu verbringen, recht angenehm.

»Mich erwartet man heute nicht mehr in der Redaktion.«

»Und dann kommen Sie ohne eine Geschichte zurück?«

Er hob die Schultern. »Ich bin der Boss. Wer sollte mir Vorhaltungen machen?«

Sie lachte. »Na gut. Ich habe Hunger. Sie auch? Ich habe vollkommen die Zeit vergessen und gar nicht daran gedacht, dass ich auch mal essen müsste.«

Er schlug ein Café in Bandon vor, das erst vor Kurzem eröffnet hatte, entschuldigte sich mehrfach dafür, als sie feststellen mussten, dass es dort zwar sehr hell und modern eingerichtet war, aber nur eine kleine Auswahl an Speisen gab, von denen die Hälfte bereits »aus« war. Schließlich wollte er im Boden versinken, weil die Bedienung ihre Bestellung vergaß und sie sehr lange auf ihr Essen warten mussten.

Als er Hannah zurück zu Dr. Olivers Haus gebracht hatte, sagte er: »Das war eine Katastrophe.«

»Ich fand es ganz hübsch. Frische Küche mit Zutaten aus der Region, täglich wechselnde Speisen, ich mag das Konzept. Und dass die Bedienung überfordert ist, kann doch überall mal passieren. Der Laden ist neu, geben wir ihm eine Chance. Danke für die Einladung und das nette Essen.«

»Das sagen Sie doch jetzt nur, um mich aufzumuntern.«

»Ich meine es ehrlich.«

Er schüttelte den Kopf. »Ich glaube Ihnen kein Wort. Sie müssen mir versprechen, dass ich es wiedergutmachen darf. In Ordnung?«

Hannah lächelte ihn an. »In Ordnung.«

Zum Abschied schüttelte er ihr die Hand. »Es war mir trotz allem eine große Freude. Ich hätte zwar gern

Dr. Oliver getroffen, aber ich kann leider nicht behaupten, dass ich Ihre Gesellschaft nicht noch ein wenig mehr genossen habe.«

Hannah lachte. »Der arme Dr. Oliver.«

»Er kann uns nicht mehr hören.«

Sie lachte immer noch, als er in seinen Wagen stieg, ihr zuwinkte und wegfuhr.

Ihr fielen die Fotoalben und Schulhefte von Dr. Oliver ein, und sie ging nach oben. Bevor sie aber wieder in sein Leben eintauchte, checkte sie Mails auf ihrem Smartphone. Eine Nachricht kam von ihrer ehemaligen Chefin, Laura Blankley, eine der Senior-Partnerinnen der Kanzlei. Hannahs Laune sank sofort.

Sie wusste, dass nichts Gutes in der Mail stehen konnte, setzte sich deshalb auf den unbequemen Stuhl neben dem funktionalen Metalltisch, stand dann wieder auf und machte es sich auf der breiten Fensterbank bequem, wie damals, als sie noch Studentin gewesen war und sich in der Bibliothek manchmal auf eine Fensterbank gesetzt hatte, um sich besser konzentrieren zu können. Sie öffnete die Mail, überflog sie erst, las sie dann noch mal in Ruhe und schließlich noch einmal, weil sie nicht ganz begreifen wollte, was darin stand. Aber letztlich gab es wenig misszuverstehen: Laura Blankley erklärte ihr in knappen Worten, dass sie vorhatte, Hannah zu verklagen.

THOMAS

Ich hoffte auf die Gelegenheit, mit Sara allein zu sein. Auch wenn ich nicht die geringste Ahnung hatte, was dann geschehen würde. Eine verheiratete Frau und ein sehr viel jüngerer, unreifer Student? Warum sollte sie überhaupt Interesse daran haben, mit mir zu reden? Wie auch immer, dieses Mal hatte ich tatsächlich mehr Glück. Charles verschwand meist auf sein Zimmer, um an seiner Promotion zu arbeiten. Meine Eltern fuhren nach Bandon und in ein paar andere umliegende Ortschaften, um Geschenke an bedürftige Familien zu verteilen, und einmal auch nach Cork, um Wohltätigkeitsveranstaltungen zu besuchen.

Viele wussten nicht so genau, was mein Vater beruflich machte oder woher unser Wohlstand kam. Natürlich wurde ich niemals direkt darauf angesprochen. Wer würde es schon wagen, einfach zu fragen: Sag mal, warum hat deine Familie eigentlich so viel Geld?

Es gab schon immer Gerüchte, was das anging. Die hartnäckigsten drehten sich darum, dass mein Vater angeblich Bankgeschäfte für die Briten tätigen und sich dafür fürstlich entlohnen lassen würde. Die meisten Leute glaubten es allerdings nicht so recht, weshalb wir nie ernstlich angefeindet wurden.

Die Wahrheit lag irgendwie in der Nähe dieser Gerüchte: Meine Eltern kamen beide aus Familien, die traditionell mit Finanzgeschäften zu tun hatten. Der Urgroßvater meines Vaters hatte Ende des 18. Jahrhunderts als blutjunger Mann an der Gründung der Börse in Dublin mitgewirkt. Einer seiner Söhne führte die Tradition fort, ebenso dessen Sohn, mein Großvater, und schließlich auch mein Vater. Sie alle hatten ein besonderes Händchen für Geldgeschäfte gehabt und waren, jeder für sich, sehr reich geworden, was sie wiederum weitervererben konnten. Als meine Eltern 1920 während des Unabhängigkeitskriegs beschlossen, aus Dublin wegzugehen und ins Haus meiner Großeltern mütterlicherseits einzuziehen, besaß mein Vater längst ein so großes Vermögen, dass er nicht mehr arbeiten musste. Alles, was er für den Rest seines Lebens tat, war die Verwaltung seiner eigenen Finanzen.

Hinzu kam, dass auch meine Mutter aus einer wohlhabenden Familie stammte. Ihre Vorfahren waren tatsächlich Engländer, die ursprünglich im Norden des Landes gesiedelt hatten. Einer von ihnen brannte offenbar mit dem Familienvermögen durch, konvertierte zum katholischen Glauben, zog in den Süden und beschloss, von Grund auf Ire zu sein. Von dem Geld, das er seinen Verwandten entwendet hatte, baute er sich in der zweiten Hälfte des 19. Jahrhunderts ein stattliches Haus, in dem ich bis heute das Glück habe, wohnen zu dürfen. Ich habe die Stammbäume der beiden so gut ich konnte nachvollzogen, du findest sie in meinem Archiv.

Es muss ein tief verwurzeltes schlechtes Gewissen bei beiden gewesen sein, das sie immer wieder dazu brachte, andere zu unterstützen und nie mit ihrem Reichtum zu prahlen. Deshalb hatten sie nie viele Hausangestellte, abgesehen von einer Haushälterin kam regelmäßig eine Frau zum Putzen, und deren Ehemann kümmerte sich um den Garten. Sie wollten nicht protzen und auch keinen Angriffspunkt für noch mehr Neid bieten. Und auch deshalb fuhren sie nun in der Weihnachtszeit wieder herum, verteilten Kleidung und Lebensmittel, Spielsachen und Bücher und manchmal auch einfach nur Geld, wenn sie davon überzeugt waren, dass die Empfänger damit umzugehen wussten. Ihr Umgang mit ihrem Reichtum hatte fast schon etwas Protestantisches.

In diesem Jahr war es mir besonders recht, als sie wegfuhren, Charles befand sich bereits in seinem Zimmer, und ich wusste Sara im Esszimmer zu finden.

Ich wusste nur nicht, was ich zu ihr sagen sollte. Stumm stand ich im Türrahmen, die Hände in den Hosentaschen, und mein Gesicht brannte. Sarah sah auf und lächelte mich an. Ein warmes, elektrisierendes Gefühl durchzog mich. Ich wollte, dass dieses Lächeln etwas bedeutete, das nur mit mir zu tun hatte.

»Wollen Sie sich an den Tisch setzen? Ich bin gleich fertig mit Abräumen«, sagte sie freundlich.

»Ich helfe Ihnen«, sagte ich, ging zu ihr und räumte Geschirr auf das Tablett, das sie bereitgestellt hatte.

Dann trug ich das Tablett in die Küche und räumte die Sachen herunter.

»Sie müssen das doch nicht tun«, sagte Sara. »Bestimmt haben Sie Besseres zu tun.«

»Nein.«

»Nein? Wollen Sie sich denn nicht wenigstens erholen? Ihre Mutter erzählt mir immer, wie anstrengend Ihr Studium sein muss.«

»Mir macht es nichts aus, ein wenig zu helfen. Im Gegenteil. Das … lenkt mich ab.« Ich fürchte, ich klang sehr unbeholfen.

»Oh, vom Krieg?«

Ich sah sie an und brauchte einen Moment, bis sich mein Gehirn endlich einschaltete, dann brachte ich ein »Ja« zustande.

Sie nickte. »Mir macht der Krieg auch sehr große Angst.«

Ich nahm das heiße Wasser vom Herd und kippte es in die Waschschüssel. Sie begann mit dem Abwasch, ich trocknete ab. Währenddessen erzählte sie mir davon, dass sie den Unabhängigkeitskrieg in seiner ganzen Grausamkeit miterlebt hatte. Sie habe so viele Menschen sterben sehen, erzählte sie, und sie hasse Kriege mehr, als sie auch nur sagen könne.

Und da stand ich neben ihr, konnte sie nur ansehen und ihr zuhören und sie noch mehr bewundern und immer mehr lieben. *Diese Frau*, dachte ich, *ist so ruhig und schön … so besonders.*

»Und der Bürgerkrieg? War der auch so schlimm?«, fragte ich. »Meine Eltern sind in der Zeit aus Dublin weggezogen. Aber sie erzählen immer nur, dass sie großes Glück hatten und von den Kriegen verschont blieben.«

Sara wischte sich eine Hand an der Schürze ab und fuhr sich mit dem Handrücken über die Stirn. Eine kleine Haarsträhne hatte sich aus ihrem Dutt gelöst, sie schob sie sich hinters Ohr. »Während des Bürgerkriegs war ich nicht in Irland. Ich bin bei Verwandten in Frankreich untergekommen.« Sie trocknete sich beide Hände ab und steckte die Strähne ordentlich fest. »Erzählen Sie mir von Ihrem Studium«, sagte sie zu meiner Überraschung.

Sara stellte sich als informierte Gesprächspartnerin heraus. Ich wollte wissen, woher sie so viel über Medizin wusste, und erfuhr, dass ihre vorherige Anstellung in Wexford bei einem Arzt gewesen war. Dort hatte sie nicht als Haushaltshilfe, sondern als Krankenschwester gearbeitet.

»Sie sind Krankenschwester? Warum arbeiten Sie dann hier?«

Sie lächelte. »Ich wollte wieder zurück in die Gegend, in der ich aufgewachsen bin. Nennen Sie es Heimweh. Hier gab es aber keine Anstellung für mich, und abgesehen davon zahlen Ihre Eltern sehr gut.«

Ich vermutete, sie zahlten besser als jedes Krankenhaus und jeder Arzt. »Und Ihr Mann?«, fragte ich.

Diesmal lächelte sie nicht, als sie antwortete. »Wir kennen uns noch aus unserer Kindheit und haben uns wiedergetroffen, als ich Anfang des Jahres zurückgekommen bin. Seine erste Frau ist im Kindbett gestorben. Das Kind leider ebenfalls. Seitdem war er allein. Wir haben gerade erst geheiratet.«

Ich brauchte einen Moment, um meine Gedanken zu ordnen. Wenn sie gerade erst geheiratet hatte, sollte sie dann nicht mit Freude ihren Ring tragen? Glücklich aussehen? Das erwartete man doch von frisch vermählten Menschen? War es eine Art Zweckehe, die nichts mit Liebe zu tun hatte? Er war allein und unglücklich, sie auf der Suche nach einem neuen Zuhause in der alten Heimat. Als Kinder hatten sie sich gut verstanden. Und sie teilten dieselben Erinnerungen ... War es so gewesen?

»Ich meinte eigentlich, was Ihr Mann beruflich macht«, sagte ich.

»Oh, natürlich. Er ist Eisenbahner. Sie haben ihn bestimmt schon mal gesehen, unten am Bahnhof. Er leitet die Station.«

»Schön«, sagte ich.

Jetzt lachte sie. »Es passt ihm nicht recht, dass ich nicht am Bahnhof mitarbeite.«

»Was sollen Sie dort machen? Tickets verkaufen?«

»Zum Beispiel.«

Spätestens jetzt hatte ich die Bestätigung dafür, dass Sara alles andere als eine gewöhnliche Frau war. Heutzutage mag all das normal erscheinen, aber zu der damaligen Zeit war es ausgesprochen selten, dass eine Frau, die vom Land kam, nicht auch dort blieb, heiratete und Kinder bekam. Sie war Ende dreißig und hatte erst jetzt geheiratet. Sara musste außerdem die Ausbildung zur Krankenschwester an einer medizinischen

Fakultät absolviert haben. Aus was für einer Familie kam sie, dass man ihr dies ermöglicht hatte? Was hatte es mit den Verwandten in Frankreich auf sich? Ich witterte eine interessante Lebensgeschichte, wusste aber nicht, wie ich danach fragen sollte.

Ich probierte es mit: »Wo haben Sie Ihre Ausbildung gemacht? In Cork?«

Sie nickte nur kurz und begann wieder, mich nach meinem Studium zu fragen. Nach Dublin und wie es mir dort gefiel, was ich unternahm, ob ich Ausstellungen besuchte, Konzerte, welche Freunde ich hatte. Sie schien nicht mehr über sich reden zu wollen ... oder interessierte sie sich tatsächlich für mein Leben? Ich ließ mich bereitwillig ausfragen. Sara vermied es, danach zu fragen, ob ich eine Freundin hatte. War es Diskretion? Höflichkeit? Oder hatte es einen anderen Grund? Gerade als ich einen neuen Anlauf machen wollte, auch ihr so viele Fragen zu ihrem Leben zu stellen, erschien Charles in der Küche.

»Wie wär's, wenn wir alle zusammen eine schöne Tasse Tee trinken? Ist noch etwas von dem herrlichen Kuchen da?«, fragte er, und der Moment der Nähe zu Sara war vorbei.

Wir setzten uns zu dritt in der Küche um den Tisch, und Sara zeigte wieder eine neue Seite von sich, nämlich die der geistreichen, witzigen Gesprächspartnerin. Als unsere Eltern am Abend eintrafen, fühlte ich mich entspannt und glücklich, auch wenn ich weniger über Sara erfahren hatte, als ich wollte. Mir schwirrte der Kopf, fast so, als hätte ich etwas getrunken. Früher als sonst ging ich zu Bett und ließ noch einmal jeden Satz, den ich mit Sara gewechselt hatte, alles, was sie in meiner Gegenwart gesagt hatte, Revue passieren. Welches Geheimnis sie wohl zu verbergen hatte? Warum heiratete jemand wie sie erst so spät? Warum war sie in Frankreich gewesen? Hatte sie dort eine Ausbildung gemacht? Und dann später in Cork noch eine zur Krankenschwester? Wer waren ihre Eltern, wenn sie aus Bandon kam? Der Ort war klein, es müsste sich herausfinden lassen – nur wie konnte ich unauffällig recherchieren? Ich hatte so viele Fragen, und es gab so viel Raum für Spekulationen. Irgendwann schlief ich schließlich ein und träumte, ich würde als Eisenbahnschaffner arbeiten. Der Zug fuhr endlos übers Land, und ich kam immer wieder in den Speisewagen, egal in welche Richtung ich ging.

Trotz des dummen Traums wachte ich erfrischt und gut gelaunt auf. Es war noch recht früh, erst sechs Uhr, aber ich machte mich schon für den Tag fertig und ging hinunter. Nicht einmal Sara war da, also ging ich in die Küche und machte Wasser heiß. Ich weiß noch, dass ich irgendeine fröhliche Melodie vor mich hin pfiff, als ich draußen einen Wagen heranfahren hörte. *Sara*, dachte ich. Vielleicht brachte ihr Mann sie vorbei. Ich wollte ihn nicht sehen, dazu fühlte ich mich nicht bereit. Also wartete ich in der Küche, das fröhliche Liedchen hatte ich vergessen.

Der Motor ging aus, Wagentüren schlugen zu. Schwere Schritte waren vor der Haustür zu hören, dann klopfte es laut. Das konnte nicht Sara sein. Verwundert ging ich zur Tür und öffnete. Zwei Männer in der Uniform der Militärpolizei der irischen Streitkräfte sahen mich an. Auf den ersten Blick wirkten sie nahezu identisch. Einer von ihnen stand einen Schritt weiter zurück. Der, der direkt vor mir stand, fragte: »Finden wir hier Mr. und Mrs. Stephen Oliver?«

»Meine Eltern, ja.«

»Sie sind …?«

»Thomas.«

»Der Bruder von Corporal Patrick Oliver?«

Ich nickte.

»Wo ist er?«

Jetzt blieb mir fast der Mund offen stehen. »Wir erwarten ihn heute im Laufe des Tages …«

Der Mann stieß mich beiseite und stürmte ins Haus. Der andere folgte ihm. Der erste riss sämtliche Türen im Erdgeschoss auf, der zweite war die Treppe hinaufgelaufen. Ich folgte ihm, rannte an ihm vorbei und stellte mich schützend vor die Tür, die zum Schlafzimmer meiner Eltern führte. Er stieß mich weg und trat die Tür mit seinem Stiefel auf, obwohl er sie leicht hätte öffnen können. Beim Anblick meiner entsetzten Eltern, die aufrecht im Bett saßen und sich an die Decke klammerten, murmelte er eine Entschuldigung, verließ den Raum aber erst, nachdem er die Schränke geöffnet und nichts oder vielmehr niemanden gefunden hatte. In meiner Erinnerung sagte niemand von uns etwas. Ich weiß nicht mehr, wann ich bemerkte, dass zwei weitere Männer von der Militärpolizei im Garten waren. Der eine bewachte offenbar den Hinterausgang, der andere durchsuchte das Gartenhaus.

Irgendwann standen Charles und meine Eltern in ihren Morgenröcken neben mir in der Eingangshalle, und auch Sara war mittlerweile eingetroffen. Sie hatte meiner Mutter einen großen warmen Schal um die Schultern gelegt und dann Tee für uns alle gekocht. Sie schickte uns in die Bibliothek, machte den Kamin an und servierte den Tee, als sei nichts geschehen.

Wir hörten, wie es im Haus polterte, wir hörten die Schritte der Männer, Befehle, die gerufen und beantwortet wurden. Dann kamen sie zu viert in die Bibliothek. Einer von ihnen sagte: »Wir können ihn nicht finden.«

»Patrick ist ja auch nicht hier! Er wollte erst heute Nachmittag kommen!«, rief meine Mutter, den Tränen nahe.

Sara legte ihr eine Hand auf die Schulter, mein Vater drückte beruhigend ihren Arm.

»Es besteht begründeter Verdacht, dass Corporal Oliver heute Nacht zusammen mit vier Kameraden desertiert ist. Sie haben Waffen und Ausrüstung mitgehen lassen.«

»Nein! Nicht unser Sohn!« Vater sprang auf, und einer der Soldaten machte tatsächlich einen Schritt auf ihn zu, die Waffe in der Hand, als befürchtete er, angegriffen zu werden. Kopfschüttelnd setzte sich mein Vater wieder aufs Sofa. »Das kann doch alles nicht wahr sein. Bestimmt taucht er später hier auf, und alles war nur ein Missverständnis!«

Man klärte uns darüber auf, dass es sich sehr wahrscheinlich nicht um ein Missverständnis handelte, und falls wir etwas über seinen Aufenthaltsort wüssten, sollten wir es sofort melden. Die Männer verschwanden, und für einen Moment fühlte sich alles wie ein böser Traum an … bis wir langsam verstanden, wirklich verstanden, was mit Patrick geschehen war.

»Er ist in England, nicht wahr?«, fragte Charles und zog den Morgenmantel fester um seine Schultern.

Mutter weinte, Vater hatte sie in die Arme genommen und murmelte beruhigende Laute in ihr Ohr. Ich war aufgestanden und lief nervös auf und ab.

»Wie kann er uns so etwas antun?«, rief ich und raufte mir die Haare. »Er kann doch nicht einfach so etwas machen, ohne sich von uns zu verabschieden?«

»Er wollte Sie nicht zu Mitwissern machen«, sagte Sara.

Ich blieb mitten im Raum stehen und starrte sie an. Sie hatte recht. Natürlich. »Trotzdem hätte er sich irgendwie verabschieden können«, sagte ich leise. »Wir sind im Streit auseinandergegangen.«

»Er kommt doch wieder«, sagte Vater. »Wir sehen ihn bestimmt bald wieder.«

Ich glaube, wir alle wussten in diesem Moment, dass er es nur sagte, um Mutter zu beruhigen. Patrick war auf dem Weg nach England, um dort in die Armee einzutreten und sie im Kampf gegen Deutschland zu unterstützen. Er zog in den Krieg. Er wollte nicht länger nur tatenlos zusehen. War es ihm nicht früher immer nur um Irland gegangen? Warum jetzt dieser Schritt? Weil Irland sich aus dem Krieg heraushielt?

»Er glaubt, dass er das einzig Richtige tut«, hörte ich Saras Stimme, als hätte sie meine Gedanken gelesen.

Ich ging zum Fenster und lehnte die Stirn an das kalte Glas. Hinter mir hörte ich das leise Schluchzen meiner Mutter und Vaters Murmeln. Ich spürte eine Hand auf meinem Ellenbogen und dachte, es sei Charles. Ich griff danach, ohne hinzusehen, und fühlte die schlanke, kühle Hand von Sara in der meinen.

5.

Nachdem sie die Nachricht ihrer früheren Chefin gelesen hatte, konnte sich Hannah nicht mehr konzentrieren. Ihre Motivation war vollkommen dahin. Mit stumpfem Blick betrachtete sie die Regalreihen, sah dann aus dem Fenster in den Garten, auf die Bäume, das Dach des Gartenhauses. Der Gedanke daran, wie viel Arbeit noch vor ihr lag, zog sie runter. Wieder zweifelte sie an dem ganzen Vorhaben, verfluchte sich dafür, Ja gesagt zu haben. Welchen Sinn sollte es haben, diesen wertlosen Kram aus dem Leben eines schrulligen alten Mannes durchzugehen? Wahrscheinlich wollte er nur verhindern, dass man ihn vergaß, sich noch im Tod wichtigmachen.

Sie erschrak über sich selbst. Darüber, wie ungerecht sie war. Aber mit der Ankündigung im Nacken, bald auf der Anklagebank zu sitzen, war es unmöglich, noch einen klaren Gedanken zu fassen, der nichts mit ihren eigenen Problemen zu tun hatte.

Sie hatte sich ja selbst in diese Situation gebracht. Sie hatte sich in Dinge eingemischt, die sie nichts angingen. Eigentlich.

Aber so einfach war es dann auch wieder nicht.

Dabei war die große, international tätige Kanzlei ursprünglich ihr Traumziel gewesen, weil sie dort ihre Kenntnisse in internationalem Wirtschaftsrecht anwenden und erweitern konnte. Einige Jahre lief für sie auch alles hervorragend. Sie hatte Erfolg, verdiente jedes Jahr mehr, wusste, dass ihr die ganz große Karriere direkt bevorstand. Mit Matthew hatte sie einen, wie sie glaubte, wunderbaren Mann an ihrer Seite, und auch er arbeitete in einem angesehenen Beruf, verdiente als Anästhesist an einer der führenden Kliniken Großbritanniens hervorragend. Sie waren ein großartiges Paar. Alles passte.

Dann kam der Tag, an dem man sie bat, einen Kollegen zu vertreten, nur an seinem Platz sitzen, hieß es, nur die Stellung halten, bis er zurückkam. Er lag mit einem Blinddarmdurchbruch im Krankenhaus und würde in absehbarer Zeit zurückkommen. Man gab ihr nicht einmal seine Akten – das sei nicht nötig, es ginge nur darum, beim Mandanten und auch sonst nach außen hin Präsenz zu zeigen, die volle Mannschaftsstärke. Keine Notwendigkeit, sich in irgendetwas einzuarbeiten.

Was sie über den Fall wusste, war, dass es sich um eine weltweit operierende Immobilienfirma mit Hauptsitz in Katar handelte, gegen die eine lange Liste an Vorwürfen erhoben worden war. Ausbeutung von Arbeitern, Bestechungen, illegale Absprachen und so weiter. Alles hatte mithilfe der Kanzlei abgeschmettert werden können, nun hieß es, die Firma hätte die Bebauung von verseuchtem Baugrund geplant, und man befürchte sowohl für die Bauarbeiter als auch für die Anwohner und späteren Bewohner schwerste gesundheitliche Schäden. Diesmal war es eine britische Umweltschutzorganisation, die die Firma aus Katar angriff, und es ging um eine Reihe von Grundstücken im Londoner Osten, beste Themselage, von denen die Umweltschutzorganisation behauptete, es handele sich um eine illegale Sondermüllkippe. Dort sei jahrzehntelang Gift vergraben worden. Gutachter hatten nun festgestellt, dass dem nicht so sei. Die Sache schien klar und einfach. Hannahs Job bestand darin, zu sämtlichen Gesprächen mitzukommen, sich aber dennoch im Hintergrund zu halten. Der Gegner sollte sehen, wie viele an dem Fall dran waren, es ging um Einschüchterung. Darüber, wie teuer es war, eine Anwältin wie Hannah ohne besondere Aufgabe irgendwohin zu schicken, musste sich niemand Gedanken machen. Der Mandant aus Katar hatte sehr viel Geld.

Da sich Hannah allerdings schnell langweilte und schon immer eine Schwäche für komplexe Vorgänge hatte – und sie spürte, dass es sich hier um einen handelte, denn warum sonst versuchte man mit allen Mitteln, sie in ihrer Statistenrolle zu belassen, bis der Kollege zurückkam? –, nahm sie sich eines Nachts, als sie die Letzte in der Kanzlei war, die Unterlagen vor.

Sie brauchte nicht lange, um zu erkennen, dass die vorliegenden Gutachten manipuliert waren. Dass es irgendwo ältere Gutachten geben musste, in denen sich ganz andere Ergebnisse fanden. Diskret forschte Hannah nach, was mit diesen Gutachten geschehen war, und stieß schnell an Grenzen. Es wurde gemauert, geschwiegen, ausgewichen. Hannah fand sich in einem moralischen Dilemma wieder: Sie wusste, dass die Gesundheit, wenn nicht das Leben vieler Menschen auf dem Spiel stand, hatte aber keinerlei Beweise. Und selbst wenn: Sie stellte sich gerade gegen die Kanzlei, für die sie arbeitete.

Sie sprach einen Kollegen, der mit in dem Team war, das für den Mandanten aus Katar arbeitete, darauf an. Wie zufällig und ohne ihn merken zu lassen, wie sie dazu stand. Seine Reaktion bestätigte ihr, dass sie recht hatte: Hier sollte etwas vertuscht werden. Hier sollten Menschenleben riskiert werden. Es ging um Geld und Ansehen, nicht um Moral. Hannah aber hatte ein Gewissen, und sie konnte es nicht einfach ignorieren. Sie würde es sich niemals verzeihen, wenn sie an diesem Punkt sagte: Es geht mich nichts an, es ist nicht meine Angelegenheit. Sie musste etwas tun. Also erkundigte sie sich bei einer ehemaligen Studienkollegin, die inzwischen für eine Non-Profit-Organisation arbeitete, welche Journalisten sie ansprechen musste, wer ihre Anonymität wahren würde. Die Journalistin, mit der sie schließlich sprach, recherchierte über vier Wochen intensiv. Der kranke Kollege, den Hannah vertreten hatte, war schon wieder im Einsatz, als die Geschichte in der Zeitung erschien und nicht nur dem Mandanten aus Katar, sondern auch der Kanzlei um die Ohren flog. Die Rede war von einem Schaden in zweistelliger Millionenhöhe.

Wenige Tage später stand Laura Blankley in Hannahs

Büro und sagte ihr: »Ich kann Ihnen nichts nachweisen, aber ich bin mir hundertprozentig sicher, dass ich diese Katastrophe Ihnen zu verdanken habe.«

Hinter ihr wartete der Sicherheitsdienst, um Hannah aus dem Gebäude zu begleiten. Laura Blankley gab ihr noch mit auf den Weg, Hannah solle es ja nicht wagen, gegen diesen Rauswurf zu klagen. »Aber sollte ich auch nur den Schatten einer Möglichkeit sehen, Sie bis an Ihr Lebensende zu verklagen, dann werde ich das tun. Als Anwältin sind Sie jetzt schon erledigt.«

Hannah kannte Blankley gut genug, um zu wissen, dass sie keine leeren Drohungen aussprach. Vermutlich hatte sie längst ihr gesamtes Netzwerk darüber informiert, dass Hannah nicht vertrauenswürdig war. Natürlich würde sie daraufhin niemand mehr einstellen, jedenfalls niemand, für den Hannah arbeiten würde. Nervös erkundigte sie sich bei der Journalistin, ob sie wirklich dichtgehalten hätte. Die Frau bestätigte ihr, dass Blankley zwar versucht hätte, die Identität des Informanten herauszubekommen, sie aber nichts erfahren hätte.

»Wir könnten sonst einpacken«, sagte die Journalistin. »Wir sind auf Menschen wie Sie angewiesen. Die dürfen wir nicht verschrecken, sonst kommt nie eine Story ans Licht.«

All die Versicherungen seitens der Frau, Hannah habe genau das Richtige getan, halfen ihr nicht wirklich weiter. Sie vertraute sich ihrer Mutter an, die ihr ebenfalls sagte, wie mutig und richtig es gewesen sei. Aber trotzdem fühlte sich Hannah schlecht. Wie eine Verräterin. Hätte sie nicht doch erst mit ihrer Chefin reden sollen? Vielleicht hätte es einen anderen Weg gegeben? Aber welchen?

Je mehr Abstand Hannah zu der ganzen Sache gewann, desto klarer wurde ihr, dass die Vertuschung von ganz oben angeordnet worden war. Hannah hatte das einzig Richtige getan. Und dafür sollte sie nun verklagt werden.

Mit einem Seufzer schüttelte Hannah die düsteren Gedanken ab, ging nach unten, schloss sorgfältig die Haustür zu, überprüfte, ob auch das Gartenhaus verschlossen war, setzte sich in ihren Wagen und fuhr los.

In die falsche Richtung, aber nicht aus Versehen, denn sie wusste nicht so recht, was sie jetzt schon in der Pension sollte, und wollte sich irgendwie ablenken. Ihr war das Bild von Michael Collins wieder eingefallen, das in der Pension hing, und sie wollte nach Béal na Bláth, wollte sehen, wo Collins den Tod gefunden hatte, fragte sich, ob man dem Ort noch etwas davon anmerkte. Sie verpasste den Ort, weil sie von einer größeren Ortschaft ausgegangen war, nicht von einer Kreuzung mit ein paar Häusern und einer abenteuerlich wirkenden Tankstelle. Nachdem sie die wenigen möglichen Straßen entlanggekrochen war und sich von genervten Autofahrern hatte anhupen und überholen lassen, dachte sie darüber nach, an der Tankstelle zu fragen, probierte es dann aber doch noch einmal auf eigene Faust.

Sie wusste nicht, wo der Ort anfing und aufhörte und ob die Häuser, die völlig willkürlich abseits von

Straßen standen, die sie bestenfalls als Feldweg bezeichnet hätte, noch zu dem Ort gehörten oder schon einen neuen bildeten. Friedlich lagen die Häuser da, hinter blühenden Obstbäumen und frischgrünen Frühlingswiesen. Gelegentlich kam sie an Schildern vorbei, die gälisch beschriftet waren, las Ortsnamen, die ihr überhaupt nichts sagen, im Vorbeifahren las sie auch den Namen Michael Collins, aber als sie immer noch nichts fand, das nach einem Denkmal oder einem Museum aussah, verlor sie die Lust und drehte um.

In ihrem Pensionszimmer legte sie sich aufs Bett und starrte Löcher in die Luft, und irgendwann, als sie das Gefühl hatte, die Wände müssten sich jeden Moment auflösen oder auf sie zukommen, stand sie auf und ging ins Pub, bestellte sich bei Daniels Kollegen ein Bier und nichts zu essen und starrte von nun an Löcher in den Fußboden.

Was Laura Blankley wohl gegen sie in der Hand hatte? Wenn sie Gutachter bestach, würde sie es dann nicht auch bei Journalisten versuchen? Oder hielt sie sich da zurück, weil die sofort eine neue Story hätten? Was hatte Blankley in der Hand, um eine Klage gegen Hannah anstrengen zu können?

»Keinen Appetit heute?« Daniel stand vor ihr und sah sie neugierig an.

»Der ist mir vergangen«, sagte sie.

»So schlimm im Haus vom alten Oliver?«

Hannah schüttelte den Kopf. »Der hat nichts damit zu tun. Ehrlich gesagt, bin ich nicht sehr weit gekommen, aber das wenige, was ich mir angesehen habe, hat mich …« Sie suchte nach dem richtigen Ausdruck. »… fasziniert, glaube ich.«

Jetzt lächelte Daniel. »Schön zu hören. Er war wirklich ein netter Kerl. Aber was hat Ihnen denn dann die Laune verhagelt?«

Sie trank einen Schluck Bier. »Ich habe das einzig Richtige getan, jedenfalls glaube ich das, und nun soll ich dafür bestraft werden.«

»Das klingt aber gar nicht richtig.«

»Ist es aber.« Sie sah ihn an. »In einem früheren Leben war ich Anwältin.«

»In einem früheren Leben?« Er sah sie misstrauisch an. »Glauben Sie an so was wie Wiedergeburt?«

»Mein früheres Leben endete vor zwei Monaten mit meinem Rauswurf aus der Kanzlei, für die ich gearbeitet habe. Seitdem versuche ich mich, wie Sie sehen, auf anderen Gebieten.«

Daniel atmete sichtlich auf. »Ich dachte schon, Sie wären auf einem ganz anderen Trip. Sie glauben gar nicht, was für Leute manchmal hier im Pub aufkreuzen.«

»Ach?«

»Auf dem Selbstfindungstrip durch Irland. Oder auf der Suche nach dem Mörder von Michael Collins. Oder …«

Sie unterbrach ihn. »Ich habe das Foto im Flur gesehen.«

Daniel nickte und senkte die Stimme. »Ja, es ist ein bisschen geschwindelt. In Wirklichkeit war Collins nicht hier, sondern ein paar Häuser weiter. Aber sagen Sie's keinem. Schon gar nicht, dass Sie's von mir wissen.« Er grinste. Als sie nur schwach zurücklächelte, wurde er wieder ernst. »Wissen Sie was, manchmal ist es gar nicht so verkehrt, wenn man von heute auf morgen etwas ganz …« Er wurde unterbrochen. Sein Mitarbeiter rief nach ihm, es klang dringend. Daniel entschuldigte sich bei ihr, sagte: »Wir sprechen uns später, ja?«, und verschwand in der Küche.

Hannah wusste nicht, ob sie erleichtert sein sollte, dass er ging. Hätte sie ihm sonst alles erzählt? Wäre das gut gewesen? Gleichzeitig war sie enttäuscht, dass er nun weg war, sie hatte sich gefreut, dass er wieder so freundlich und ungezwungen mit ihr sprach, nachdem sie sich beim letzten Mal so seltsam verhalten hatte.

Sie ging wieder auf ihr Zimmer, weil sie merkte, dass die Gedanken nicht aufhörten, in ihr zu arbeiten. *Das Richtige im Falschen,* dachte Hannah. Oder war es das Falsche im Richtigen? Sie war zur Verräterin von Geschäftsgeheimnissen, von vertraulichen Informationen geworden. Aber diese Geheimnisse fußten auf viel größeren Verbrechen. Dafür konnte man sie nicht verurteilen. Es sei denn, Blankley hatte irgendwo einen Präzedenzfall gefunden, nach dem dies möglich war. Blankley war alles zuzutrauen. Sie war hochintelligent, und sie war skrupellos. Hannah musste sich selbst eingestehen, dass ihre Angst weiterwuchs, statt sich zu legen. Sie setzte sich in den kleinen Lesesessel neben ihrem Bett, nahm ihr Telefon und rief Zadie an.

»Oh, du weißt es schon«, sagte ihre Freundin.

»Ich weiß was?«

»Von Matthew?«
»Über ihn wollte ich gerade nicht reden.«
»Dann sag ich es dir auch nicht.«
»Sag's mir.«
»Er feiert in zwei Wochen Verlobung.«
»Quatsch.«
»Nein, das war kein schlechter Scherz.«

Hannah schwieg einen Moment, versuchte, sich zu sammeln, sich daran zu erinnern, warum sie eigentlich mit Zadie hatte sprechen wollen, aber in ihrem Kopf ging alles durcheinander. »Ich will das gerade gar nicht wissen«, sagte sie leise. »Ich muss wieder auflegen.« Sie beendete das Gespräch und ignorierte Zadies Versuche, sie zurückzurufen. Stattdessen stellte sie das Telefon leise und legte sich ins Bett, um sich in den Schlaf zu weinen.

THOMAS

Nichts mehr konnte uns an diesem Weihnachten aufmuntern. Wir saßen am reich gedeckten Tisch, ohne hungrig zu sein. Wir packten unsere Geschenke aus, mochten aber die Freude darüber nicht recht empfinden. Wir zündeten die fünfte Kerze des Adventskranzes an, aber es war nur eine leere Geste.

Wir gingen öfter zur Messe, als wir es sonst getan hätten. Charles war der Einzige von uns, der wirklich ein gläubiger Katholik war. Mein Vater hatte für Religion nicht viel übrig, meine Mutter ging vor allem in die Kirche, weil sie es als soziale Verpflichtung ansah. Aber jetzt gingen wir gemeinsam hin, zündeten Kerzen für Patrick an und beteten.

Sara verbrachte mehr Zeit mit uns, als sie angekündigt hatte. Als ich in der Bibliothek saß und sie hereinkam, um nach dem Feuer zu sehen, fragte ich sie, ob sie nicht lieber bei ihrem Mann sein wolle. Aber sie schüttelte den Kopf, sah mich mit warmen, klaren Augen an, ließ ein Lächeln über ihre Lippen huschen und sagte, er würde das verstehen.

»Und Ihre Eltern? Wollen Sie sie nicht während der Feiertage besuchen?«

Sie sah mich mit hochgezogenen Augenbrauen an. »Sie klingen, als wollten Sie mich loswerden.«

Erschrocken rief ich: »Aber nein! Das dürfen Sie nicht denken!«

»Meine Eltern«, sagte sie und ging zum Fenster, »sind schon lange tot. Mein Vater ist 1918 in Palästina gefallen. Meine Mutter ist nie darüber hinweggekommen. Sie wurde sehr krank, und irgendwann hatte sie keine Kraft mehr zu leben.« Sie sah mich nicht an, während sie das sagte, und ich wusste, was es bedeutete: Saras Mutter hatte sich umgebracht. Kein Thema, das man zu dieser Zeit im katholischen Irland erörterte.

»Was haben Sie da gemacht?«, fragte ich leise.

»Nun, ich war erst vierzehn. Die Nachbarsfamilie hat mich bei sich aufgenommen. Sie hatten auch einen Bauernhof und sieben Kinder, da kam es auf eines mehr nicht mehr an. Vom Alter her passte ich gut in die Familie. Ich konnte auf die Jüngeren aufpassen und im Stall und auf dem Feld mithelfen.«

»Und haben Sie noch Kontakt zu Ihrer Pflegefamilie?«

Jetzt sah sie mich fest und ruhig an. »Natürlich. Einer ihrer Söhne ist heute mein Mann.«

Sie hatte ihren Pflegebruder geheiratet? Darüber war ich so erstaunt, dass ich nicht wagte, weiter nachzufragen. Als ich weiterhin schwieg, sagte sie: »Es ist alles in Ordnung. Niemand macht mir Vorwürfe, dass ich in dieser Situation hier bin. Schließlich kann ich Ihre Mutter jetzt unmöglich allein lassen.«

Ich hätte beleidigt sein können, schließlich hatte Mutter ja uns, aber ich wusste, was sie meinte: Irgendjemand musste sich darum kümmern, dass die Dinge im Hintergrund reibungslos liefen. Die Mahlzeiten, das warme Wasser, das Brennholz für die Kamine und Öfen … Sara war ein Segen. Und ich glaubte zu wissen, dass es mehr zu bedeuten hatte, als sie sagte. Dass sie hier war, weil sie gern hier war. Vielleicht sogar lieber als bei ihrem Mann … Und ich verliebte mich noch mehr in sie.

Es dauerte nicht lange, und es war für jeden offensichtlich, was meine Gefühle für Sara betraf. Meine Eltern, Charles und auch Sara selbst hätten taub und blind sein und die Empfindsamkeit eines Steins haben müssen, um es nicht zu bemerken. Niemand sprach mit mir darüber, aber ich wusste, dass alle es wussten. Ich kam mir vor wie ein Idiot. Sara hielt mich freundlich, aber bestimmt auf Abstand. Sie vermied es, mit mir allein zu sein, und wenn ich doch eine Gelegenheit erhaschte, zog sie sich nach kurzer Zeit zurück. Und doch gab es immer wieder diese kurzen Momente, in denen sie mich mit ihren unergründlichen Augen ansah und mir das Gefühl gab, dass sie bis auf den Grund meiner Seele blickte.

Zum Jahreswechsel betrank ich mich sinnlos und saß weinend in der dunklen Bibliothek, während meine Eltern mit Charles bei Bekannten waren. An dem Abend, bevor ich zurück nach Dublin fahren musste, betrank ich mich wieder, und diesmal versuchte ich sogar, sie zu küssen, bevor sie sich auf den Heimweg machte. Ich passte Sara in der Küche ab, riss sie in meine Arme, zog sie an mich. Sie stieß mich von sich.

Ich blieb leicht schwankend vor ihr stehen und sagte herausfordernd: »Na los, hau mir eine runter! Ich hab's verdient!«

Sara schüttelte nur den Kopf und wollte sich an mir vorbeidrängen. Ich packte sie am Arm. »Bitte nicht«, sagte sie ruhig.

Ich ließ sie nicht los, noch nicht. Ich sagte: »Gib mir irgendwas. Ganz egal, was. Sag mir wenigstens, dass du mich nicht leiden kannst. Oder dass du mich für einen Idioten hältst. Dann kann ich dich wenigstens vergessen.«

Sie sah mich an, und ihr Blick war traurig, so traurig, dass ich sie verwirrt losließ. Sie schloss kurz die Augen. »Ich muss jetzt wirklich nach Hause.«

»Sag doch was«, flehte ich. »Ich ertrage das nicht länger!«

Was sie dann tat, ließ mir den Atem stocken. Sie strich mir sanft mit den Fingern der rechten Hand über die Wange. Ich sah sie fragend an und entdeckte ein trauriges Lächeln in ihrem Gesicht. Ohne ein Wort ließ sie mich stehen und ging.

Was sollte ich nur davon halten? Und wie hätte ich sie jetzt aus meinem Gedächtnis streichen sollen?

Am liebsten wäre ich nun jedes Wochenende zu meinen Eltern gefahren, um Sara zu sehen, aber ich wusste, dass es sinnlos war. Ich würde sie nur bedrängen. Also quälte ich mich in Dublin, schrieb Briefe, die ich nicht abschickte, sondern verbrannte, wo ich doch sonst alles aufhob und sammelte. Meine Professoren freuten sich, dass ich mich wieder so sehr in mein Studium stürzte. Ich zog mich noch mehr als zuvor von meinen Kommilitonen zurück, sie hielten mich für einen Streber, einen Ehrgeizling, weil sie die wahren Gründe für mein verändertes Verhalten nicht kennen konnten. Einem, den ich für einen Freund hielt, vertraute ich an, dass Patrick in den Krieg gezogen war und ich mir große Sorgen um ihn machte, ich und die gesamte Familie. Jeden Tag las ich in den Zeitungen nach, was sie über den Verlauf des Kriegs schrieben, und es machte meine Sorgen nur noch größer. Der vermeintliche Freund konnte offenbar nicht für sich behalten, was ich ihm erzählt hatte, und eines Abends bezog ich Prügel von einer Gruppe ultrarepublikanischer Studenten.

Irgendwie schaffte ich es, die Zeit bis zum Frühjahr herumzubringen. Ich wusste noch nicht, was mich zu Hause erwartete, als ich im März für zehn Tage nach Bandon zurückkehrte. Sie holten mich am Bahnhof ab, auf dem Weg zum Haus sprachen wir über Patrick und den Krieg und dass es keine Neuigkeiten gab, wie sehr wir uns alle sorgten. Zu Hause angekommen, eröffneten sie mir, dass sie das Gartenhaus hergerichtet hatten, damit Sara darin wohnen konnte.

Ich erfuhr, dass ihr Mann sich freiwillig zur britischen Armee gemeldet hatte. Vor drei Wochen war er gegangen. Saras Schwiegereltern machten ihr Vorwürfe und behaupteten, sie sei nicht in der Lage gewesen, ihn umzustimmen. Manchmal warfen sie ihr sogar vor, sie habe ihn dazu überredet. Sara wollte auf keinen Fall mehr bei ihnen wohnen.

Obwohl die Umstände für Sara sicherlich dramatisch

waren, konnte ich nicht anders, als mich glücklich zu fühlen. In den ersten Tagen schlich ich noch vorsichtig um sie herum, wagte es nicht, sie direkt anzusprechen. Ich wusste nicht, was ich sagen sollte. War ich denn nicht in Wirklichkeit froh, dass ihr Mann fort war? Konnte ich da so tun, als tue es mir schrecklich leid? Und was war ich für ein Mensch, überhaupt so zu denken? Da zog ein Mann in den Krieg, und ich freute mich, weil der Konkurrent außer Landes war? Hinzu kam, dass ich mich fürchterlich schämte, weil ich versucht hatte, sie zu küssen. *Vergiss sie,* redete ich mir ein. *Lass sie in Ruhe, irgendwann findest du eine andere.*

Es war entsetzlich. Ich fand einfach keinen Ausweg aus meinem Dilemma.

Es waren die ersten schönen, aber immer noch kalten Tage im März. Ich lehnte im Wintermantel am Stamm einer der fünf Weiden in der Sonne und rauchte. Sara kam aus dem Gartenhaus und nickte mir zu. Erst sah es so aus, als wollte sie an mir vorbei ins Haus, aber dann blieb sie stehen und fragte, ob sie sich zu mir setzen dürfe. Erstaunt nickte ich, und sie setzte sich neben mich auf die Bank.

»Sie sind ein bemerkenswerter junger Mann«, sagte sie. »Und ich glaube, Sie haben eine große Zukunft vor sich. Wissen Sie schon, welche Richtung Sie einschlagen werden?«

»Herzchirurgie«, sagte ich, es war mehr eine Doppeldeutigkeit als ein wahrer Entschluss, auch wenn ich später tatsächlich auf diesem Gebiet arbeiten würde. Manchmal ist man sein eigenes Orakel.

Sie betrachtete meine Hände. »Das werden Sie sehr gut machen.«

»Ach, ich weiß nicht. Vielleicht ist das Herz doch nicht so ganz mein Fachgebiet.« Ich hoffte, dass sie meine platten Anspielungen endlich verstehen würde. Wahrscheinlich tat sie es, ignorierte sie aber absichtlich.

»Was sagen denn Ihre Professoren?«

Ich hob die Schultern. »Die sind sehr zufrieden.«

»Sind Sie es denn nicht?«

Wieder hob ich die Schultern, sagte diesmal aber nichts.

Sie sprach weiter. »Manchmal glaubt man, so sehr zu lieben, dass man gar nicht merkt, wie sehr man sich damit selbst im Weg steht.«

Erschrocken hob ich den Kopf und starrte sie an. Ich hätte nicht erwartet, dass sie mich so direkt auf den Kuss ansprechen würde. »Was meinen Sie damit?«, fragte ich.

Sie hielt meinen Blick mit ihren großen grünen Augen gefangen und lächelte, aber es war ein tieftrauriges Lächeln. »Ich meine, dass ich weiß, wie es sein kann.«

»Reden Sie von Ihrem Mann?«

»Nein.« Sie zögerte, ob sie mehr sagen sollte, und ich hoffte bereits, sie meinte mich. Wollte sie mir mitteilen, dass sie mich auch liebte, es aber nicht sein durfte, weil sie verheiratet war? Mein Herz schlug heftig. Sie fuhr fort: »Ich war sogar noch jünger als Sie. Da glaubt man noch an die Ewigkeit, und man glaubt auch, die Menschen, die man liebt, bis tief in ihr Innerstes zu kennen. Machen Sie nicht dieselben Fehler.« Wie schon bei unserem Abschied im Januar strich sie mir sanft über die Wange. Dann stand sie schnell auf und ging ins Haus.

Tagelang wälzte ich düstere Gedanken und ging unser Gespräch Wort für Wort noch einmal durch. Ich machte lange Spaziergänge durch die kalte, klare Frühlingsluft, lernte für die Universität, versuchte viel zu schlafen. Diesmal war ich derjenige, der es vermied, Sara allein anzutreffen. Diesmal ging ich ihr aus dem Weg. Denn langsam dämmerte es mir, was sie mir hatte sagen wollen: Dass sie für mich nicht frei war, hatte nichts mit ihrem Ehemann zu tun. Es gab einen anderen. Eine große, tiefe Liebe, die immer noch ihr Leben bestimmte. Die sie zwar offenbar nicht daran gehindert hatte, jemand anderen zu heiraten, aber die es ihr nicht erlaubte, sich ernsthaft zu verlieben – in mich.

6.

Die Studienunterlagen von Dr. Oliver füllten noch einige Regale mehr. Hannah schritt sie ab, überlegte, was mit ihnen anzufangen sei, konnte sich aber immer noch nicht gut konzentrieren, obwohl sie erstaunlich lange und tief geschlafen hatte. *Der Schock,* dachte sie. Der doppelte Schock hatte sie wohl einfach umgehauen und in eine Art narkotisierten Zustand versetzt, nachdem sie sich wegen Matthew und dieser hinterhältigen Laura Blankley die Augen ausgeweint hatte.

Sie ging in den Nachbarraum, in dem sich Patientenakten fanden. Jeden Fall, den Dr. Oliver im Laufe seiner Ausbildung, seiner Tätigkeit an der Klinik in Dublin und später in seiner Praxis in Bandon behandelt hatte, fand sie hier mit ausführlichen Notizen und Querverweisen. Originalunterlagen hatte er entweder kopiert oder abgeschrieben. Dazu hatte er offenbar irgendwann angefangen, sich ausführlicher mit den Familienverhältnissen und dem Privatleben der einzelnen Patienten auseinanderzusetzen. Hannah glaubte, ein Muster zu erkennen: Dr. Oliver hatte nach etwas gesucht, das sich in den Familien seiner Patienten fortschrieb. Keine Krankheit, sondern eher Verhaltensweisen. Sie wusste es noch nicht genau, aber als es langsam dämmerte und die Nacht hereinbrach, weil sie sich mit wenigen kurzen Pausen fast vierzehn Stunden lang durch die Notizen zu seinen Patientenakten gelesen hatte, stand für sie fest: Dr. Oliver hatte ein privates Forschungsprojekt betrieben, über das er möglicherweise mit niemandem gesprochen hatte. Vielleicht war es nicht einmal sehr wissenschaftlich gewesen, auch wenn er versucht hatte, mit wissenschaftlichen Methoden heranzugehen.

Hannah streckte sich, rieb sich die Augen und beschloss, es für heute gut sein zu lassen. Sie war müde genug, um schlafen zu können. Das wenige, was sie tagsüber gegessen hatte, schien immer noch den Magen zu füllen, oder es waren die Nerven, die sie keinen Hunger spüren ließen. Sie schloss wieder sorgfältig ab, und als sie gerade zu ihrem Wagen ging, bog ein anderes Fahrzeug in die Auffahrt ein. Sie erkannte Cahals Auto.

»Wollten Sie gerade weg?«, fragte er beim Aussteigen.

»In die Pension, ja.«

»Ich dachte, Sie wohnen hier im Haus.«

Hannah schüttelte den Kopf. »Das wäre mir, ehrlich gesagt, ein wenig zu unheimlich.«

Er grinste. »Als Stadtmensch die Stille nicht gewöhnt?«

»Von der bekomme ich Ohrensausen.« Sie grinste ebenfalls.

Cahal sah zum Haus, dann wieder zu ihr. »Ich habe eine Flasche Wein dabei. Ich möchte mich für das etwas misslungene Essen gestern Mittag entschuldigen.«

Seine offensive Art überraschte sie, sie fühlte sich überrannt und überfordert. Der Kopf stand ihr heute nicht nach einem Flirt. »So misslungen war es doch gar nicht. Und ist es jetzt nicht schon ein wenig spät?«

Zerknirscht hob er die Schultern, lehnte immer noch an der offenen Fahrertür. »Ich hatte viel früher kommen wollen. Aber dann ist mir die Weltpolitik reingegrätscht, und wir hatten bis vorhin noch Redaktionssitzung. Dazu noch der Weg von Cork …«

»Sie wohnen in Cork?« Beim letzten Mal hatte er ihr von seinem Haus am südlichen Rand von Bandon erzählt.

»Ich arbeite in Cork.«

Natürlich. Eine große Zeitung hätte wohl kaum ihren Sitz in einem Ort mit knapp über fünftausend Einwohnern.

Er beugte sich ins Auto, und als er wieder auftauchte, hatte er eine Flasche Wein in der Hand. »Was machen wir jetzt damit?«

Hannah überschlug die Möglichkeiten. Sie könnten die Flasche im Haus trinken, aber dann könnten beide nicht mehr Auto fahren und müssten ein Taxi nach Bandon nehmen. Sie könnten zu ihm fahren, dann müsste nur sie ein Taxi nehmen. Bei beiden Möglichkeiten schwang die Verlockung einer gemeinsamen Nacht mit, was Hannah einerseits reizte, zugleich aber auch erschreckte. Sie kannte Cahal so gut wie gar nicht. Sie war noch viel zu verletzt. Und dann dachte sie: *Würde ich in London auch so lange darüber nachdenken, wenn sich in meiner Situation ein One-Night-Stand böte?*

»Wie wäre das: Wir verschieben den Wein.«

Er sah sie enttäuscht an.

»Und gehen einfach ein Bier trinken. Ich muss außerdem langsam mal etwas essen. Hoffentlich gibt es noch irgendwo was.«

Jetzt wirkte er richtig erleichtert. »Ich dachte schon, ich bekomme einen Korb von Ihnen.«

»Sind Sie wohl nicht gewöhnt, was?« Sie lachte. »Meine Pension ist direkt am Fluss.«

»Ah, ich weiß.« Er grinste. »So viele gibt's hier ja nicht.«

»Wir treffen uns dort im Pub?«

Er zögerte, schien etwas abzuwägen. »Na gut, warum nicht? Dann bis gleich. Aber wehe, Sie versetzen mich!« Er stieg in seinen Wagen, ließ den Motor an und fuhr los. Hannah überprüfte noch einmal, ob sie abgeschlossen hatte. Eine Marotte aus London, wo man ständig mit Einbrüchen rechnen musste, selbst wenn das Gebäude einen Pförtner hatte.

Sie fuhr zurück zur Pension, und statt direkt ins Pub zu gehen, lief sie erst auf ihr Zimmer, bürstete sich die Haare, puderte das Gesicht und überprüfte den Sitz ihrer Jeans und ihres T-Shirts. Bevor sie Parfum auflegte, hielt sie kurz inne und fragte sich, was sie da eigentlich tat. Es war offensichtlich, dass Cahal Interesse an ihr hatte. Und sie ging gerade darauf ein. Natürlich gefiel er ihr, aber war sie nicht gestern noch völlig verzweifelt wegen Matthew gewesen? Stürzte sie sich gerade kopfüber in ein Abenteuer, dem sie möglicherweise emotional nicht gewachsen war? *Ach was. Ich hab ja nicht vor, ihn gleich zu heiraten.*

Sie eilte die Treppen hinunter, schlenderte aber betont ruhig durch die Pubtür und auf den Tisch zu, an dem Cahal bereits wartete. Sie nickte Daniel hinter der Bar zu, der erfreut zurücklächelte. Hannah durchzuckte ein Anflug von schlechtem Gewissen.

Als sie sah, dass Cahal sich noch nichts zu trinken geholt hatte, ging sie an den Tresen und bestellte zwei Bier.

»Zwei? Was haben Sie denn noch vor?«

Sie zögerte, sagte dann aber so sachlich wie möglich: »Ich bin verabredet.«

Er wandte sich dem Zapfhahn zu, aber sie bemerkte noch, wie er das Gesicht verzog. Fast hätte sie sich gerechtfertigt, aber dann dachte sie: *Soll er ruhig ein bisschen eifersüchtig sein. Wann interessieren sich schon mal zwei Männer für einen?*

Daniel stellte ein volles Glas vor sie und machte sich an das zweite. »Solange es nicht der Typ da drüben am Tisch ist …« Er deutete mit dem Kopf in Cahals Richtung.

Hannah spürte, wie sie rot wurde. »Was ist mit ihm?«

Daniel sah sie prüfend an, dann schaute er zu Cahal, der Hannah entdeckt hatte und ihr zuwinkte.

»Nichts«, murmelte Daniel, sehr auf das zweite Bier konzentriert. »Gehen Sie ruhig, ich bring's an den Tisch.«

Verwundert nahm Hannah das Glas und stellte es vor Cahal. »Meins kommt gleich«, sagte sie.

»Er bringt es Ihnen?«

»Sonderbehandlung für Pensionsgäste vielleicht.«

»Ach was, er kann mich nur nicht leiden und will es sich nicht nehmen lassen, mir aus der Nähe seinen Todesblick zuzuwerfen. Nehmen Sie's«, er schob das Glas zu ihr, »dann hat er mehr Spaß, wenn er mich bedienen muss.«

Sie schob das Bier zu ihm zurück. »Kennen Sie sich schon länger?«

»Das lässt sich in einer Kleinstadt nicht vermeiden. Wir kennen uns wohl schon unser ganzes Leben lang.«

»Und Sie mögen sich nicht?«

Daniel kam an den Tisch, stellte das Bier vor Hannah, wünschte ihr betont förmlich einen schönen Abend und ging wieder, ohne Cahal auch nur eines Blickes gewürdigt zu haben.

»Offensichtlich nicht.«

»Der Todesblick hat gefehlt«, sagte Hannah.

»Ach, der kommt bestimmt noch.«

»Also? Ist zwischen Ihnen beiden mal etwas vorgefallen?«

Cahal schüttelte den Kopf, hob sein Glas und prostete ihr zu. »Unsere Väter konnten sich schon nicht ausstehen. Es liegt wohl in der Familie. Auf die Freundschaft!«

Sie tranken beide, dann ging Hannah zurück an die Bar, um sich Essen zu bestellen. Daniel war verschwunden und tauchte für den Rest des Abends auch nicht mehr auf, aber darüber machte sie sich vorerst keine Gedanken. Sie unterhielt sich mit Cahal über seine Arbeit und darüber, was er heute in der Redaktion gemacht hatte. Sie fragte ihn aus, weil sie auf andere Gedanken kommen wollte. Er erzählte ihr von seinen Mitarbeitern, wie sie vor einigen Monaten hitzig darüber diskutiert hatten, ob nun die Niederkunft der Duchess of Cambridge überhaupt Thema in der Zeitung sein sollte. Einige waren entschieden dagegen gewesen, andere wiederum fanden, es hätte schließlich Nachrichtenwert.

»Und wie haben Sie sich entschieden?«

Er grinste. »Wir haben unsere Leserschaft online abstimmen lassen.«

»Wow.«

»Transparenz, habe ich gesagt. Die Menschen mitentscheiden lassen. Auch Konflikte innerhalb der Redaktion thematisieren. Sie glauben nicht, wie großartig diese Aktion war.«

»Gut gemacht.«

Cahal freute sich.

»Wie ist die Abstimmung ausgegangen?«

»Was glauben Sie?«

»Alle wollten eine Liveübertragung aus dem Kreißsaal?«

»Fast!«

Sie lachten beide. Hannahs Essen kam, und während sie sich ihrem Fisch widmete, erzählte Cahal weiter. Wie er nach seinem Geschichts- und Politikstudium in Cork beschlossen hatte, Journalist zu werden. Wie er sich in Irland bei Radio- und Fernsehsendern, in Großbritannien bei Zeitungen und Magazinen durchgeschlagen hatte. Er sprach von seiner Zeit als Korrespondent in Südafrika, seiner Reise durch Australien, über die er ein kleines Buch geschrieben hatte. Heute würde man darüber einfach bloggen, sagte er, und als Hannah ihn fragte, wie seine Zeitung den digitalen Wandel vollzog, lachte er fröhlich und erzählte von den Menschen, die oft weit verstreut oder in kleinen Dörfern und Städten lebten, von ihrem Misstrauen gegenüber dem Internet und ihrer Treue zum gedruckten Wort. Dass sich aber bei den jungen Menschen der Wandel schon längst abzeichnete. Er unterbrach sich selbst und sah sie nachdenklich an.

»Was?«, fragte sie und legte das Besteck auf den Teller. Sie hatte nicht viel essen können, aber wenigstens hatte sie Hunger verspürt und ein bisschen was runterbekommen. Offenbar tat es ihr gut, sich mit Cahal die Zeit zu vertreiben.

»Ach, ich wollte Sie nicht langweilen.«

Sie schob den Teller einen Zentimeter von sich weg. »Tun Sie nicht. Aber da ist doch noch was anderes, oder?«

Er seufzte. »Ich habe Sie gegoogelt. Entschuldigung, ich war einfach neugierig.«

Sie verschränkte die Arme. »Und? Was haben Sie herausgefunden?«

»Nicht viel. Aber der Onlineauftritt des Geschäfts Ihrer Mutter hat mir sehr gefallen.«

»Hat auch eine Menge Geld gekostet.«

»Das sieht man.«

»Das war's schon?«

Cahal stand auf und fragte: »Noch ein Bier?« Als sie nickte, griff er sich ihren Teller vom Tisch und nahm ihn mit zur Bar. Während er auf das Bier wartete, dachte Hannah darüber nach, was jetzt kommen würde. Man hatte ihr Foto und ihren Lebenslauf von der Seite der Kanzleimitarbeiter heruntergenommen, aber mit Sicherheit gab es noch irgendwo Spuren im Netz. Immerhin hatte sie dort drei Jahre lang gearbeitet. Keiner ihrer ehemaligen Kollegen sprach noch mit ihr, aber über einen früheren Mandanten hatte sie erfahren, dass man erzählte, sie sei aus »familiären Gründen« ausgeschieden, von »Schwangerschaft« war die Rede gewesen. Was man bei Frauen eben so erzählte.

Hannah hatte vage geantwortet, sie sei gerade in einer Phase der Neuorientierung, was schließlich alles bedeuten konnte. Von Familiengründung über Auswandern nach Neuseeland bis hin zur Umschulung zur Astronautin. Bei den großen Kanzleien kamen und gingen ständig Mitarbeiter, besonders aus den hinteren Reihen. Hannah hatte gut verdient und viel gearbeitet, sie hätte auch bald den Sprung in die erste Reihe geschafft. Wenn sie sich nicht selbst ins Aus befördert hätte.

Cahal kam mit den Getränken zurück und setzte sich wieder zu ihr an den Tisch. »Tja, über Ihre Mutter weiß ich schon mal so einiges. Über Sie habe ich nichts gefunden.«

Hannah atmete innerlich auf, aber dann wurde ihr

eine Sekunde später klar, dass sie seiner Rhetorik auf den Leim gegangen war.

Er fuhr fort: »Ich habe dafür etwas über eine Anwältin namens Hannah Deane gefunden. Sie sehen sich wirklich täuschend ähnlich, wussten Sie das?«

Sie sah ihn an, dachte, er würde grinsen, wenigstens lächeln. Er wartete mit ruhigem Blick ab, wie sie reagieren würde.

»Das Mindeste, was ich von einem guten Journalisten erwartet habe«, sagte Hannah nur. »Mögen Sie etwa keine Anwälte?«

»Sie waren bei einer Topkanzlei in London.«

»Richtig.«

»Dann sind Sie gegangen.«

»Ich wollte mich neu orientieren.« An seinem Blick erkannte sie, dass er alles herausgefunden hatte.

»Der Bestechungsskandal. Der verseuchte Baugrund im Londoner Osten. Die Immobilienfirma aus Katar gehört zu den wenigen börsennotierten Unternehmen, die das Land hat. Ein paar große arabische Geldinstitute hängen ebenfalls mit drin. Der Aktienkurs ist runtergegangen. Die Geschäfte, die in Katar selbst laufen, sind zwar viel dreckiger, aber hier trifft die alte journalistische Faustregel zu: Ein toter Landsmann zählt mehr als tausend tote pakistanische Leiharbeiter in einem kleinen arabischen Wüstenstaat, von dem die meisten Leute hier nicht mal wissen, wo sie ihn auf der Landkarte suchen sollen. Selbst die Möglichkeit der Bedrohung der eigenen Landsleute zählt mehr als tausend Tote außerhalb Europas.«

Hannah hatte seinem Blick standgehalten. Jetzt fragte sie wie beiläufig: »Hatten Sie die Story auch in Ihrer Zeitung?«

»Natürlich.« Er ließ sich Zeit, sagte dann: »Anonyme Quellen sind genau das: anonym.«

»Verstehe. Sie haben gut geraten.«

»Ich bevorzuge es, von Kombinieren zu sprechen.«

»Dann eben: gut kombiniert.«

»Verstecken Sie sich hier?«

»Sollte ich?«

»Wenn Ihr früherer Arbeitgeber die Karten richtig ausspielt, bekommen Sie so schnell keinen Job mehr im Vereinigten Königreich. Wie haben die rausgefunden, dass Sie mit der Presse gesprochen haben?«

»Ebenfalls gute Kombinationsgabe, vermute ich. Es sei denn, Ihre Kollegin aus London hat …«

»Nein«, unterbrach er sie. »Das kann ich mir nicht vorstellen.«

»Kennen Sie sie?«, fragte Hannah.

Er schüttelte den Kopf. »Nur dem Namen nach. Sie hat einen ausgezeichneten Ruf.« Cahal sah Hannah lange an. »Man hat sie also vor die Tür gesetzt.«

»Mit Abfindung und sofortiger Wirkung.«

»Man wird versuchen, Ihnen etwas anzuhängen.«

Hannah überlegte, wie viel sie ihm erzählen sollte. Dann dachte sie: Was habe ich zu verlieren? Hat er nicht sowieso schon alles rausgefunden? Sie sagte: »Meine frühere Chefin hat mir gestern mitgeteilt, dass sie eine Klage gegen mich in Erwägung zieht.«

Als sie sein betroffenes Gesicht sah, wusste sie, dass

sie sich richtig entschieden hatte. Mit ihm würde sie darüber reden können. Sie erklärte ihm, dass es gar nicht so abwegig war, mit einer Klage gegen sie durchzukommen. Hannah hatte sich geschäftsschädigend verhalten, sie hatte Interna weitergegeben, Geheimnisse zwischen Mandanten und der Kanzlei verraten.

»Es ging um Menschenleben«, warf Cahal ein.

»Nicht unmittelbar.«

»Daraus kann man eine Klage gegen Sie stricken? Wow.«

»Sie wissen selbst, welche absurden Klagen manchmal durchkommen. Meine frühere Chefin und ihre Partner sind Topanwälte von der Sorte, wie ich sie mir nicht einmal hätte leisten können, als ich noch dort gearbeitet habe. Ich hätte mir nicht einmal mich selbst leisten können bei den Preisen, die wir aufgerufen haben«, fügte sie etwas bitter hinzu.

Cahal sah immer noch ganz betroffen aus. »Das machen die wirklich? Schießen die sich damit nicht selbst ins Knie? Ich habe ja mit so einigem gerechnet, aber so gleich ...?«

»Es geht um Millionenbeträge. Der Mandant wird die Kanzlei zur Verantwortung ziehen. Die Kanzlei muss beweisen, dass jemand anderes schuld ist. Wenn ich verklagt werde, ist die Kanzlei fein raus. Schadensbegrenzung. Sie müssen es sogar versuchen.« Hannah nickte langsam, mehr für sich als für ihn. Ja, ihr wurde nun immer klarer, was sie angerichtet hatte. Und warum ihre Kollegen lieber über die größten Ungeheuerlichkeiten schwiegen, als sich dafür einzusetzen, dass die

Welt ein wenig besser wurde. Wie hatte sie eigentlich jemals glauben können, Anwältin sei ein schöner, sinnvoller Beruf?

Cahal war noch mal aufgestanden und hatte an der Bar zwei Whiskey geholt. »Wir brauchen was Stärkeres«, sagte er und hob das Glas. »Auf Menschen wie Sie.«

»Die möglicherweise bald im Knast landen?«, versuchte sie zu scherzen.

»Die versuchen, die Welt ein wenig besser zu machen«, sagte er, als hätte er ihre Gedanken gelesen.

Sie trank einen großen Schluck, spürte, wie sich Wärme in ihr ausbreitete.

Cahal klang schon etwas angetrunken, als er sagte: »Hannah, weißt du was?«

Sie trank den Whiskey aus, fühlte sich nun auch ein wenig beschwipst und schüttelte den Kopf. »Ich weiß im Moment ganz genau gar nichts mehr.«

Statt zu lachen, nahm Cahal ihre Hand und sagte ernst: »Du bist einer der mutigsten Menschen, die ich kenne.« Vorsichtig zog er ihre Hand an seine Lippen und küsste sie.

THOMAS

Die große Liebe, die Saras Leben für immer verändern sollte, lag schon lange zurück und stand ihr doch bis zu ihrem Tod im Weg.

Ich habe sehr lange gebraucht, um mehr über Sara herauszufinden. Zwei Jahre nachdem sie gestorben war, begann ich mit der Recherche, und noch bis vor Kurzem habe ich versucht, Antworten auf die letzten Fragen zu bekommen. (Du findest eine genaue Auflistung meiner Recherchen und der daraus resultierenden Unterlagen und Notizen in meinem Archiv. Vielleicht gelingt es dir, die fehlenden Antworten zu bekommen. Vielleicht aber denkst du auch, es sei besser, die alten Geschichten ruhen zu lassen, statt anderen Menschen das Leben mit ihnen durcheinanderzubringen.)

Sara wurde am 15. April 1904 auf einem Bauernhof bei Bandon geboren. Sie war das erste und einzige Kind ihrer Eltern Mary und Francis Tobin. Über Mary hieß es, sie sei eine merkwürdig stille und scheue Person gewesen, an manchen Tagen aber hörte man sie wüten und schreien. Da es keine direkten Nachbarn gab, sind diese Aussagen mit einer gewissen Vorsicht zu genießen. Sie stammen von Leuten, die gelegentlich bei den Tobins vorbeikamen.

In den Jahren nach Saras Geburt war ihre Mutter noch mehrmals schwanger, verlor aber jedes Mal das Kind. Ich würde vermuten, dass sie unter schweren Depressionen litt, vielleicht sogar ausgelöst durch die Schwangerschaft oder Saras Geburt, die anschließenden Abgänge müssen sie darüber hinaus extrem schwer belastet haben. Es heißt, Sara arbeitete schon früh auf dem Hof mit, was zu der Zeit nichts Ungewöhnliches war. Ab 1910 besuchte sie die Schule in Bandon, einige ihrer Zeugnisse konnte ich auftreiben. Sie war, wie ich vermutet hatte, eine hervorragende Schülerin.

Ihr Vater kämpfte im Ersten Weltkrieg und fiel Ende März 1918 in Palästina beim Angriff auf die Stadt Amman, als Sara vierzehn Jahre alt war. Es gab nie ein Grab für ihn auf dem Friedhof in Bandon. Auch nicht für ihre Mutter, was meinen Verdacht, dass sie sich umgebracht hatte, bestätigte. Ich konnte nie zweifelsfrei herausfinden, wie sie gestorben ist, aber einiges weist darauf hin, dass sie sich in der Scheune erhängt hat. Möglicherweise hat Sara sie gefunden.

Eine kinderreiche Bauernfamilie aus der Nachbarschaft nahm Sara bei sich auf. Im Januar 1919 begann der Unabhängigkeitskrieg. Die Zwischenfälle, zu denen es in Bandon kam, sind relativ gut dokumentiert worden. Was aber Saras Pflegefamilie ertragen musste, ist nicht genau festzustellen. Der Hof überstand die Kriegsjahre unbeschadet, wurde also nicht abgebrannt, die Familie wurde nicht vertrieben. Ich gehe allerdings davon aus, dass es zumindest gelegentlich zu Übergriffen durch Angehörige der britischen Truppen kam. Vielleicht bestahlen sie die Familie, vielleicht schikanierten sie sie, jagten ihnen Angst ein, vielleicht durchsuchten sie Haus und Ställe auf der Suche nach IRA-Kämpfern. Und mit hoher Wahrscheinlichkeit versteckten sich auch Mitglieder der IRA dort.

Sara besuchte die Schule, bis sie sechzehn war. Danach half sie offenbar Vollzeit auf dem Bauernhof ihrer Pflegefamilie. Im Juni 1922 brach der Bürgerkrieg aus, Sara dürfte davon nicht viel mitbekommen haben, denn sie verließ die Insel bereits Anfang August, um bei »Verwandten in Frankreich« unterzukommen.

Dieser Teil von Saras Geschichte war für mich am schwersten zu rekonstruieren, bis heute liegt vieles im Dunkeln. Erst vor wenigen Jahren konnte ich zuverlässig feststellen, dass Sara in Paris war, offenbar aber nur kurz, denn schon ab Ende August finden sich Belege für ihren Aufenthalt in einem Kurort in der französischen Schweiz, in Yverdon-les-Bains. Dort blieb sie bis Mai 1923. Der Bürgerkrieg war mittlerweile vorbei, aber sie kam nicht direkt zurück, sondern reiste erst nach Zürich, Wien, Budapest und Prag, dann nach Berlin, von dort aus weiter nach Hamburg, London und schließlich Dublin, um im September ein Zimmer in Cork zu beziehen und an der Universität mit der Ausbildung zur Krankenschwester zu beginnen. Bis Februar 1929 blieb sie in Cork, nach der Ausbildung hatte sie eine Stelle am Krankenhaus bekommen. Danach ging sie nach Wexford und arbeitete lange in der

Praxis eines niedergelassenen Arztes. Anfang 1939 verstarb der Arzt, sie kam zurück nach Bandon und heiratete einen ihrer Pflegebrüder, wenn man es so nennen will. Ab Ende August arbeitete sie für meine Eltern.

Das sind die Eckdaten. Sie sind so weit belegt. Wie ich schon sagte, war es sehr schwer, das alles herauszufinden, und möglicherweise ist meine Aufstellung nicht ganz lückenlos. Während ihrer Reise durch Europa könnte sie noch weitere Städte kurz besucht haben. Vielleicht hat sie Ausflüge unternommen. Ich kann nicht jeden Tag in ihrem Leben nachvollziehen.

Nun stellt sich natürlich die Frage, was eine junge, mittellose Frau ohne Ausbildung in Europa gemacht hat. Woher hatte sie das Geld zum Reisen? Warum war sie so lange in der Schweiz? Es war zu kurz für eine Ausbildung, hatte sie etwa eine Anstellung? Warum aber sagte sie mir dann, sie sei bei Verwandten in Frankreich gewesen? Es musste ein Geheimnis geben. Nach und nach setzte sich das Puzzle zusammen, und heraus kam folgende Geschichte – jedenfalls denke ich sie mir so. Beweisen kann ich nichts davon. Aber urteile selbst.

Sara wurde 1922 schwanger. Unverheiratet, was an sich schon schlimm genug war. Damals aber lag das Schutzalter noch bei siebzehn, es wurde ja erst kürzlich vor dem Gesetz geändert. Aber die Wahrscheinlichkeit, dass es geschah, als sie noch siebzehn war, ist hoch. Stell dir also folgende Lage vor: Der Mann, der sie schwängerte, hatte sich womöglich strafbar gemacht. Abtreibungen waren natürlich verboten. Sara befand sich in einer ausweglosen Situation. Ich weiß nicht, wem sie sich anvertraut und wer ihr geholfen hat, aber sie wurde fortgeschickt, um ihr Kind heimlich auszutragen. In ihrem Fall erst mal nach Frankreich. Es kam häufiger vor, dass junge Frauen in solchen Fällen ins Ausland gehen mussten. Dort nahmen sie entweder eine Abtreibung vor, oder sie wurden irgendwo untergebracht, und es hieß beispielsweise, sie seien verwitwet. Vielleicht sah der Plan für Sara Ähnliches vor: Man würde sagen, sie sei bereits zwanzig, und ihr Mann sei auf tragische Weise ums Leben gekommen. Dann würde sie ihr Kind bei angeblichen Verwandten zur Welt bringen und zur Adoption freigeben.

Wie sie in die Schweiz kam, weiß ich immer noch nicht. Den Daten nach hat sie höchstwahrscheinlich dort ihr Kind geboren. Die anschließende mehrmonatige Reise sowie ihre Ausbildung lassen mich vermuten, dass es ihr nicht wie den meisten anderen schwangeren jungen Mädchen ging, sondern dass sie auf irgendeine Weise Glück im Unglück hatte und ihr jemand Geld für das Kind gab. Ihre Pflegefamilie hätte ihr die Ausbildung nicht finanzieren können. Sie waren zu arm und hatten zu viele eigene Kinder. Eine Unterkunft in Cork, ein unabhängiges Leben, eine jahrelange Ausbildung, das hätten sie sich niemals leisten können, nicht einmal unter größten Anstrengungen. Hatte Sara demnach ihr Kind verkauft? Es nicht einfach zur Adoption freigegeben, sondern direkt an ein wohlhabendes Paar, das selbst keine Kinder bekommen konnte? Wer hatte ihr das vermittelt? Wie war sie ausgesucht worden? Nein, ich habe es nie herausgefunden.

Ich weiß auch nicht, ob sie einen Jungen oder ein Mädchen bekommen hat. Ich bin mir sicher, dass sie niemals Kontakt zu ihrem Kind hatte. Damals wurden die Kinder den Müttern direkt nach der Geburt weggenommen, wenn sie adoptiert werden sollten, damit keine Mutter-Kind-Bindung entstand. Vor allem wohl aber auch, damit es sich die Mütter nicht noch anders überlegen konnten.

Es ist die beste, die einzige Erklärung, die ich für Saras Zeit auf dem europäischen Festland habe. All das sollte ein Geheimnis bleiben, daran hatten gleich mehrere Parteien großes Interesse: diejenigen, die Sara halfen, die Schwangerschaft vor ihrem direkten Umfeld in Bandon zu vertuschen. Die, die sie aufnahmen und bei denen sie das Kind bekam. Dann diejenigen, die die Adoption vermittelten, und schließlich die Menschen, die das Kind adoptierten und dafür bezahlten …

Wie fühlt man sich, wenn man sein Kind verkauft? Fühlt man sich besser, wenn man weiß, dass es in eine reiche Familie kommt und bessere Chancen hat als man selbst? Fühlt man sich schlechter, weil man Geld dafür genommen hat, statt einfach das zu tun, was alle anderen taten, nämlich das Kind einfach wegzugeben? Macht man sich Vorwürfe, nicht dafür gekämpft zu haben, das Kind zu behalten? Versteh mich nicht falsch, ich mache Sara keinen Vorwurf, nicht eine Sekunde lang. Ich hätte nur gern gewusst, was in ihr vorging. Aber wir werden es nie erfahren.

Oft kam mir in den vielen Jahren der Gedanke, dass Sara um ihr Kind gekämpft hat. Aus Irland wegzugehen war möglicherweise ihre einzige Möglichkeit, den Vater des Kindes vor einer Verurteilung zu beschützen. Vielleicht wollte sie auch ihre Pflegefamilie nicht in Schwierigkeiten bringen. Was also, wenn sie in Frankreich verkündete, sie würde das Kind behalten, vielen Dank? Bei allen anderen Mädchen hätte man ein Druckmittel: Wenn du das Kind bekommst, kannst du nie wieder zu deiner Familie zurück, du wirst Schande über sie bringen. Bei Sara funktionierte dieser Druck nicht. War das Kind schon jemandem versprochen? Hatte Sara irgendwann Angst bekommen und sich gedacht: Ich kann das Kind nicht behalten, dann nehme ich wenigstens das Geld?

Es ist alles vollkommen unklar. Niemand von uns war dabei, und wir können niemanden mehr fragen. Sie war achtzehn, sie hatte keine Eltern mehr, aber mit Sicherheit noch eine sehr genaue Erinnerung an ihre überforderte Mutter, die entweder still litt oder hysterisch wurde. Die sich später, als ihr Mann tot war, umbrachte. Wahrscheinlich, weil sie fürchtete, allein nicht in dieser Welt klarzukommen. Hatte Sara Angst, durch ein Kind wie ihre Mutter zu werden?

Es gibt so viele Dinge, die im Nebel liegen. Möglicherweise liegen ein paar Antworten bei dem Vater des Kindes. Der hatte nämlich eine Menge zu befürchten. Er hatte mit einer Minderjährigen geschlafen. Er war verheiratet (ich habe herausfinden können, wer er war). Er war katholisch. Er hatte eine gewisse Stellung inne und konnte sich keine moralischen Fehltritte erlauben. Ein Mann also, der nicht das geringste Interesse daran haben konnte, dass sein Verhältnis mit Sara ans Licht kam. Was, wenn er die Adoption einfädelte und sogar noch dafür sorgte, dass Sara bezahlt wurde? Durch seine Stellung, seine Verbindungen wäre das möglich gewesen … Was, wenn sie sich vor allem deshalb darauf einließ, weil sie glaubte, sie müsse es ihm zuliebe tun? Um ihn nicht zu verlieren?

Ich weiß es nicht.

Ich weiß aber einiges über diesen Mann. Du wirst dich fragen, wie ich herausbekommen habe, wer der Vater ihres Kindes war, denn das müsste doch das größte Geheimnis gewesen sein. Und ich hätte es auch nie herausgefunden, wenn sich die Wege der beiden zwanzig Jahre nach ihrer Affäre nicht ein weiteres Mal gekreuzt hätten, zu einer Zeit, zu der ich Sara schon kannte.

Dieser Mann, in den sich Sara einst verliebte, wurde 1890 im Westen Irlands geboren und ging ungefähr im Alter von zwanzig Jahren nach Dublin. Er schloss sich dem Geheimbund Irish Republican Brotherhood an, deren Mitglieder maßgeblich am Osteraufstand 1916 beteiligt waren. Er war eines der ersten Mitglieder der ursprünglichen Irish Republican Army und wurde in Cork eingesetzt. Ich habe Grund zu der Vermutung, dass er während des Unabhängigkeitskriegs zwischenzeitlich Unterschlupf bei Saras Pflegefamilie fand, wo sich beide zum ersten Mal trafen. Von da an sahen sie sich öfter, heimlich natürlich, denn er hatte eine hochschwangere Frau und bereits zwei Kinder in Cork.

Sara muss es gewusst haben. Oder hat er es vor ihr geheim gehalten? Hat sie es erst sehr viel später erfahren? Er war vierzehn Jahre älter als sie, für sie muss das ein riesiger Altersunterschied gewesen sein. Fühlte sie sich geborgen bei dem erwachsenen Mann? Gut aufgehoben und verstanden? Hatte sie zum ersten Mal im Leben das Gefühl, dass jemand nur für sie da war und ihr zuhörte? Vielleicht war es so. Die Quellen, die ich fand, beschreiben ihn als sehr attraktiv, intelligent und charismatisch. Er kannte außerdem den Mann, der Irland im 20. Jahrhundert prägen sollte wie kein anderer: Éamon De Valera, an dessen Seite er während des Osteraufstands gekämpft hatte und der sich gerade erst zum Regierungschef der damals weder von Großbritannien noch international anerkannten Republik und kurz darauf zum Präsidenten hatte wählen lassen. Saras Liebhaber war ein Mann, der im Zentrum der Macht agierte.

Sara liebte einen Mann, der politisch engagiert und involviert war. Ein solcher Mann konnte sich keinen Skandal leisten. Éamon De Valera konnte sich so jemanden in seinem direkten Umfeld nicht leisten. Nein, es ging nicht, sie durfte von ihm kein Kind bekommen, und doch war sie von ihm schwanger.

Ich bin sicher, dass er ihr geholfen hat, das Kind auf welche Weise auch immer loszuwerden. Sie ging außer Landes, und er unterstützte De Valeras Politik, vertrat dessen Seite im Bürgerkrieg, stand hinter seinen Winkelzügen und hieß sie gut. Ich weiß nicht, wie gut deine Geschichtskenntnisse sind, und die Abläufe damals waren sehr verworren. Du musst aber wissen, was ich über De Valera denke: Er schickte seinen Kameraden Michael Collins vor, um den Anglo-Irischen Vertrag auszuhandeln, der die Unabhängigkeit Irlands besiegeln sollte. Er schickte ihn, nachdem er selbst mit dem britischen Premierminister die Rahmenbedingungen besprochen hatte, in ein Vier-Augen-Gespräch, über dessen Inhalt bis heute nichts bekannt ist. De Valera wusste wohl, dass es keine Chance gab, ganz Irland vom britischen Königreich zu lösen. Und das würde seiner Glaubwürdigkeit schaden. Er zog sich zurück, wo er doch sonst so gern im Mittelpunkt stand, und schickte Michael Collins vor. Michael Collins sagte damals, er sei kein Politiker, er sei Soldat. Collins hatte durch hervorragende Guerillataktiken den Iren im Unabhängigkeitskrieg zum Sieg gegen die militärische Übermacht der Briten verholfen. Verhandeln war nicht seine Stärke.

Aber er tat es schließlich doch. Heraus kam noch nicht die Republik, die sich Collins gewünscht hatte, sondern ein irischer Freistaat, außerdem ein geteiltes Irland, weil sich sechs Grafschaften im Norden dagegen entschieden, Teil dieses Freistaats zu sein. Sie wollten weiter zum britischen Königreich gehören. Collins sah diesen Kompromiss als »Freiheit, um Freiheit zu erreichen«. Es gab radikale Kräfte im Land, die diesen Kompromiss nicht akzeptieren wollten. Das war Collins klar.

Er wusste, dass er mit der Unterzeichnung des Vertrags sein Todesurteil unterschrieben hatte.

Ich hatte nie eine hohe Meinung von De Valera und seinen Anhängern. Die Haltung habe ich von meinem Vater übernommen. Der Mann, von dem Sara schwanger wurde, gehörte zu De Valeras Dunstkreis. Er gehörte zu Menschen, die aus Machtgier und Eitelkeit bereit waren, ihr Land in einen Jahrzehnte dauernden blutigen Konflikt zu stürzen. Ich bin mir sicher, dass Sara sich dessen erst sehr viel später wirklich bewusst wurde.

7.

Hannah hörte noch die Dusche, dann schlief sie ein. Sie war müde, auf eine angenehme Art. Sie fühlte sich wohl und zufrieden, ihre Probleme schienen in weite Ferne gerückt.

Gegen sechs Uhr am Morgen wurde sie schlagartig wach. Cahal war nicht mehr da, sie hatte auch nicht damit gerechnet, dass er blieb. Dafür waren allerdings die quälenden Gedanken an Matthew zurück, daran, dass er sich verloben würde, so kurz nur nachdem er sich von ihr getrennt hatte, und dann noch, obwohl er ihr einmal geschworen hatte, dieses Mädchen bedeute ihm gar nichts. Wie oft er Hannah wohl belogen hatte? Ob das Mädchen wusste, wie er über sie gesprochen, dass er sie als »einmaligen Ausrutscher« bezeichnet hatte, als »völlig bedeutungslos«? Hannah wollte nicht mehr daran denken, aber die Erinnerungsfetzen purzelten durch ihren Kopf. Sie rollte sich im Bett herum, versuchte, sich zum Einschlafen zu zwingen, aber es ging nicht mehr. Langsam machten sich auch die Gedanken an die angedrohte Klage ihrer früheren Chefin wieder in ihrem Kopf breit. Hannah stand auf und ging ins Bad, wo sie fast keine Spuren von Cahal vorfand. Die Handtücher hatte er wieder ordentlich aufgehängt, er hatte nichts vergessen, nichts zurückgelassen, nicht einmal ein kleines bisschen Unordnung gemacht. Hannah spürte einen Stich: Sie musste sich eingestehen, dass sie enttäuscht war. Dabei kannte sie ihn doch kaum. Hatte sie sich etwa Hoffnungen auf mehr gemacht? Sie dachte an die gemeinsame Nacht zurück, an seine Berührungen und Küsse. Es hatte gut getan, und es war schön gewesen. Natürlich hatte sie sich mehr erhofft. Natürlich hatte sie gewollt, dass die Scherben ihres gebrochenen Herzens endlich wieder zusammengefügt wurden.

Sie schüttelte diese Gedanken ab und stellte sich unter die Dusche, um mit dem heißen Wasser ihre Erinnerung an seine Berührungen wegzuspülen. Ein One-Night-Stand, sagte sie sich schließlich, nichts von Bedeutung. Es war okay, wenn sie sich nicht wiedersahen.

Nach dem Frühstück fuhr sie zum Haus und nahm sich den nächsten Raum vor. Patientenakten, noch mehr Patientenakten. Und immer wieder die merkwürdigen Notizen von Dr. Oliver, die nichts direkt mit der eigentlichen Erkrankung seiner Patienten zu tun hatten, immer nur mit deren Verwandtschaftsverhältnissen und Lebensumständen. War das ein Versuch gewesen, die Patienten ganzheitlich zu erfassen und Erbkrankheiten im Blick zu behalten? Aber das taten Ärzte ohnehin, warum also diese zusätzlichen Notizen? Und war das alles überhaupt wichtig für Hannahs eigentliche Aufgabe? *Merkwürdiger Mann*, dachte sie und schüttelte den Kopf.

Sie sah sich weiter um und fand Ordner mit Briefen von Ämtern, darunter auf den ersten Blick nichts Ungewöhnliches. Dr. Oliver hatte seine Schreiben immer kopiert und ebenfalls abgeheftet. Sehr vorbildlich, sehr beeindruckend und zugleich auch sehr langweilig. Etwas interessanter waren da schon die Briefe, die er ans Radio geschickt hatte, wann immer ihm ein Lied gefallen hatte. Datum und genaue Uhrzeit waren vermerkt, und ob man ihm bitte mitteilen könne, wie das Lied und der Interpret genau hießen. Sie fand Leserbriefe an die Zeitungen, die er abonniert hatte, darunter die Southern News, deren Herausgeber heute Cahal war. Es gab Postkarten und Briefe von Patienten, ehemaligen Studienkollegen, sogar Liebesbriefe aus den frühen Studienjahren. Er hatte tatsächlich die Briefe, die er seiner jeweiligen Angebeteten geschickt hatte, genauso wie alles andere noch ein zweites Mal aufgeschrieben und zu seinen Unterlagen getan.

Hannah sah auf die Uhr, es war gerade zehn. Sie ging hinunter in die Küche und stellte den altmodischen Kessel auf den Herd, um sich eine Kanne Tee zu machen. Während sie darauf wartete, dass das Wasser kochte, setzte sie sich auf den blauen Stuhl und dachte darüber nach, wie es wohl sein musste, fast hundert Jahre lang zu leben. Der Mann war älter gewesen als die Republik Irland. Er war während des Ersten Weltkriegs geboren worden, zur Zeit des Osteraufstands, und hatte den Unabhängigkeitskrieg, den anschließenden Bürgerkrieg, die Gründung der Republik, den Zweiten Weltkrieg miterlebt. Die ganze wechselvolle

Geschichte der jungen Republik und ihre blutigen Auseinandersetzungen mit dem Vereinigten Königreich. Und in der ganzen Zeit war er nie verheiratet gewesen? Hatte mit niemandem zusammengelebt? Sie konnte sich nicht vorstellen, dass jemand ein so langes Leben ohne Liebe geführt hatte. Dass überhaupt jemand ein Leben ohne Liebe führen konnte. Sie dachte an die unterschiedlichen Arten der Liebe und daran, dass es da mehr in Dr. Olivers Leben gegeben haben musste, als es bisher den Anschein hatte.

Wieder ermahnte sie sich: Es war nicht ihre Aufgabe, das Leben des Mannes zu rekonstruieren. Sie sollte nur alles sichten und den Wert beziffern. Doch sofort wanderten ihre Gedanken zu den Liebesbriefen ab, und als das Wasser kochte und sie sich den Tee aufgoss, entschied sie, dass sie an einem Tag wie heute nur produktiv sein konnte, wenn sie etwas ganz anderes tat. Sie würde anfangen, die Möbel aus dem Gartenhaus zu holen, zumindest die kleineren Sachen, die sie allein tragen konnte. Sie würde sich außerdem darum kümmern, dass jemand vorbeikam, um ihr bei den größeren Stücken zu helfen. Und sie würde zunächst Platz im Haus schaffen müssen. Die Wohnräume kamen nicht infrage, weil alle zu Archiven umfunktioniert worden waren. Sie konnte unmöglich alles auf den Speicher tragen. Die Eingangshalle war sehr groß, dort konnte man sicherlich einiges abstellen. Sie stand auf und öffnete die Tür zu dem Raum, der einmal die Vorratskammer gewesen war. In den Kisten, die Dr. Oliver dort eingelagert hatte, befanden sich feinstes Porzellan und edles Silberbesteck, aber auch Töpfe, Pfannen, Bräter – alles, was sich vermutlich zu Zeiten seiner Eltern angesammelt hatte. Eine Großfamilie hätte wochenlang nicht abspülen müssen und immer noch sauberes Geschirr gefunden. Aber immerhin war in der Kammer noch etwas Platz für die eine oder andere Kommode. Sie sah in dem Dienstbotenraum nach, der direkt an die Küche grenzte. Haushaltsraum, würden Immobilienmakler heute dazu sagen. Dr. Oliver hatte ihn offenbar ausschließlich benutzt, um Wäsche zu waschen. Hier standen eine Waschmaschine, ein Trockner und ein Wäscheständer. Außerdem natürlich wieder ordentlich gestapelte Vorräte an Waschmitteln: zwei verschiedene Sorten, diese aber in jeweils beeindruckenden Mengen. Ansonsten war es hier fast leer, auch wenn der Raum nicht besonders groß war. Sie musste die Möbel aus dem Gartenhaus eben nach und nach dort unterbringen, wo Platz war. Zur Not stellte sie eben das eine oder andere Stück in die Archivräume.

Zufrieden mit ihrem Plan nahm sie die Teekanne und stieg die Treppen zum Speicher hinauf, um dort anzufangen. Die Dachfenster waren zu klein und zu blind, um genug Tageslicht durchzulassen. Die Glühbirnen waren zu schwach, um Details zu erkennen. So konnte sie die Möbel nicht begutachten. Sie sah drei schwere Holzschreibtische unterschiedlicher Stilrichtungen, antike Tisch- und Stehleuchten. Ein wundervolles hellblau bezogenes Louis-Seize-Sofa, dazu zehn passende Stühle. Direkt daneben sah sie ein riesiges Chesterfield-Sofa aus dunkelbraunem Leder, dazu fünf Ledersessel.

Und ein weiteres Chesterfield-Sofa mit passenden Sesseln, aber diese Sitzmöbel wirkten nicht ganz so wuchtig, sie waren mit grauem, elegantem Stoff bezogen. Zwischen allem standen und lagen weitere Leuchter, auch üppige Kronleuchter. Weiter hinten sah Hannah große und kleine Art-déco-Schränke, auseinandergebaute Betten, Truhen und wieder Schränke und Stühle, Sessel und Lampen. Natürlich, ein so großes Haus wollte eingerichtet sein. Zu fünft hatten sie hier gelebt, bevor die Familie immer kleiner geworden war. Damit, dass offenbar jedes Zimmer mit teurem Mobiliar eingerichtet gewesen war, hatte sie nicht gerechnet. Bei der ersten flüchtigen Besichtigung des Speichers hatte sie die Schätze in der Tiefe des Raumes nicht wahrgenommen. Ja, es würde sehr viel Geld zusammenkommen. Und nach dem zu urteilen, was sie in dem ungünstigen Licht sah, würde nur wenig Arbeit an den einzelnen Stücken notwendig sein, um wirklich Spitzenpreise zu erzielen.

Hannah ließ sich auf das mit Stoff bezogene Chesterfield-Sofa sinken und lehnte sich zurück. Die Olivers hatten feudal gelebt. Woher war das Geld gekommen? Welchen familiären Hintergrund hatten Dr. Olivers Eltern, welchen Beruf hatte der Vater gehabt, welchen die Großväter? Wieder dachte sie: *Nein, das ist nicht meine Aufgabe.*

Und doch war es genau das, was sie schon immer an alten Dingen interessiert hatte, seit sie ein Kind war: die Geschichten dahinter. Wo die Möbel gestanden hatten. Wer auf den Sesseln Platz genommen hatte. Wessen

Blick Tag für Tag über ein Bild geglitten war. Sie stand auf und setzte sich in einen der Ledersessel. Ein vollkommen anderes Gefühl ging von diesem Sessel aus, und als sie sich hinabbeugte, um an dem Leder zu riechen, glaubte sie, auch Zigarrenrauch auszumachen. Sie stellte sich Dr. Olivers Vater vor, wie er mit seinen Söhnen in diesen Sesseln saß, rauchte und Whiskey trank, mit ihnen über den Krieg sprach oder über die neue Republik oder über die Berufe, die sie ausüben wollten, vielleicht auch schon ausübten.

Sie spürte, dass sie diesen Job nicht machen konnte, ohne sich gleichzeitig mit dem Hintergrund dieser Familie zu beschäftigen. Vielleicht war es das gewesen, was sie für den Beruf als Anwältin letztlich untauglich gemacht hatte: ihr Mitgefühl für die Menschen hinter den Fakten, ihr Wunsch, sich in diese anderen Welten hineinzuversetzen. Als Anwältin brach ihr zu viel Mitgefühl das Genick. Vor allem dann, wenn sie die andere Seite vertreten musste.

Hannah stand auf, machte das Licht aus, nahm die Teekanne, die sie neben der Tür abgestellt hatte, und ging hinunter zu dem Raum, in dem die Liebesbriefe auf sie warteten.

THOMAS

Ich war und bin gegen jede Form von Krieg. Wenn ich mir anschaue, wie die Briten die Iren über Jahrhunderte gedemütigt haben, um sie zu unterwerfen, ist es allerdings zumindest nachvollziehbar, dass sich Teile der Bevölkerung so etwas nicht mehr bieten lassen wollten. Was sich die Briten dann aber 1920 während der Unabhängigkeitsbestrebungen einfallen ließen, war die reinste Einladung, ganz Irland gegen sich aufzubringen: Sie schickten mehrere Tausend Mann, in der Hauptsache ehemalige Soldaten aus dem Ersten Weltkrieg, zur angeblichen Unterstützung der Polizei nach Irland. In Wirklichkeit handelte es sich um eine paramilitärische Truppe, die bald wegen ihrer Uniformen den Spitznamen Black and Tans bekam. Wird euch in der Schule darüber berichtet? Was erzählen sie euch über die Geschichte eures Landes? Wie auch immer, ich berichte dir hier, wie ich die Dinge sehe.

Die Black and Tans waren brutal, rücksichtslos und kriminell. Sie schlugen grundlos unschuldige Menschen zusammen, plünderten Häuser und Geschäfte, waren als disziplinlose Trunkenbolde bekannt. Wer in dieser Zeit noch der Meinung war, die Unabhängigkeitsbestrebungen seien zu radikal, änderte diese spätestens nach einer Begegnung mit diesen Männern.

In der Bevölkerung bekam die IRA immer größere Sympathien, und immer mehr Menschen waren bereit, den Kämpfern Unterschlupf zu gewähren, sie mit Proviant zu versorgen. Ich erwähnte es bereits: Ich denke, so lernten sich Sara und ihr Liebhaber kennen. Saras Pflegefamilie versteckte ihn bei sich, und die beiden kamen sich näher …

Lass mich weiter von den Fakten berichten: Michael Collins schaffte die militärische Meisterleistung, sich gegen die britische Übermacht durchzusetzen und den Unabhängigkeitskrieg zu gewinnen. Er schaffte es aber anschließend nicht, einen Vertrag auszuhandeln, der ohne Kompromisse auskam, was ihm viele Feinde machte. Der Hinterhalt, in den Collins im August 1922 geriet und über den bis heute allergrößte Unklarheit herrscht, könnte sich spontan ergeben haben. Es könnte aber auch sein, dass Collins' Feinde direkt dahintersteckten. Vielleicht ließ jemand – aus den höchsten politischen Kreisen? – in Gegenwart der richtigen Leute eine Bemerkung fallen, die diese auf die Idee brachte …

Collins war am Tag seines Todes in Bandon, er hatte dort übernachtet. Dann fuhr er in nördliche Richtung, er muss an unserem Haus vorbeigekommen sein. Weiter oben bei Béal na Bláth lauerten sie ihm auf. Es kam zu einer Schießerei, Collins ging nicht in Deckung, versteckte sich nicht im gepanzerten Wagen, sondern wollte kämpfen. Er starb. Niemand wusste, wer ihn wirklich getötet hat. Es gab Spekulationen. Erst vor wenigen Jahren tauchten Akten auf, die längst hätten vernichtet werden sollen. Auf Anweisung von Éamon De Valera, als er 1932 Präsident des Freistaats wurde. Er wollte, dass alles aus der Zeit des Bürgerkriegs vernichtet wurde, um die Menschen vor Repression und Vergeltung zu schützen. Die Menschen? Oder sich selbst? Die Akten gaben zwar keinen Aufschluss darüber, wer nun wirklich die tödliche Kugel abgefeuert hat, erlauben aber interessante Einblicke in den Hinterhalt. Zu den Angreifern, so heißt es, gesellten sich noch angeblich zufällig vorbeikommende Vertragsgegner. Und mit dabei war auch der Mann, den Sara damals geliebt hat. (Auch das konnte ich rekonstruieren, du findest die Unterlagen an der entsprechenden Stelle im Archiv.)

Ich kam als Arzt Mitte der Fünfzigerjahre nach Bandon zurück, und in dieser Zeit begannen meine Recherchen über Saras Leben erst richtig. Ab da hatte ich nämlich Zugang zu den Menschen dieser Gegend. Ich konnte mir alles erzählen lassen, aber dazu musste ich behutsam vorgehen. Ich machte mir umfangreiche Notizen, stellte Querverbindungen zwischen den Familien und einzelnen Personen her, kam durch geschicktes Nachfragen der Wahrheit nach und nach immer ein Stück näher. Ich wälzte zugleich alte Zeitungen, besorgte mir alte Briefe und Tagebücher in Archiven, und irgendwann, es muss in den Siebzigerjahren gewesen sein, war mir klar, wer die tödlichen Schüsse auf Michael Collins abgegeben hatte: der Vater von Saras Kind.

Wusste sie davon? Oder hatte sie einen Verdacht? Zur Zeit der Ermordung von Michael Collins war sie gerade fort aus Irland. Sie kam erst ein Jahr später wieder. Ich kann mir vorstellen, dass sie versucht hat, mit ihm Kontakt aufzunehmen. Warum sonst machte sie ihre Ausbildung zur Krankenschwester in Cork und nicht in Dublin oder ganz woanders? Wann erfuhr sie wohl, dass seine Frau ihr viertes Kind bekommen hatte, und dass dieses Kind ungefähr so alt war wie Saras? Konfrontierte sie ihn damit, oder ging sie ihm aus dem Weg, obwohl sie nun in derselben Stadt lebten? Zog er nach Bandon, kurz nachdem sie in Cork angekommen war, um ihr aus dem Weg zu gehen?

Vielleicht zog er aber auch nach Bandon, um sich und seinen Mitverschwörern zu zeigen, wie stolz er auf die Tat war: Hier habe ich Michael Collins getötet! Ich bereue es nicht!

Ich würde es ihm zutrauen. Ich sollte ihn einige Jahre später persönlich kennenlernen.

Sara also machte ihre Ausbildung. Nach allem, was ich erfahren konnte, war sie sehr beliebt bei den Patienten, allerdings nicht unbedingt bei ihren Kolleginnen. Sara galt als besonders fleißig und besonders fähig, was die anderen in einem schlechteren Licht dastehen ließ. Die Ärzte schätzten sie und ihre ruhige, selbstsichere Art sehr, und ich stieß auf Gerüchte, dass mehrere Ärzte schrecklich in sie verliebt waren – sie schwärmten für sie, weil sie so klug, so einfühlsam, so besonders war, und sie machten ihr Heiratsanträge. Sara lehnte alle ab. Möglicherweise verließ sie irgendwann das Krankenhaus, um die lästigen Verehrer abzuschütteln.

Vielleicht wollte sie aber auch wegziehen, weil der Mann, den sie zu lieben glaubte, ein deutliches Zeichen setzte, dass er mit ihr nichts mehr zu tun haben wollte: Seine Frau starb 1926 während ihrer fünften Schwangerschaft. Im Herbst 1928 heiratete er erneut. Er hätte Sara heiraten können, aber das tat er nicht. Er wählte eine Frau in Saras Alter, die aber aus einer einflussreichen Familie aus Dublin kam. Er heiratete politisch. Er war ein wichtiger Mann für County Cork, für den Süden Irlands und für die Regierung De Valeras.

Die vier Kinder aus der ersten Ehe des Mannes wuchsen bei ihrer neuen Mutter auf, und als sie erwachsen waren, ging eins nach dem anderen nach Amerika, um dort sein Glück zu finden. Doch bevor sie alle flügge wurden, starb auch ihre neue Mutter. Sie lief vor ein Auto und zog sich schwere innere Verletzungen zu. Es hieß, sie hätte sehr viel getrunken und nicht mehr gemerkt, wohin sie ging. Der Fahrer des Wagens hatte ebenfalls getrunken. Es geschah kurz nach Weihnachten 1938. Wenige Monate später kam Sara aus Wexford zurück nach Bandon, um sich hier eine neue Stelle zu suchen und zu nehmen, was sie an Arbeit kriegen konnte.

Offensichtlich war dieser Mann wieder nicht bereit, ihr einen Platz in seinem Leben zu geben. Hätte sie sonst einen anderen geheiratet? Tat sie es in der Hoffnung, ihm wehzutun? Wollte sie ihn dadurch aus der Reserve locken? Oder tat sie es, um sich selbst vor ihm zu schützen? Um einen Halt zu haben, ein Zuhause, um nicht wieder schwach zu werden? Vielleicht war es Zufall, dass sie nach dem Tod seiner zweiten Frau nach Bandon kam. Schließlich war der Arzt, in dessen Praxis sie gearbeitet hatte, ebenfalls gestorben, im respektablen Alter von fünfundsiebzig, wie ich herausfand. Andererseits hätte sein Nachfolger, der seit längerer Zeit schon die Praxis mit ihm führte, Sara sicherlich übernommen. Aber wie gesagt, so viele Dinge sind Spekulation und lassen sich nicht mehr überprüfen.

Anders als bei Sara war mein Leben in erwartbaren Bahnen verlaufen: Schule und Medizinstudium. Weiter war ich noch nicht. Dass ich nun in Dublin ein Zimmerchen hatte, bedeutete für mich fast schon die große weite Welt. Ich hatte die eine oder andere Liebschaft, mal ernster, oft weniger ernst. Ich war mir sicher, dass ich eines Tages heiraten und viele Kinder haben würde. Ich war mir außerdem sicher, dass ich nicht nach Bandon zurückkehren würde, denn schon Dublin war so viel spannender – was wohl der Rest der Welt für mich bereithielt? Ebenfalls als sicher empfand ich es, dass ich eine große Karriere hinlegen und eines Tages ein berühmter Forscher sein würde. Praktischer Arzt in der Provinz? Niemals. Wenn ich mein Leben vor mir sah, dann sah ich einen Globus, keine Straßenkarte des County Cork. Ich sah mich in munteren Gesellschaften, als Gast oder Gastgeber, umringt von Freunden. Ich sah mich Interviews für Zeitungen geben, weil ich etwas Wichtiges entdeckt oder entwickelt hatte. Meine Zukunft blinkte und blitzte in der Ferne wie die Kugel eines Weihnachtsbaums.

Bis ich 1939 auf Sara traf und sich alles änderte. Die Kugel fiel vom Weihnachtsbaum und zersprang in tausend Stücke. Und innendrin war sie leer. Ich glaube, es war gut, dass sie rechtzeitig kaputtging.

Es sollte nur eine kleine Weile dauern, bis ich verstand, was mit meinem Leben geschehen war. Nach und nach gestand ich mir ein, dass es keine Zukunft für mich und Sara geben würde. An manchen Tagen hatte ich die wilde Hoffnung, sie würde mich doch noch erhören, an anderen verzweifelte ich und glaubte, mein Leben sei ohne Sara vollkommen sinnlos. Meine Leistungen im Studium schwankten gefährlich, die Professoren ermahnten mich, ich solle mich zusammenreißen, vermuteten zu Recht Liebeskummer, versuchten, mir väterliche Ratschläge zu geben.

Ich riss mich zusammen, so gut ich konnte. Aber Sara einfach vergessen, das war nicht möglich. Im weiteren Verlauf des Jahres 1940 fuhr ich nicht nach Hause, meine Eltern kamen mich dafür in Dublin besuchen. Ich wollte Sara nicht sehen, es war mir zu peinlich und würde mir das Herz brechen. Als ich im Sommer für wenige Tage nach Bandon kam, versuchte ich, ihr aus dem Weg zu gehen, und auch sie achtete darauf, mir nicht allzu oft zu begegnen. Es war eine absurde Situation, denn im Grunde war nichts geschehen, was diesen absurden Tanz rechtfertigte. Einzig meine Gefühle spielten verrückt.

Nach und nach aber beruhigte ich mich. Wenn ich

bei meinen Eltern war, konnte ich normal mit Sara reden. Wir sprachen nur oberflächlich und achteten weiter darauf, nie allein miteinander zu sein. Niemand wusste, dass ich immer noch Phasen hatte, in denen ich ihr endlose Briefe schrieb, die ich anschließend verbrannte.

Bei der Geburtstagsfeier eines Kommilitonen zu Beginn des Jahres 1941 lernte ich eine junge Frau kennen. Sie war schön, klug und witzig, sie verliebte sich sofort in mich. Ihr Name war Kathleen, und ich wusste, dass ich sie niemals so lieben könnte, wie sie es verdient hatte, aber ich versuchte es trotzdem. Im Sommer brachte ich sie mit zu meinen Eltern, um sie ihnen vorzustellen. Es war eine Katastrophe, jedenfalls für mich. Ich weiß nicht, ob Kathleen merkte, was in mir vorging, bin mir aber sicher, dass meine Mutter etwas spürte. Die ganze Zeit nämlich war ich nur darauf bedacht, eine Reaktion von Sara zu bekommen. War sie eifersüchtig? Enttäuscht? Neidisch? Wie reagierte sie auf Kathleen, war sie nett zu ihr? Vielleicht zu nett, um ihre wahren Gefühle zu überspielen? Oder war es ihr egal, dass ich meinen Eltern eine junge Frau vorstellte, zum allerersten Mal? War sie am Ende sogar froh darüber?

Sara ließ sich nichts anmerken. Wie ein Besessener achtete ich darauf, wie sie Kathleen oder mich ansah, wie ihre Stimme klang, wenn sie mit uns sprach. Blieb sie länger als üblich im Garten stehen, während wir unter den Weiden saßen? Oder beeilte sie sich, wieder ins Haus zu kommen, nachdem sie uns Tee gebracht hatte? Ich wurde aus ihr nicht schlau. Konnte es denn sein, dass sie tatsächlich gar nicht reagierte, dass sie vollkommen gleichgültig war? Sie brachte mich zur Verzweiflung.

Ich überredete Kathleen zu einer Reihe Ausflüge in die Umgebung, nur um Sara nicht mehr um mich haben zu müssen. Kathleen freute sich erst über meinen ungewohnten Unternehmungsdrang, fragte nach ein paar Tagen allerdings misstrauisch nach, ob ich versuche, meinen Eltern aus dem Weg zu gehen, oder ob es gar etwas mit ihr zu tun habe. Mochten meine Eltern sie nicht? Versuchte ich deshalb, möglichst viel Zeit mit ihr außer Haus zu verbringen? Ach, ich konnte dem armen Mädchen doch schlecht die Wahrheit sagen. Ich wollte ihr nicht wehtun. Das würde ich noch früh genug.

Wenige Wochen vor Weihnachten eröffnete mir Kathleen, dass sie glaube, schwanger zu sein. Ich tat das, was ein anständiger junger Mann in einer solchen Situation eben tat: Ich machte ihr einen Heiratsantrag. Wir verlobten uns. Meine Eltern informierte ich als Erste, meinen Professoren erzählte ich es kurz darauf. Alle gratulierten mir und schienen sich aufrichtig für mich zu freuen. Ich schrieb meinem Bruder Charles. Er schrieb zurück, dass er unbedingt Trauzeuge sein wolle.

Von Patrick hatten wir seit nunmehr zwei Jahren nichts mehr gehört. Kein einziges Lebenszeichen hatte uns erreicht. Wir waren uns sicher, dass er in den Krieg gezogen war und auf britischer Seite kämpfte. Wir wussten, dass man uns informiert hätte, wäre er schwer verwundet, verschollen oder gar gefallen. Aber wir verstanden einfach nicht, warum er nicht wenigstens einen kurzen Brief schickte.

Die Ungewissheit nagte besonders an den Nerven meiner Mutter, und auch wenn mein Vater versuchte, sich nicht allzu viel anmerken zu lassen, um stark für sie beide zu sein, fiel mir doch auf, dass sein Haar sehr viel grauer geworden war. Außerdem hatte er abgenommen und wirkte um ein paar Jahre gealtert. Als ich ihn im Dezember so sah, war ich erschrocken, sagte aber nichts. Meine Mutter sprach mich schließlich darauf an. Sie wollte wissen, ob ich Vater nicht einmal untersuchen könne, sie mache sich ernsthafte Sorgen um ihn, und er weigere sich, einen Arzt aufzusuchen. Es brauchte einiges an Überredungskunst, aber dann willigte er ein unter der Bedingung, dass wir das Weihnachtsfest feierten, ohne über Sorgen und Ängste zu reden.

Kathleen verkündete am ersten Weihnachtsfeiertag, schwanger zu sein, obwohl ich sie darum gebeten hatte, mit dieser Nachricht zu warten, bis wir geheiratet hatten. Die Hochzeit war für Ende Januar geplant, und auch wenn sich meine Eltern, mein Bruder und wahrscheinlich auch jeder andere denken konnte, warum wir es so eilig hatten, wollte ich doch noch nicht, dass so offen darüber geredet wurde. Ich ärgerte mich über meine Verlobte und ließ es sie spüren, indem ich den ganzen Abend über kühl und distanziert reagierte. Charles nahm mich schließlich beiseite und wies mich zurecht. Ich blieb stur und wollte nicht zugeben, dass ich auch ohne seine Worte wusste, dass ich mich wie ein Esel aufführte.

Sara, die weiterhin im Gartenhaus meiner Eltern wohnte, hielt sich während der Feiertage dezent im Hintergrund. Wenn ich nicht genau gewusst hätte, dass sie meiner Mutter bei den Essensvorbereitungen half, hätte ich gedacht, sie wäre gar nicht im Haus. Nachts aber, als ich noch ein wenig an die Luft wollte, bevor ich schlafen ging, stand ich hinter unserem Haus und sah das Licht vom Gartenhaus herüberscheinen. Wie gern wäre ich zu ihr hinübergegangen und hätte ihr wenigstens schöne Feiertage gewünscht. Ich tat es nicht. Ich war verlobt, ich würde bald heiraten und Vater werden. Jedenfalls glaubte ich das. Es war ein Schicksal, das ich versuchte, tapfer hinzunehmen. Ich konnte mich immer noch nicht darüber freuen, und jedes Mal, wenn ich Kathleen ansah, tat es mir in der Seele weh, diese schöne junge Frau einfach nicht lieben zu können.

8.

Die Angebetete hieß Mary. Thomas Oliver war 1934 gerade frisch nach Dublin gekommen, um dort zu studieren. Sie lernten sich bereits in der ersten Woche kennen. Mary studierte, was als Frau in dieser Zeit immer noch ungewöhnlich war, ebenfalls Medizin: nicht um Krankenschwester oder Hebamme, sondern um Ärztin zu werden. Thomas war von der selbstbewussten, energischen jungen Frau sehr beeindruckt. Anfangs waren die Briefe, die sie sich schickten oder manchmal auch einfach nur zusteckten, wenn sie sich begegneten, kurz und humorvoll. Mit der Zeit wurden sie länger, nach einem halben Jahr auch romantischer, manchmal begehrlich, irgendwann sehr erotisch. Über einen Zeitraum von zwei Jahren zog sich die Romanze hin, die beiden waren sich sehr nah und vertraut. Mary wollte, dass er ihre Eltern kennenlernte, er schrieb davon, dass sie Weihnachten bei seiner Familie verbringen könnten, und dann geschah etwas, das sich aus den Briefen nicht eindeutig ableiten ließ. Irgendetwas musste zwischen den beiden vorgefallen sein. Er entschuldigte sich immer wieder in seinen Briefen dafür, ihren Ansprüchen nicht gerecht werden zu können, hoffte darauf, dass die Freundschaft zwischen den beiden weiter bestehen könne, und an ihren Antworten war klar abzulesen, dass sie sich, immer eisiger im Ton, immer abweisender, von ihm entfernte, bis sie ihm gar nicht mehr antwortete und offenbar sogar ganz aus Dublin verschwand und ihr Studium abbrach oder woanders fortsetzte. Hannah sah auf das Datum der Briefe: Die letzten waren aus dem Jahr 1936. Zwanzig Jahre alt war Thomas Oliver zu der Zeit gewesen. Was war nur geschehen? Hatte er sie betrogen? Warum sprach er davon, ihren Ansprüchen nicht gerecht werden zu können? Hätte er diese Formulierung gewählt, wenn er fremdgegangen wäre? Hatte Mary etwas von ihm verlangt, das er nicht erfüllen konnte? Etwas Sexuelles vielleicht, das ihn schockiert, abgestoßen hatte? Oder hatte sie ihn zur Heirat gedrängt, und er war einfach noch nicht so weit trotz aller Liebesschwüre? Hannah seufzte. Sie würde es wahrscheinlich nie erfahren.

Sie blätterte weiter in dem Ordner. Jeder der Briefe steckte in einer Klarsichthülle, auf der eine Archivnummer klebte. Weiter hinten, nachdem die Korrespondenz zu Ende war, fanden sich ein paar Fotos, die das Pärchen zeigten: Mary und Thomas in Strandkleidung unter einem Sonnenschirm. Mary und Thomas beim Wandern. Mary und Thomas auf einer Feier, umgeben von anderen jungen Menschen. Auf jedem der Bilder wirkten sie so harmonisch, als wären sie füreinander geschaffen. Ihre Gesichter, ihre Augen strahlten, ihre Körper schmiegten sich eng aneinander. Hannah wusste, dass es solche Fotos auch von ihr und Matthew gab. Heute waren sie eine Lüge – aber waren sie das schon immer gewesen?

Hannah klappte den Ordner zu und nahm den nächsten aus der Regalreihe. Darin waren Briefe an und von unterschiedlichen Frauen. Florence, Bedienung in einem Café. Margaret, Hebamme in Ausbildung. Milly, Kindermädchen bei irgendeiner Dubliner Familie, mit der Thomas' Eltern bekannt waren. Keine der Frauen hatte den Witz und Charme von Mary, keine ihre starke, ausgeprägte Handschrift. Und mit keiner wurde die Korrespondenz so intensiv. Mit keiner gab es Fotos, die denen von Mary und Thomas auch nur annähernd ähnlich gewesen wären.

Dann folgte eine Deirdre, die Briefe waren mittlerweile auf das Jahr 1938 datiert, sie studierte Jura. Fotos von Thomas und ihr existierten gar nicht, aber von ihr allein. Sie trug das Haar kinnlang und hatte etwas ungemein Düsteres, Verruchtes fast, das vielleicht an ihren dramatisch geschminkten Augen lag. Ihr Blick wirkte stets herablassend und ironisch, und sie trug niemals Kleider oder Röcke, sondern immer weite Hosen. Thomas schwärmte sehr für sie und schrieb ihr sehnsuchtsvolle Briefe, die sie mit melancholischer Lakonie beantwortete. Hin und wieder trafen sie sich und schliefen miteinander, danach brannte Thomas' Leidenschaft nur umso mehr, und Deirdre wurde noch lakonischer. Hannah stellte sich vor, dass Deirdre mit tiefer, rauchiger, gelangweilter Stimme sprach. Die Affäre kühlte im Spätsommer 1939 abrupt ab. Nicht etwa

Deirdre beendete die Sache, sondern Thomas zeigte keinerlei Interesse mehr. Er schrieb ihr eine Art Abschiedsbrief, in dem er erklärte, dass er sich nicht mehr melden würde, was ihr sicherlich entgegenkäme, und wünschte ihr noch ein erfolgreiches und erfülltes Leben. Die Antwort von Deirdre war emotionaler als alles, was sie je zuvor an ihn geschrieben hatte. Sie beschimpfte ihn sogar, behauptete, ihn mehr als ihr Leben geliebt zu haben, drohte mit Konsequenzen. Ein weiterer Brief, dem Datum nach nur einen Tag später geschrieben, enthielt eine Entschuldigung. Sie versuchte, deutlich kühlere Worte zu finden, aber hier und da war die Schrift verschmiert, als wäre die Tinte nass geworden. Taktik, überlegte Hannah, oder echte, tiefe Gefühle?

Thomas antwortete nur kurz und knapp, indem er schrieb: »Wir wissen doch beide, dass es so besser für uns ist.«

Hannah beruhigte es fast, daran erinnert zu werden, dass sie nicht der einzige Mensch auf der Welt war, der in Sachen Beziehungen nicht auf Anhieb das große Glück gefunden hatte. Gespannt darauf, wie sich Dr. Olivers Liebesleben weiterentwickelt hatte, nahm sie den nächsten Ordner und war enttäuscht zu sehen, dass sie wieder bei Studienunterlagen angelangt war. Sie suchte weiter, Ordner für Ordner, Karton für Karton. Es konnte doch jetzt nicht einfach so aufhören? Nach diesen interessanten Entwicklungen in seinem Leben? Sollte der Rest der Papiere wieder nur aus Patientenakten und langweiligen Notizen zu Büchern, die er las, oder Filmen, die er sah, bestehen? Wo waren die Liebesgeschichten, die echten Dramen? Hannah musste zwischendurch selbst über sich lachen, mit welcher Hingabe sie sich durch die Unterlagen grub, obwohl sie morgens noch gedacht hatte, sie käme hier keinen Schritt weiter und müsste sich dringend den Möbeln widmen.

Als ihr Telefon klingelte, war sie fast enttäuscht, unterbrochen zu werden, obwohl sie immer noch keine neuen Hinweise auf Liebesbriefe gefunden hatte. Erstaunt sah sie, dass es Cahal war, der sie anrief. Ihr Herz schlug schneller, sie freute sich.

»Wie geht es dir?«, fragte er gut gelaunt.

»Dr. Oliver und ich lernen uns gerade ein bisschen besser kennen«, sagte sie. »Und wie geht's dir?«

»Entschuldige, dass ich nicht geblieben bin. Ich wollte noch mit dir reden, aber du warst schon eingeschlafen …«

»Kein Problem«, sagte Hannah schnell. Sie wollte nicht, dass er dachte, sie hätte auch nur eine Sekunde lang mehr von ihm erwartet.

»Wirklich. Ich musste heute Morgen früh raus und außerdem noch ein paar Sachen vorbereiten. Es ist immer so viel zu tun, wenn man aus dem Urlaub zurückkommt. Da ist die ganze Erholung nach einem Tag Arbeit schon wieder weg.«

»Ah, ja«, murmelte sie und bekam mit einem Mal Angst vor dem, was er ihr wohl wirklich zu sagen hatte. Kam jetzt ein angestrengtes, peinliches Gespräch darüber, dass es besser wäre, sich nicht mehr wiederzusehen? Würde er ihr jetzt erzählen, dass er zu Hause Frau und Kinder hatte?

»Sag mal, Hannah? Ich will dich wirklich nicht überrumpeln, aber nur für den Fall, dass du heute …« Er zögerte. »Na ja. Oder morgen, oder übermorgen … Mein Gott, ich klinge wie eine Klette. Aber ich würde dich wirklich gern wiedersehen. Was meinst du? Oh, warte, bevor du antwortest. Mir ist da nämlich etwas eingefallen. Es hat mit deiner ehemaligen Chefin und dieser ganzen Sache zu tun, und darüber würde ich sehr gern mit dir reden. Siehst du, es gäbe sogar einen total vernünftigen Grund, sich zu treffen. Und ich habe keine Ahnung, warum ich gerade so viel rede. Ich sag jetzt besser erst mal gar nichts mehr.«

Hannah musste lachen. Sie fühlte sich erleichtert. Natürlich auch geschmeichelt, aber wenn sie ehrlich war, hatte sie natürlich doch irgendwie darauf gehofft, ihn wiederzusehen. »Klingt in der Tat so, als könnte ich nicht anders, als dein Angebot anzunehmen. Wann passt es dir denn?«

Er wirkte überrascht. »Oh, du willst mich wirklich wiedersehen? Wow.« Im Hintergrund rauschte es, so als würde er aus dem Auto anrufen. »Also, ich kann es mir einrichten. Soll ich jetzt gleich vorbeikommen?«

»Jetzt schon?«

»Es ist nach sieben.«

Sie hatte nicht bemerkt, wie schnell es so spät geworden war. Der Tag war an ihr vorbeigerauscht, sie hatte nicht einmal etwas gegessen. Und sie konnte etwas Bewegung gebrauchen. »Treffen wir uns in Bandon? Gibt es da irgendwas Asiatisches zu essen? Darauf hab ich gerade Lust.«

Er nannte ihr die Adresse eines chinesischen Restaurants, wo sie sich in anderthalb Stunden treffen könnten. Hannah legte auf und sah auf die Uhr. Sie könnte noch eine Stunde arbeiten. Andererseits wusste sie schon jetzt, dass ihre Konzentration dahin war. Sie notierte sich, welche Ordner sie durchgesehen hatte, und ging anschließend in den Garten hinter dem Haus, um ein wenig nachzudenken.

Sie trafen sich also wieder, Cahal und sie. Was bedeutete das? Meinte er es doch ernst mit ihr? Und wie stand sie dazu? War sie nur auf der Suche nach Ablenkung, um den Schmerz, die Enttäuschung durch Matthew zu vergessen? Was wollte sie überhaupt? War jetzt der richtige Zeitpunkt, eine Entscheidung zu treffen? Sie ging einen der alten Gartenwege entlang, vorbei an der Bank, auf der sie mit Cahal gesessen hatte, weiter zu den Weiden, die über das Gartenhaus wachten. Worüber machte sie sich eigentlich Gedanken? Sie traf sich mit einem Mann. Sie mochte ihn, und offenbar mochte er sie auch. Sie musste nicht heute, nicht einmal morgen entscheiden, was daraus werden würde. Warum konnte sie sich nicht einfach entspannen?

Da fiel ihr ein, wie Daniel im Pub auf Cahal reagiert hatte. Ging es bei den beiden wirklich um eine alte Familienfehde? Oder war doch etwas zwischen ihnen vorgefallen? Hannah wusste nicht genau, warum, aber sie konnte sich nicht vorstellen, dass Daniel, der so nett und offen und freundlich wirkte, wegen alter, längst vergangener Geschichten schlecht über jemanden sprach. Andererseits, wie gut kannte sie Daniel? Sie kannte diesen Garten und glaubte, darin etwas zu sehen, das ihr etwas über ihn und über Dr. Oliver erzählte. Aber bildete sie sich da nicht nur etwas ein?

Hannah seufzte. Sie wusste nicht, was sie denken und fühlen sollte und hatte den Eindruck, der kleine Gang durch den Garten verwirrte sie nur, statt ihr zu klareren Gedanken zu verhelfen. Sie stand vor dem Gartenhaus, lehnte sich an die Tür, strich mit den Fingern über das Holz. Dann schloss sie die Augen und konzentrierte sich nur auf das, was sie hörte, was sie roch, fühlte den leichten Wind auf ihrer Haut und in den Haaren. Sie sog den Duft der fünf Weiden ein, lauschte dem Rascheln der Blätter, stellte sich vor, dass sie gleich einen schönen Abend verbringen würde. Als vor ihrem geistigen Auge Daniel erschien, nicht Cahal, zuckte sie zusammen.

Hatte es also doch mehr zu bedeuten, dass er so schlecht auf Cahal zu sprechen war? Oder war sie nur übertrieben misstrauisch wegen dem, was sie mit Matthew durchgemacht hatte?

War es andererseits nicht völlig normal, dass sie jetzt an Daniel dachte, wenn sie hier stand – es war schließlich irgendwie sein Garten! Oder gefiel ihr Daniel doch ein wenig mehr, als sie sich eingestehen wollte? Sie dachte mit einem kleinen Schauer: Was, wenn ich mit dem Falschen im Bett war?

Schnell schüttelte sie den Gedanken ab und ging zurück ins Haus, um ihre Sachen zu holen. Dann schloss sie wieder sorgfältig ab und fuhr mit dem Wagen nach Bandon.

Diesmal war sie etwas früher im Restaurant als Cahal. Sie checkte ihre Mails auf dem Smartphone. Nichts von der Kanzlei, aber vermutlich wartete man dort erst einmal auf eine Reaktion von ihr. Zadie hatte ihr geschrieben, sie mache sich etwas Sorgen, ob sie das von Matthews Verlobung besser nicht hätte sagen sollen? Ihre Mutter hatte ihr ein Foto von ihrem Vater geschickt, der wieder verwundert in die Kamera schaute und diesmal ein großes Foto von einem Riesentukan vor sich liegen hatte. »Musste erst an die Guinnesswerbung und dann natürlich sofort an dich denken«, schrieb Caroline. Hannah lächelte.

»Wie schön zu sehen, dass es dir heute so gut geht«, sagte Cahal, küsste sie auf die Wange und setzte sich zu ihr.

»Hi. Meine Mutter hat mir gerade etwas Lustiges geschrieben.« Sie steckte das Telefon ein und betrachtete ihn. Er wirkte entspannt und fröhlich, erzählte von seinem Tag, den Bergen von Arbeit, die sich angesammelt hatten. Sie bestellten Essen, und er sprach weiter, ganz so, als würden sie sich schon lange kennen, als gäbe es keine Unsicherheiten zwischen ihnen. Als wäre es ganz normal, dass sie letzte Nacht miteinander im Bett gewesen waren. Hannah versuchte, sich ebenso zu entspannen. Aber sie brauchte noch etwas Zeit.

Er fragte Hannah nach ihrem Tag. Sie wusste nicht, ob sie ihm von den Liebesbriefen erzählen sollte. Sie fand es dem Verstorbenen gegenüber nicht richtig, eigentlich waren diese Dinge viel zu intim. Außerdem wollte sie nicht mit Cahal über große Gefühle reden. Sie hatte Angst davor, er könnte sie missverstehen und denken, sie sei eine große Romantikerin und würde zu viel von ihm erwarten – obwohl er es doch gewesen war, der sie angerufen hatte, obwohl er doch so viel gelöster und zugewandter war als sie … Sie merkte, dass sie in Wirklichkeit noch größere Angst davor hatte, an Matthew zu denken oder gar von ihm zu erzählen. Diese Beziehung blockierte sie noch immer, machte sie offenbar übermäßig misstrauisch und ließ nicht zu, dass sie sich einfach öffnete. Also sprach sie nur von den Möbeln, die sie irgendwie ins Haus bringen musste, und fragte ihn, ob er ihr jemanden empfehlen könne, der ihr gegen Bezahlung dabei half. Im Ort gab es doch bestimmt ein paar kräftige junge Männer, die sich etwas dazuverdienen wollten?

»Soll ich dir helfen?«, fragte Cahal. »Wir könnten einfach so tun, als sei ich ein kräftiger junger Mann.«

Sie lachte. »Bestimmt können wir das. Aber nachdem ich heute gesehen habe, welche Mengen an Möbeln hin- und hergeräumt werden müssen …« Sie erzählte von den Sachen, die auf dem Speicher standen, und dass sie noch überlegte, wie sie am besten vorging. »Vielleicht ein paar starke Lampen raufbringen lassen. Das sollte jedenfalls einfacher sein, als alles herunterzuschleppen.«

Cahal dachte kurz nach. Dann sagte er: »Ich kenne jemanden in Cork, der eine Filmproduktion hat. Bei ihm arbeiten zum einen kräftige junge Männer, die sich gern was dazuverdienen, und zum anderen hat er Leuchten, mit denen man ganze Fußballstadien bis in den letzten Winkel hell bekommt. Wäre das was?«

»Klingt grandios!«

»Ich sag ihm gleich Bescheid.« Cahal nahm sein Smartphone und fing an, eine Nachricht zu tippen.

»Danke«, sagte Hannah und freute sich darüber, wie selbstverständlich er ihr half. Hoffentlich tat er es nicht nur, um sie zu beeindrucken, dachte sie, aber schon im selben Moment ärgerte sie sich über ihr Misstrauen. Als er die Nachricht abgeschickt hatte, sagte er: »Ich wollte ja noch über etwas anderes mit dir reden.«

»Aha?« Sie versuchte, sich nicht zu verkrampfen.

»Ich weiß, es ist ein unangenehmes Thema. Aber die Klageandrohung steht nun mal im Raum.« Er machte eine kurze Pause und sah sie an. »Oder wollen wir lieber nicht darüber reden?«

»Doch. Natürlich. Ich muss mich dem schließlich stellen.«

Cahal nickte. »Es gibt keine Alternative, oder?«

Sie schüttelte den Kopf. »Soweit ich mitbekommen habe, versuchen sie gerade alles, um die Anschuldigungen, die Gutachter seien gekauft worden, als Lügen hinzudrehen. Da käme es natürlich genau recht, wenn ich in der Zeit eine Klage am Hals hätte. Ich wäre keine glaubwürdige Zeugin mehr, oder zumindest könnten sie versuchen, es so aussehen zu lassen. Sie werden in meiner Vergangenheit nach Dreck wühlen und mich mit den widerlichsten und schlimmsten Dingen konfrontieren, von denen ich gar nicht wusste, dass ich sie jemals gesagt oder getan habe.« Hannah seufzte. »Die Alternative wäre vielleicht, auszuwandern.«

Cahal grinste. »Ist Irland denn weit genug weg?«

Sie lächelte traurig. »Wenn man Laura Blankley entkommen möchte, müsste es schon ein anderes Universum sein, damit sie einen nicht findet. Obwohl, finden würde sie mich selbst in einem anderen Zeitalter. Aber dann würde sie die Kosten für die Zeitmaschine gegen die Prozesskosten und den zu erwartenden Gewinn aufrechnen und am Ende Abstand davon nehmen.«

»Wie gut, dass Zeitmaschinen noch so teuer sind. Du hättest eine Chance.«

»Hast du einen Vorschlag, in welches Jahrhundert ich mich stürzen soll?«

Er schüttelte den Kopf. »Nein. Bleib hier. Ich weiß etwas Besseres. Alte Journalistenweisheit: Wenn du mit dem Rücken zur Wand stehst, hilft nur noch die Flucht nach vorn.«

»Das soll eine Journalistenweisheit sein?«

Er hob die Schultern. »Spätestens jetzt ist es eine.«

»Was meinst du mit ›Flucht nach vorn‹?«

Cahal lehnte sich vor und nahm ihre Hand. Er sagte eine Weile nichts, sah nur gedankenverloren vor sich hin und streichelte ihre Hand. Sie verspürte einen leisen, angenehmen Schauer, Szenen der gemeinsamen Nacht blitzten vor ihr auf. Dann sagte er: »Hör mir erst bis zum Ende zu. Okay?«

Etwas in seiner Stimme verunsicherte sie. Etwas war

komisch. Sie nickte trotzdem und zog ihre Hand zurück. Er starrte ihr hinterher, als spräche er mit der Hand, nicht mit Hannah.

»Bevor sie dich fertigmachen, musst du rausgehen und der Welt klarmachen, worum es wirklich geht. In der öffentlichen Wahrnehmung wird derjenige gewinnen, der zuerst spricht. Alles danach ist nur Reaktion und wird als Verteidigung gewertet. Aber wenn du dich als Whistleblowerin outest und sagst, warum du deine anwaltliche Schweigepflicht verletzen musstest, nämlich weil du für das Gute kämpfst, weil du quasi der Edward Snowden unter den Anwälten bist, dann hast du alle Sympathien auf deiner Seite. Die Journalistin, die zuerst die Geschichte hatte, wird bestätigen, dass sie den Hinweis von dir hatte. Dann bist du die Heldin. Was dann vor Gericht passiert, ist fast zweitrangig, falls es überhaupt noch zu einem Prozess kommt. Vielleicht ziehen sie sich zurück, weil es ihnen nur noch mehr schaden würde.«

Hannah lehnte sich auf ihrem Stuhl zurück und verschränkte die Arme. Die chinesische Bedienung nahm dies offenbar als Aufforderung, den Tisch abzuräumen. Hannah bestellte noch etwas zu trinken. Diesmal Tee, sie wollte einen klaren Kopf bewahren.

»Ich kann das nicht«, sagte sie, als sie wieder unter sich waren. »Ich will nicht an die Öffentlichkeit gehen, ich will auch meinen Namen nicht in der Zeitung lesen. Das ist nichts für mich.«

Cahal nickte, als hätte er mit dieser Antwort gerechnet. »Wenn sie dich verklagen, stehst du auch jeden Tag in der Zeitung. Aber dann nicht als die Heldin, die leider das Gesetz brechen musste, um das einzig Richtige zu tun, sondern als Verbrecherin.«

»Ich kann höheres Rechtsgut geltend machen. Genau das werden sie versuchen zu untergraben, aber ich werde mich darauf berufen.«

»Das ist egal. Was du getan hast und die Gründe dafür werden in den Hintergrund treten. Ich kenne die Macht der Presse und wie man öffentliche Meinung steuern kann. Und ich bin mir sicher, dass du auch ganz genau weißt, was passieren kann.«

Hannah spürte, wie ihr Herz raste. Sie sah bereits vor sich, was er meinte. Zwar würde sie nicht auf die Titelseiten kommen, aber wenn es eine Berichterstattung über ihren Prozess gäbe, dann wäre diese möglicherweise nicht gerade günstig für sie. Sie hatte lange genug miterleben dürfen, wie die Partner der Kanzlei und auch alle anderen Anwälte versuchten, die Presse zu steuern. Auf ewig würde im Netz und in den Zeitungsarchiven über sie zu lesen sein, dass sie illoyal war, Gesetze gebrochen hatte, dass man ihr einfach nicht vertrauen konnte. Dass sie der Kanzlei und dem Mandanten schwer geschadet hatte. Es würde vielleicht sogar heißen, dass gar nicht die Gutachten falsch waren, sondern sie sich das alles nur ausgedacht hatte. Ja, das konnte alles passieren.

Aber Cahal bot ihr an, die Geschichte so zu erzählen, wie sie richtig war. Sie hörte ihn sagen, dass er beste Verbindungen zu anderen wichtigen meinungsmachenden Medien hatte. Er würde sie an die richtigen Leute vermitteln, und sie könne sich darauf verlassen, dass alles genau so dargestellt wurde, wie sie es wollte.

»Es geht nicht darum, was ich will«, sagte Hannah. »Es geht nur um die Fakten. Die dürfen nicht verdreht werden.«

»Das meine ich doch«, sagte Cahal. »Ich kann verstehen, dass du zögerst. Es würde ein ziemlicher Medienrummel werden, wenn du es machst. Aber es würde dir nützen, der ganzen Sache. Du hast das damals doch getan, um Korruption aufzudecken und Menschenleben nicht zu gefährden. Das ist der Kampf, den du führst. Bei dem will ich dich unterstützen.«

Sie sah ihn forschend an, betrachtete sein Gesicht, versuchte, seinen Blick zu deuten, wollte etwas finden, das sie an seiner Aufrichtigkeit zweifeln ließ, aber da war nichts. Er saß da und schien mit voller Überzeugung zu sprechen, schien sich wirklich um sie zu sorgen, ihr helfen zu wollen. Ihr berufsbedingtes Misstrauen, das sie sich als Anwältin antrainiert hatte, geriet ins Wanken.

»Du hast recht«, sagte sie schließlich. »Ich brauche wirklich Zeit, um darüber nachzudenken.«

Er nickte langsam und bedächtig, legte seine Hand mit der Handfläche nach oben auf den Tisch und sagte: »Ich bin da. Wenn du es willst.«

THOMAS

Mein Vater zögerte seine Untersuchung absichtlich hinaus. Erst an Silvester hatte ich ihn so weit, dass er mir nicht sofort weglief, als ich mit meinem kleinen, noch sehr studentischen Arztköfferchen in die Bibliothek kam. Ich war froh, ihn eine Weile für mich allein zu haben, und hoffte, wir würden über Patrick reden. Stattdessen sprach er mich auf Kathleen an.

»Wann lernen wir ihre Eltern kennen?«, wollte er wissen.

»Spätestens bei unserer Hochzeit. Dadurch, dass nun alles so schnell gehen muss, weiß ich nicht, ob wir vorher noch ein Treffen organisieren können.«

»Warum verbringt ihr nicht wenigstens ein paar Tage der Weihnachtsferien bei ihnen?«

»Sie haben ein kleines Haus, und …« Mit einem Mal schaffte ich es nicht mehr zu lügen. Also sagte ich lieber gar nichts.

Vater sah mich durchdringend an. »Du bist nicht gern bei ihnen, richtig?«

Ich schüttelte den Kopf.

»Dafür ist Kathleen umso lieber bei uns.« Er klang darüber nicht sehr begeistert, und ich sah ihn verwundert an. »Tom, versteh mich nicht falsch. Kathleen ist ein tolles Mädchen. Aber ich bin nicht gerade begeistert über eure Heirat.«

Seine Offenheit erschütterte mich. Ich sagte nichts, wartete ab, dass er weitersprach.

»Mein Eindruck ist, dass sie vor allem das Drumherum in deinem Leben liebt und möglicherweise nicht ganz so sehr den Blick dafür hat, was für ein Mensch du bist.«

Mir blieb fast der Mund offen stehen. So hatte ich meinen Vater noch nie reden hören. »Du meinst, sie ist nur hinter meinem Geld her? Das ich möglicherweise eines Tages verdiene ... oder erbe?«

Jetzt schüttelte er den Kopf. »Sie liebt Thomas, den angehenden Arzt, Thomas, den Sohn aus wohlhabendem Hause. Aber kennt sie dich wirklich, den Menschen dahinter? Deine verletzliche Seele, deine melancholischen Momente?«

Ich wusste nicht, was ich entgegnen sollte.

»Junge, ich wünsche dir nichts mehr, als dass du glücklich wirst. So, wie die Dinge liegen, müsst ihr natürlich heiraten. Ich möchte von dir deshalb wissen, ob du glaubst, dass du die ganze Situation wirklich durchstehst. Es wird nicht einfacher, wenn ein Kind da ist.«

Bot er mir da zwischen den Zeilen einen Ausweg, falls ich Kathleen doch nicht heiraten wollte? Was sollte ich erwidern? Als er keine Antwort bekam, nickte er nur nachdenklich und knöpfte sich das Hemd auf. Die Untersuchung konnte beginnen.

Eine halbe Stunde später wusste ich, dass er nicht mehr sehr lange zu leben hatte. Sein Herz war schwach und schlug nicht so regelmäßig, wie es sollte. Er teilte mir ruhig und sachlich mit, dass er sich dessen schon seit längerer Zeit bewusst sei. Er wolle nicht zum Arzt, man könne ihm ohnehin nicht helfen. Ich erzählte ihm von Medikamenten und Therapien, aber er winkte nur ab. Ich bekniete ihn förmlich, sich behandeln zu lassen, doch es half alles nichts. Vater blieb stur. Als er sich wieder angezogen hatte, sagte er: »Wie sicher bist du dir eigentlich mit der Schwangerschaft?«

Jetzt starrte ich ihn entgeistert an und forderte ihn auf, mir zu erklären, was er damit andeuten wolle. Dass ich nicht der Vater des Kindes sei?

Er meinte etwas anderes. Kathleen mache auf ihn nicht den Eindruck, schwanger zu sein. »Deine Mutter hat drei Kinder bekommen, man hat es ihr bereits im frühesten Stadium angemerkt, jedes Mal.«

»Es gibt Frauen, die merken nicht einmal, dass sie schwanger sind, bis sie in den Wehen liegen«, sagte ich. »Jede Frau reagiert anders.«

»Ich weiß. Es ist auch nur so ein Gedanke.«

»Vater, wie kommt es, dass du Kathleen gegenüber so misstrauisch bist? So kenne ich dich gar nicht. Ich dachte wirklich, du freust dich darüber, eine Schwiegertochter zu bekommen. Und gleich noch ein Enkelkind.«

Langsam ließ er sich in einen Sessel sinken, er wirkte wie ein alter, gebrechlicher Mann. »Nun, ich weiß, dass ich nicht mehr viel Zeit habe. Ich fürchte, deshalb verschwende ich sie nicht mehr auf Höflichkeiten. Der Verdacht, sie sei nicht schwanger, kommt im Übrigen von deiner Mutter. Du solltest mit ihr darüber reden.«

Einen Moment lang musste ich mich sammeln. Dann sagte ich: »Weiß Mutter, wie es gesundheitlich um dich steht?«

»Sie ahnt es.«

»Dann kann ich mit ihr darüber reden?«

»Nein. Das ist meine Sache.«

Kopfschüttelnd verließ ich die Bibliothek und suchte meine Mutter. Ich fand sie im ersten Stock in ihrem Zimmer, wo sie am Schreibtisch saß und Briefe schrieb.

»Es geht ihm nicht gut«, sagte sie, als sie mich sah.

»Er will nicht, dass ich mit dir darüber spreche.«

Seufzend winkte sie ab. »Ich kann es mir denken.«

Ich sah, dass ihre Augen schwammen. »Du musst noch mal mit ihm reden. Er gehört in ein Krankenhaus.«

»Ich habe schon alles versucht.« Sie wandte sich von mir ab und schüttelte den Kopf.

Ich zögerte, aber dann fragte ich sie: »Vater meinte, du wolltest mir noch etwas über Kathleen sagen?«

Meine Mutter tupfte sich mit einem Taschentuch die Augenwinkel, dann winkte sie mich zu sich. Ich lehnte mich an den Schreibtisch und beugte mich etwas zu ihr hinab.

Sie erzählte mir im Flüsterton, wie sie zufällig beobachtet hatte, dass Kathleen ihr Monatshöschen trug. Kathleen und ich schliefen natürlich in getrennten Zimmern, und ich wusste nicht, ob meine Mutter aus

Neugier oder wirklich durch Zufall etwas beobachtet hatte. Ehrlich gesagt, wollte ich es auch gar nicht wissen.

»Und du bist dir ganz sicher?«, fragte ich mit vor unterdrückter Wut bebender Stimme.

»Tom, ich würde dir nie im Leben so etwas sagen, wenn ich mir nicht zu hundert Prozent sicher wäre«, antwortete Mutter, immer noch flüsternd. »Ich habe es gesehen, und ich habe sie daraufhin genau beobachtet. Es gibt keinen Zweifel.«

Stumm verließ ich das Zimmer und ging über den Flur zu dem Raum, den Kathleen bewohnte. Ich riss die Tür auf, öffnete den Schrank, durchwühlte alle ihre Sachen. Sie musste mich gehört haben, ich weiß nicht, wo sie vorher gewesen war. Mit einem Mal stand sie hinter mir und schrie mich an, ich solle sofort das Zimmer verlassen. Ich hielt ihr, fast schon triumphierend, die verräterischen Utensilien hin, die ich gefunden hatte, und sie wurde ganz still.

»Warum?«, fragte ich sie.

»Es kann immer etwas passieren, auch in der Schwangerschaft«, sagte sie leise.

»Kathleen, lüg mich nicht an.«

»Als Mediziner weißt du doch, dass …«

»Ja, das weiß ich. Ich glaube aber, dass es andere Gründe dafür gibt, warum du all diese Sachen mit auf Reisen genommen hast.«

Sie schwieg. Ich ließ sie stehen, ging nach unten, wartete im Wohnzimmer, was passieren würde. Ich dachte, sie würde hinter mir herkommen, sich erklären.

Vielleicht weiter behaupten, schwanger zu sein. Aber es geschah eine ganze Weile nichts. Dann hörte ich die Stimme meiner Mutter, und ganz leise glaubte ich, auch Kathleen zu hören. Kurz darauf schlug die Haustür zu, und ein Motor sprang an.

Meine Mutter kam ins Wohnzimmer und setzte sich zu mir aufs Sofa. »Sara ist so nett und fährt Kathleen zum Bahnhof.«

»Was hat sie noch gesagt?«, fragte ich düster.

Mutter nahm meine Hand und drückte sie. »Sie sagte nur, es tue ihr leid. Sie hätte wirklich gedacht, schwanger zu sein. Sie war allerdings nur eine Woche überfällig, und da hatte sie es dir schon gesagt. Danach hatte sie sich nicht getraut, dir die Wahrheit zu sagen. Sie schwört, dass es keine böse Absicht war.«

»Sie hätte mit mir reden müssen.«

»Ja.«

»Sie hätte sich entschuldigen müssen.«

»Sie schämt sich sehr.«

»Dazu hat sie allen Grund.«

Mutter drückte meine Hand fester und seufzte. »Ich wünschte, ich könnte irgendetwas für dich tun.«

Ich zog meine Hand weg und stand auf. »Etwas für mich tun?« Langsam ging ich im Raum auf und ab, dann sagte ich leise: »Du hast mich vor eine Katastrophe gerettet.«

»Du hast sie nicht richtig geliebt, hab ich recht? Und jetzt hast du ein schlechtes Gewissen, weil du im Grunde erleichtert bist?«

Wie gut sie mich kannte! Ich nickte. »Ja«, sagte ich

schließlich. »Ich bin ungemein erleichtert. Und ich darf gar nicht daran denken, was geschehen wäre, wenn sie wirklich schwanger …« Ich hielt inne. »Hätte ich mein Kind lieben können? Hätte ich gelernt, Kathleen zu lieben? Ich habe mir immer Mühe gegeben, ihre Gefühle zu erwidern. Ich mag sie, ja, aber …« Ich verstummte.

»Du brauchst jetzt Zeit. Soll ich dich allein lassen?« Meine Mutter wartete ab, bis ich zögerlich nickte, dann verließ sie leise den Raum.

Ich ging zum Fenster, blieb davor stehen und starrte stumpf vor mich hin. Ich brauchte eine Weile, um zu verstehen, was geschehen war. Statt mit einer Frau in das neue Jahr zu gehen, die ich nicht richtig liebte, aber bald heiraten würde, weil sie von mir ein Kind bekam, war ich nun wieder so frei und unabhängig, wie ich es mir die ganze Zeit über heimlich gewünscht hatte. Nie wieder, schwor ich mir, durfte ich einen solchen Fehler begehen. Nie wieder durfte ich mich auf eine Frau einlassen, die ich zwar mochte, aber nicht liebte. Was wäre aus meinem Leben geworden? Wann hätte sie mir gesagt, dass sie gar nicht schwanger war? Nach der Hochzeit? Und hätte sie mir dann vorgelogen, sie hätte das Kind verloren?

Ich wäre mit einer Lüge in diese Ehe gegangen. Nein, mit zwei Lügen. Der Lüge einer vorgetäuschten Schwangerschaft und der Lüge einer vorgetäuschten Liebe.

Ich dachte noch gar nicht daran, meinem gesamten Bekanntenkreis erklären zu müssen, dass die Hochzeit nicht stattfinden würde. Das war mir an diesem Tag egal. Das Gefühl, frei zu sein, das Gefühl, nun würde mein Leben erst wieder richtig verlaufen können, sickerte langsam zu mir durch und war schließlich so überwältigend – ich konnte an kaum etwas anderes denken. Ich hatte gar nicht richtig gemerkt, wie sehr mich das alles fast erstickt hätte. Mir war danach, Champagner zu trinken und laut zu jubeln. Noch bis Mitternacht hielt ich durch, dann tat ich genau das: Ich trank und feierte, als hätte ich einen Preis gewonnen, und irgendwie hatte ich das ja auch: meine Freiheit.

Als meine Eltern und Charles schon schliefen, schlich ich mich zur Hintertür hinaus und ging zum Gartenhaus. Bei Sara brannte noch Licht. Ich klopfte sachte an die Tür und gab mich zu erkennen, damit sie nicht erschrak. Als sie öffnete, sah ich, dass sie sich noch nicht zum Schlafen umgezogen hatte.

»Kommen Sie herein«, sagte sie. »Sonst erfrieren Sie noch.«

Ich schüttelte den Kopf. »Ich wollte nur ein frohes neues Jahr wünschen.«

Überrascht sah sie mich an. »Danke, Ihnen auch, aber ich dachte, Sie wollten wissen, was Ihre Verlobte … oder Exverlobte … mir auf dem Weg zum Bahnhof erzählt hat.«

Jetzt war ich überrascht. Darüber hatte ich noch gar nicht nachgedacht. »Sie hat Ihnen etwas erzählt?«

»Nicht viel. Nur, dass sie eine große Dummheit begangen hat und hofft, Gott würde sie dafür nicht allzu sehr bestrafen.«

»Ah ja.« Mehr fiel mir nicht ein.

»Sonst hat sie nichts weiter gesagt, nur geweint. Als wir am Bahnhof waren, schien sie sich aber so weit wieder gefasst zu haben.«

»Vielleicht hätten wir sie nicht einfach so gehen lassen dürfen.«

»Ich hatte den Eindruck, sie wollte ganz dringend von hier weg, und jede weitere Minute wäre nur eine Qual für sie gewesen.«

Wahrscheinlich hatte Sara recht. Ich dankte ihr, wünschte ihr noch einmal ein frohes neues Jahr. Obwohl ich fror, wollte ich noch nicht zurückgehen. Ich wollte mit ihr ins Gartenhaus und die ganze Nacht bleiben, nie wieder eine andere Frau berühren als Sara. Vielleicht sah sie es mir an, jedenfalls machte sie einen Schritt auf mich zu. Sie wollte die Tür schließen, aber ich ergriff die Gelegenheit und küsste sie. Dann drehte ich mich um und rannte zurück ins Haus.

Für mich hatte das Jahr 1942 besser begonnen, als ich es mir zu wünschen gewagt hätte. In den nächsten Tagen erschien Sara öfter im Haus, blieb häufiger in meiner Nähe, lächelte mich an, wenn es niemand sah. Lag es an meinem Kuss? Oder war ich begehrenswerter für sie geworden, nachdem ich fast eine andere Frau geheiratet hätte? War ihr nun doch klar geworden, dass sie mich mehr als nur mochte? Ich hatte nur noch wenige Tage, die ich bleiben konnte, weil ich wegen meiner Promotion zurück nach Dublin musste. Aber ich fuhr mit einem erfüllten Herzen und war beschwingt vor Glück. Ich promovierte als Bester meines

Jahrgangs, bekam sogleich eine hervorragende Stelle angeboten und glaubte mich schon von Fortuna zu sehr verwöhnt, als im August aus Bandon die Nachricht kam, dass es meinem Vater sehr schlecht ginge.

Er hatte sich endlich überreden lassen, in ein Krankenhaus zu gehen. Auch Charles war gekommen, und wir besuchten Vater in Cork und verbrachten viel Zeit mit unserer Mutter. Eine Operation war geplant, ich unterhielt mich lange mit dem Chirurgen, der sie durchführen wollte. Danach versuchte ich, Vater davon zu überzeugen, die Operation in Dublin durchführen zu lassen. Der Arzt in Cork hatte längst nicht die Erfahrung, die die Kollegen in Dublin mitbrachten. Aber es hieß, mein Vater würde die Reise nicht überstehen. Ich rief in Dublin an, weil ich wollte, dass jemand nach Cork kam, um die Operation hier durchzuführen. Es hieß, dies sei erst in zwei oder drei Wochen möglich.

Sara stand uns bei und half meiner Mutter, wo sie konnte. Manchmal, wenn wir allein waren, durfte ich ihre Hand nehmen. Manchmal ließ sie sich von mir küssen. Wenn ich ihr so nah war, fühlte ich mich im Himmel und vergaß fast, wie es um meinen Vater stand.

Bis sich die Ereignisse überschlugen: Der Zustand meiner Vaters verschlechterte sich rapide, sodass operiert werden musste, bevor einer der Spezialisten aus Dublin eingetroffen war. Und während wir ängstlich warteten, wie die Operation verlaufen würde, erhielt Sara die Nachricht, dass ihr Mann im nordfranzösischen Dieppe gefallen war. Ich fühlte mich entsetzlich, weil ich merkte, wie ich mich darüber freute. Sie war jetzt frei! Ihr Mann stand uns nicht mehr im Weg! Als man uns dann noch mitteilte, mein Vater hätte die Operation gut überstanden, glaubte ich wirklich, es sei mein Glückstag. Aber Sara reagierte ganz anders, als ich es erwartet hätte. Sie schien wirklich zu trauern und zog sich von mir zurück.

Charles und ich blieben weiter in Bandon, weil unsere Eltern uns brauchten. Wir besuchten Vater jeden Tag im Krankenhaus, und sein Zustand besserte sich langsam. Ebenfalls jeden Tag kämpfte ich zu Hause um Sara, damit sie mir nicht ganz entglitt. Ich hielt mich zurück, bedrängte sie nicht, gab ihr aber unaufdringlich zu verstehen, dass ich für sie da war.

Meine Mutter erzählte mir, dass Sara ihren Mann vor seinem Tod noch gesehen hatte. Anders als Patrick hatte er sich immer wieder gemeldet, und Ende Juli hatte er Fronturlaub bekommen, weil sein Vater gestorben war. »Vielleicht hilft ihr das«, sagte Mutter, und ich fragte mich, warum ihr das helfen sollte oder wobei, sagte aber nichts. Ich verspürte vielmehr brennende Eifersucht, als ich davon erfuhr.

Sara verbrachte in den kommenden Tagen viel Zeit außer Haus, vielleicht bei der Familie ihres Mannes. Sie sprach nicht darüber. Ich hatte wahrhaftig keine Langeweile, aber in ihrer Abwesenheit fühlte ich mich leer und allein. Ich war froh, als sie wieder im Gartenhaus wohnte und jeden Tag bei uns war, auch wenn wir uns nicht mehr so nah waren. Mir blieb die Hoffnung, dass es bald wieder so sein würde.

Mitte September durfte Vater nach Hause kommen. Er würde noch einige Zeit liegen müssen und Pflege brauchen, weshalb ich mich bereit erklärte, länger zu bleiben. Die Stelle, die man mir in Dublin angeboten hatte, musste warten.

Ende des Monats kam die schreckliche Nachricht, dass Patrick in Tobruk gefallen war. Wir hatten Sorge, Vater würde es nicht überleben, wenn er davon erfuhr. Also warteten wir, bis er stabiler war, und sagten es ihm dann erst. Wie wir befürchtet hatten, warf ihn der Tod seines jüngsten Sohnes um einige Wochen in seiner Genesung zurück, und ich sagte schließlich meine Anstellung ganz ab, um bei meinen Eltern sein zu können.

Es war eine schreckliche Zeit, dabei hatte das Jahr so gut angefangen. Jeden Tag fürchteten wir um das Leben meines Vaters und kamen gar nicht richtig dazu, um Patrick zu trauern. Einmal sagte Charles: »Patrick hat Vater krank gemacht«, und weder Mutter noch ich erwiderten etwas, weil wir wohl beide dachten, dass er recht hatte. Dass sein Sohn als Deserteur betrachtet wurde, hatte ihn nicht so sehr belastet als vielmehr die Ungewissheit über seinen Verbleib – am meisten aber der Gedanke, Patrick in diesen Krieg getrieben zu haben. Er warf sich vor, zu hart mit ihm ins Gericht gegangen zu sein. Hatte Patrick ihm etwas beweisen wollen, war er aus Trotz dem Vater gegenüber in den Krieg gezogen? Oder war es das Gegenteil – hatte Patrick zeigen wollen, dass er sich für die richtige Seite entschied, gegen das Böse kämpfte und sich dabei auch noch gegen De Valera und dessen Armee entschied, indem er desertierte und zu den Briten ging?

Charles, Mutter und ich versuchten, Vater in langen Gesprächen davon zu überzeugen, dass es Patricks freier und fester Wille gewesen war, im Krieg zu kämpfen. Vielleicht war es ein Funke Überlebenswille, der schließlich Vaters Gewissen beruhigte, was seine Genesung wesentlich beschleunigte. Im November schon konnten wir kleine Spaziergänge mit ihm machen, und als einer der Dubliner Spezialisten kam, um ihn sich anzusehen, war dieser sehr zufrieden. Ich unterhielt mich lange mit dem Arzt, und in dieser Zeit reifte mein Entschluss, mich auf Herzchirurgie zu spezialisieren. Ich musste daran denken, wie ich Sara aus Trotz gesagt hatte, dass dies mein Berufsziel sei, und nun war es tatsächlich so gekommen.

Als ich mit meinem Bruder abends bei einem Glas Whiskey darüber sprach, sagte ich im Scherz, dass ich dann vielleicht sogar herausfinden würde, was die Liebe mit dem Herzen zu tun hatte und warum sie häufig so wehtat. Kaum hatte ich es gesagt, hörten wir ein Poltern aus dem Esszimmer. Wir sprangen aus den Sesseln und rannten nach nebenan, dachten schon, nun sei unserer Mutter etwas zugestoßen. Aber es war Sara. Sie lag ohnmächtig auf dem Boden, die schmutzigen Teller, die sie hatte abräumen wollen, waren ihr vom Tablett gerutscht und in tausend Stücke zersprungen. Ich kniete mich neben sie, legte ihren Kopf behutsam in meinen Schoß und fühlte ihren Puls, klopfte ihr leicht auf die Wange, redete ihr gut zu. Endlich öffnete sie die Augen. Sie erkannte mich, und sofort flossen Tränen.

Ich wollte etwas sagen, merkte, dass nun Charles neben uns kniete.

»Sie haben uns ganz schön erschreckt«, sagte er. »Was ist passiert? Sind Sie gestolpert?«

Sie sah zu ihm herüber, lächelte schwach und sagte kaum hörbar: »Ich bin schwanger.«

9.

Sie sah das Blinken des Anrufbeantworters an ihrem Zimmertelefon erst, als sie das Licht ausgemacht hatte. Wer würde sie hier anrufen? Sie hatte niemandem die Durchwahl zu ihrem Zimmer oder auch nur die Nummer der Pension gegeben. Wozu auch, sie hatte schließlich ihr Handy. Zuerst sah sie dort nach, ob es unbeantwortete Anrufe gab, fand aber keine. Dann drückte sie den Knopf auf dem Telefon, um die Nachricht abzuhören.

Es war Daniel, aus dem Pub. Er wollte wissen, wie es ihr ging, ob sie heute Abend noch vorbeikäme. Für den Notfall gab er ihr seine Handynummer. Sie musste lächeln. Notfall?

Sie dachte an gestern Abend, daran, was Cahal gesagt hatte. Dass sich die beiden nicht mochten. Bestand der »Notfall« etwa darin, dass Daniel eifersüchtig war? Oder machte er sich wirklich Sorgen um sie? Hannah hörte die Nachricht ein zweites Mal ab und tippte seine Nummer in ihr Handy. Ein bisschen Ablenkung würde ihr guttun. Mit jemandem zu reden, um auf andere Gedanken zu kommen. Weg von den ernsten Themen. Oder – sie zögerte – rief sie Daniel nur an, um etwas über Cahal herauszubekommen? Etwas, das ihr half, sich zu entscheiden, ob sie ihm vertrauen konnte oder nicht?

»Ist es zu spät?«, fragte sie, als er ranging. Im Hintergrund hörte sie Musik und Stimmen.

»Nein, natürlich nicht.« Daniel klang überrascht, aber erfreut. »Moment.« Er suchte sich einen ruhigeren Ort. »Hannah, wie schön, von Ihnen zu hören. Wie geht's? Kommen Sie noch ins Pub?«

»Ich liege schon im Bett«, lachte Hannah. »Und es liegt auch kein Notfall vor. Ich wollte mich nur melden, weil ich gerade Ihre Nachricht abgehört habe.«

»Ja«, sagte Daniel. »Ja. Ähm, danke.« Offenbar wusste er nicht weiter.

»Wir sehen uns morgen«, sagte sie.

»Hannah?«

»Ja?«

»Ist alles okay?«

»Natürlich. Warum?«

»Wegen …« Er zögerte. »Nur so. Ich dachte, ich frag mal.«

»Fragen Sie alle Ihre Gäste?«

»Nein, also … natürlich möchte ich, dass es unseren Gästen gut geht …« Er seufzte. »Hannah, schlafen Sie gut. Ich wollte nicht stören. Gute Nacht.« Daniel legte auf.

Hannah starrte auf ihr Handy. Okay, hier stimmte wirklich etwas nicht. Daniel wollte ihr offensichtlich etwas mitteilen und wusste nicht, wie er es sagen sollte. Und ziemlich sicher hatte es etwas mit Cahal zu tun.

Ja, wahrscheinlich war er eifersüchtig. Wahrscheinlich dachte er sich: Wäre Cahal nicht aufgetaucht, hätte sich etwas zwischen Hannah und ihm entwickeln können. Sie dachte an ihr Gespräch mit ihm, als er von Thomas Oliver erzählte und sie ihn auf den Garten angesprochen hatte. Wie schüchtern und unsicher sie gewesen war, ihm gegenüber … Ja, was, wenn Cahal nicht aufgetaucht wäre? Sie verstand, dass er enttäuscht war, und gleichzeitig war sie auch traurig, ohne genau zu wissen, warum. Sie beschloss zu warten, bis sie ihn wiedersah, und versuchte einzuschlafen.

Doch der Schlaf kam nicht. Immer wieder musste sie darüber nachdenken, was Cahal ihr vorgeschlagen hatte. Sie kannte die Methoden, mit denen Kanzleien wie die, für die sie noch bis vor Kurzem gearbeitet hatte, vorgingen, fragte sich mittlerweile, wie sie es überhaupt so lange dort ausgehalten hatte. Wahrscheinlich war es Glück oder Zufall gewesen, dass die Fälle, an denen sie mitgearbeitet hatte, sie nie in ein echtes moralisches Dilemma gebracht hatten. Sie hatte hauptsächlich an Verträgen mitgearbeitet, sie erstellt oder geprüft, Mandanten beraten. Aber natürlich wusste sie, dass Laura Blankley alles daransetzen würde, um den Ruf ihrer Kanzlei zu wahren, den Schaden so weit wie möglich zu begrenzen und ihren Mandanten zu schützen. Und wenn das hieß, dass nicht nur Hannahs berufliche Zukunft zerstört, sondern auch sie als Mensch beschädigt werden musste, dann war es eben so. Gab es eine andere Lösung als die, die Cahal ihr eröffnet hatte? Vielleicht war es wirklich der einzige Weg, denn wenn ihre ehemalige Chefin bereits daran arbeitete – oder vielmehr ein ganzes Team hochintelligenter, bestbezahlter Juristen daran arbeiten ließ –, eine Klage gegen sie einzureichen, war normalerweise alles zu spät. Es war schließlich nicht so, dass sich Hannah darauf berufen konnte, vollkommen unschuldig zu sein. Sie hatte Unterlagen eingesehen, die sie nicht hätte einsehen dürfen. Sie hatte gegen ihre Schweigepflicht verstoßen, hatte vertrauliche Informationen weitergegeben … Hannah konnte nicht exakt einschätzen, wie hoch ihre Strafe dafür ausfallen würde. Wie wahrscheinlich die Möglichkeit war, dass man sie freisprach. Das war nicht ihr Fachgebiet, und wenn sie eins im Studium, vor allem aber in der Berufspraxis gelernt hatte, dann, dass die Rechtsprechung manchmal doch stark vom gesunden Menschenverstand abwich und häufig viel damit zu tun hatte, wie gut die jeweiligen Anwälte waren. Und ganz egal, wie das Urteil lauten würde, ihr Name wäre für immer verbrannt, stünde für Unzuverlässigkeit und Verrat, nicht nur als Anwältin, sondern als Mensch.

Hannah hatte furchtbare Angst. Was würde passieren, wenn sie diesen Überraschungsangriff startete? Hätte sie bessere Chancen, weil die Kanzlei darauf nicht vorbereitet war? Es klang logisch, und Cahal hatte recht: Bei den Menschen blieb das hängen, was den größten Effekt produzierte. Für ihre Verteidigung würde sich niemand interessieren, schon gar nicht, wenn der Prozess einmal lief. Aber für eine Art Geständnis, das zeigte, wie sie sich für das Gute eingesetzt hatte?

Nur war das nicht Hannahs Art. Sie wollte keine Öffentlichkeit, keine Aufmerksamkeit, sie wollte ihr Bild nicht in den Zeitungen sehen. Der Gedanke, dass sich dann die Presse auch noch mit ihrem Privatleben beschäftigte, ihre Eltern belästigte, ihre gescheiterte Beziehung mit Matthew ausschlachtete, war ihr noch mehr zuwider. Sie grübelte über diese ausweglose Situation nach, bis sie endlich wirklich einschlief. Als sie wieder aufwachte, war es schon halb elf.

Eilig sprang sie unter die Dusche. Auch wenn sie hier keine festen Arbeitszeiten hatte, wollte sie doch keinen Tag vertrödeln, noch bevor sie richtig mit ihrem Job angefangen hatte. Frühstück gab es um diese Zeit keins mehr, aber sie wollte im Pub vorbeischauen, ob man ihr dort vielleicht schon etwas zu essen machen konnte.

Einer von Daniels Mitarbeitern begrüßte sie und versicherte ihr, sie würde ganz bestimmt nicht hungrig das Haus verlassen müssen. Seufzend setzte sich Hannah an einen Tisch. Das Pub war leer bis auf einen älteren Mann, der in der hinteren Ecke vor dem Spielautomaten saß und offenbar nur den blinkenden Lichtern zusah, ohne Geld hineinzuwerfen. Neben ihm stand ein Glas Cola, eine Zitronenscheibe schwamm in der braunen Flüssigkeit.

»Trockener Alkoholiker und trockener Spieler«, hörte sie Daniels Stimme neben sich.

Sie zuckte zusammen und sah ihn mit großen Augen an. »Jetzt haben Sie mich aber erschreckt.« Sie lachte.

Daniel verzog das Gesicht. »Erst hinterlasse ich

komische Anrufe und rede wirres Zeug, dann erschrecke ich Sie auch noch. Herrje.«

Sie deutete auf den leeren Stuhl an ihrem Tisch. »Das wirre Zeug gestern Nacht. Da ist doch noch etwas, das Sie mir sagen wollen, hm?«

Daniel sah sie lange prüfend und ernst an, setzte sich aber nicht. »Eigentlich nicht.«

»Eigentlich?« Sein ernster Blick verunsicherte sie.

»Ich sollte mich da raushalten.« Sie seufzte. »Schon gut. Sagen Sie mir einfach, was los ist. Bevor Sie platzen.« Hannah hatte gehofft, damit die Ernsthaftigkeit etwas zu lockern, aber Daniels Blick wurde nur noch düsterer.

Endlich setzte er sich zu ihr. »Fünf Minuten, dann lasse ich Sie in Ruhe. Okay?«

»Klingt, als wollten Sie mir wirklich schreckliche Dinge sagen«, antwortete sie verwundert. Sie verschränkte die Arme, wie um sich zu wappnen. Als sie einen unsicheren Blick zur Bar warf, sah sie, wie Daniels Mitarbeiter sich dort alle Mühe gab, so zu tun, als bekäme er nichts mit. Daniel wirkte noch unentschlossen, ob er wirklich sagen sollte, was er sagen wollte. Unruhig rutschte er auf dem Stuhl herum, so als würde er am liebsten gleich wieder gehen.

Hannah zeigte auf den Alten, der immer noch neben seiner Cola saß und auf den blinkenden Automaten schaute: »Das funktioniert?«

Daniel nickte. »Ich bin, ehrlich gesagt, froh, dass er jeden Tag kommt. Wir wissen hier alle Bescheid. Er bestellt immer ein Bier und bekommt immer Cola,

Wasser oder Saft. Aber er bestellt immer Bier. Und wir haben den Automaten so eingestellt, dass man nichts einwerfen kann. Er hängt nur da und blinkt, aber man kann nicht daran spielen. Howard sitzt gern davor, er sagt, wahrscheinlich ging es ihm nie wirklich ums Spielen und ums Trinken, sondern nur ums Hiersein.« Daniel lächelte melancholisch. »Also geben wir ihm ein Zuhause. Aber vielleicht mische ich mich da nur in Dinge ein, die mich nichts angehen.«

Hannah sah ihn an. »Sagen Sie's. Na los.«

Daniel atmete durch. »Hat er Ihnen gesagt, dass er eine Freundin hat?« Er betrachtete sie genau, und Hannah musste sich sehr beherrschen, um nicht zu zeigen, wie sie sich gerade fühlte: tief getroffen. Sie hatte sich vielleicht versucht einzureden, es sei nichts weiter als ein One-Night-Stand, aber offenbar war sie doch weit verwundbarer, als sie es sein wollte.

»Also hat er es Ihnen nicht gesagt. Dachte ich mir.«

»Mal anders gefragt: Warum sollte er mir das sagen? Ich habe nicht vor, ihn zu heiraten.« Sie versuchte, unbeschwert zu klingen.

»Das ginge auch gar nicht. Er ist schon verheiratet«, entgegnete Daniel trocken.

»Was jetzt, hat er eine Freundin, oder ist er verheiratet?« Verunsichert lachte sie auf.

»Schließt sich das aus?«

»Daniel, wollen wir jetzt über Moral reden?«

»Ich will nur, dass Sie wissen, mit wem Sie ausgehen.«

In ihr zog sich etwas zu einem hässlichen, schmerzhaften Klumpen zusammen. Sagte er ihr diese Dinge, um ihr wehzutun? Oder war es die Wahrheit, und sie hatte sich mit dem Falschen eingelassen, hatte nicht genau genug hingesehen, sich zu schnell geöffnet? Trotzdem fragte sie: »Meinen Sie nicht, ich bin schon alt genug?«

Schnell sagte er: »Cahal ist ein Egoist. Und das ist noch freundlich ausgedrückt. Er tut nichts ohne einen triftigen Grund. So wie sein Vater und auch dessen Vater. Liegt wohl in der Familie. Und wenn ich sage, Familie, dann meine ich die großen, wichtigen Keadys, die hier jeder kennt und ohne die natürlich gar nichts laufen würde. Das glauben sie jedenfalls von sich. Sein Vater war Politiker. Sein Großvater auch. Die Sorte Politiker, die es nicht so genau nimmt mit den Werten, dafür umso genauer mit der Macht. Cahal ist der Sohn seiner Vorfahren, durch und durch. Wenn er sich mit Ihnen trifft, dann sollten Sie sich überlegen, ob nicht irgendetwas anderes dahintersteckt als …« Er schien nicht zu wissen, wie er den Satz beenden sollte.

Hannah lachte tief gekränkt auf. »Ach so, Sie meinen, ich sei nicht schön oder klug oder was auch immer genug, als dass er sich für mich interessieren könnte, also meinen Sie, es müsse etwas anderes dahinterstecken?« Sie stand auf, wütend und verletzt, und wollte nur noch gehen. Aber er folgte ihr und packte sie am Arm.

»So ein Unsinn. Ich will nur nicht, dass er …«

Sie riss sich los und stürmte aus dem Pub, setzte sich in ihren Wagen und fuhr los. Sie wollte nicht in das einsame Haus von Dr. Oliver, aber sie konnte jetzt auch nicht in der Pension bleiben. Sie musste raus, irgendwohin, den Kopf freibekommen.

War Cahal wirklich verheiratet? Er lebte in Bandon, hier war er mit ihr ausgegangen, ganz öffentlich. Hätte er nicht Angst haben müssen, dass seine angebliche Ehefrau etwas davon mitbekam? Und was sollte das mit der Freundin? Das stimmte doch alles hinten und vorne nicht. Hannah kam zu dem Schluss, dass sich Daniel alles nur ausgedacht hatte. Was bildete der sich eigentlich ein? Warum glaubte er, sie vor Cahal warnen zu müssen? Und dann auch noch auf so eine billige Art? Was lief zwischen den beiden? Hatte Cahal ihm mal eine Frau ausgespannt? Vielleicht die Freundin, die Cahal im Moment angeblich hatte? Hannah tippte auf männliche Rivalität, auf verletzte Eitelkeiten, auf Hahnenkämpfe. So groß war Bandon nun einmal nicht, und beide Männer waren ungefähr im selben Alter und sahen beide wirklich gut aus. Die Wahrscheinlichkeit, dass sie sich bei den Frauen ins Gehege kamen, war hoch, und vielleicht war Cahal für so manche interessanter, weil er der Herausgeber der Southern News in Cork war, während Daniel in Bandon hinterm Tresen stand und Bier zapfte. Addierte man noch einen Minderwertigkeitskomplex hinzu, was den beruflichen und sozialen Status betraf, hatte Daniel wirklich allen Grund, Cahal nicht zu mögen. Eine kleine Stimme in ihrem Kopf fragte: Aber ist er der Typ dazu? Hannah wusste es nicht. Wenn sie ehrlich war, kannte sie weder Cahal noch Daniel gut genug, um sich wirklich ein Urteil zu bilden.

Ihr Telefon klingelte, sie schaltete die Freisprecheinrichtung an. Ihre Mutter wollte wissen, wie sie vorankam, und Hannah sagte ihr, dass sie heute einen Touristentag mache.

»Gute Idee. Schließlich ist Samstag«, sagte Caroline und erzählte, was sie am Wochenende alles noch vorhatte, aber Hannah konnte sich nicht darauf konzentrieren. Sie bat sie, später noch mal anzurufen, sie habe sich verfahren und müsse jetzt das Navi neu programmieren. Natürlich wusste sie, dass ihre Mutter wusste, dass es nicht stimmte, aber Caroline spielte mit und versprach, später wieder anzurufen.

Hannah hatte wirklich keine Ahnung, wohin sie gerade unterwegs war. Sie fuhr einfach weiter nach Süden, weil sie ans Meer wollte. Die Straßen waren eng und ziemlich einsam, um sie herum Felder und sanfte Hügel, alle paar Kilometer gab es mal ein Haus oder eine winzige Ortschaft. An den Kreuzungen wusste sie nicht genau, wie sie weiterfahren sollte, weil ihr die ausgeschilderten Orte nichts sagten und die gälischen Bezeichnungen sie verwirrten. Irgendwann kam eine Gabelung, an der sie sich zwischen Old Head und Kinsale entscheiden sollte. Sie nahm den Weg nach Old Head und wusste schnell, dass sie sich richtig entschieden hatte. Nach einigen Kurven tat sich ein Ausblick auf, der sie alles andere vergessen ließ. Irland wie im Bilderbuch: eine raue, abschüssige Küstenlandschaft, grüne Hügel, blaues Meer. Sie steuerte den Wagen in eine Haltebucht, stieg aus und setzte sich auf die Bank, um die Aussicht zu genießen. Die Sonne schien, es war ein wenig kühl durch den Wind, der von der See kam. Sie schmeckte das Salz auf ihren Lippen, sah die silberne Spiegelung der Sonne auf den Wellen tanzen. Hannah merkte, wie ruhig sie sich fühlte. War es das, was dieses Land mit einem machte, wenn man sich darauf einließ? War das der viel zitierte Zauber Irlands? Diese Ruhe, die man hier finden konnte? Sie lehnte sich zurück, schloss die Augen und wusste, dass ganz sicher bald alles gut werden würde.

THOMAS

Du kannst dir wahrscheinlich gar nicht vorstellen, wie tief mich die Nachricht von Saras Schwangerschaft traf. Fast wäre ich der Nächste gewesen, der ohnmächtig zusammenbrach. Mir wurde schwindlig, und mein Magen zog sich zusammen. Irgendwie schaffte ich es, den Rest des Abends durchzustehen. Ich ging früher schlafen, als es meine Gewohnheit war, und am nächsten Morgen, nach einer sehr unruhigen Nacht, traf ich Charles und Mutter unten an. Vater verbrachte noch immer viel Zeit im Bett, und Sara war nirgendwo zu sehen.

»Ich habe gestern Abend noch lange mit Sara gesprochen«, sagte Mutter. »Heute und morgen ruht sie sich noch aus, dann kommt entweder ein Arzt, oder wir bringen sie ins Krankenhaus. Charles, vielleicht könntest du uns fahren?«

»Ich könnte doch fahren«, bot ich an. Aber Charles und Mutter sahen mich nur ernst und still an, bis ich den Kopf senkte und so tat, als würde ich mich für mein Frühstück interessieren.

»Sie hat es jetzt sehr schwer«, sagte Mutter. »In ihrem Alter zum ersten Mal schwanger zu werden, und wenn das Kind kommt, ist sie längst Witwe. Das ist fürchterlich. Auch für das Kind. Den eigenen Vater nie kennenzulernen.«

»Was hat sie vor?«, fragte ich.

»Wir werden ihr helfen. Sie bleibt hier wohnen, und wir kümmern uns um sie und um das Kind.«

»Was ist mit ihren Schwiegereltern? Sie sind die Großeltern des Kindes und waren zugleich auch ihre Pflegeeltern«, sagte Charles.

»Sie verstehen sich nicht so gut«, erklärte ich. »Sonst wäre sie ja bei ihnen eingezogen, nachdem ihr Mann in den Krieg gezogen ist.«

»Sie haben so viele eigene Kinder und Enkelkinder. Und es sind einfache, sehr arme Leute. Es ist dort einfach kein Platz«, sagte Mutter. »Sara bleibt hier bei uns. Wir können es uns leisten, für sie und ihr Kind zu sorgen. Wir stehen das gemeinsam mit ihr durch.«

Ich sagte dir schon, dass meine Eltern sehr wohltätige, mitfühlende Menschen waren. Sie mochten Sara, und sie fühlten sich ihr gegenüber auch verpflichtet, weil Sara für sie arbeitete. Aber es war mehr als nur der Wunsch, einer frisch verwitweten, zukünftigen Mutter das Leben zu erleichtern. Meine Eltern teilten mit Sara ein ähnliches Schicksal. Patrick und Saras Ehemann waren im Krieg gefallen, während sie auf britischer Seite gekämpft hatten. Mein Bruder galt damit als Deserteur. Wäre er lebend zurückgekommen, man hätte ihn unehrenhaft aus der Armee entlassen. Und auch wenn Saras Mann kein Soldat der irischen Streitkräfte gewesen war, so wurde er von vielen Menschen in unserer Gegend doch ebenfalls als Verräter betrachtet. Wer mit den Briten kämpfte, stand in ihren Augen immer auf der falschen Seite. Selbst im Kampf gegen jemanden wie Hitler. Was nicht heißt, dass sie auf Hitlers Seite standen. Sie waren nur gegen die Briten.

Nach und nach fand ich heraus, dass die Familie von Saras Mann bis ins Mark ultrarepublikanisch war. Der Moment, in dem ihr Sohn beschlossen hatte, für die Briten zu kämpfen, besiegelte seinen Ausschluss aus der Familie. Dasselbe galt für Sara. Beide hatten der Beerdigung seines Vaters nicht beiwohnen dürfen, und da ihn nicht seine Familie informiert hatte, sondern Sara, die erst mit einigen Tagen Verspätung vom Tod ihres Schwiegervaters erfahren hatte, war er zu spät von der Front gekommen und hatte nur das frische Grab besuchen können. Seine Familie hatte sich geweigert, ihn auch nur zu begrüßen. Am liebsten hätten sie ihn und seine Frau wohl vom Friedhof gejagt.

Zu der Zeit wusste niemand, dass es gar nicht Saras erste Schwangerschaft war. Mit Ausnahme ihrer behandelnden Ärzte und Schwestern, davon ist jedenfalls auszugehen. Vielleicht sprach man sie darauf an. Vielleicht sagte sie, sie hätte ihr erstes Kind verloren. Irgendwie stimmte es ja auch.

Natürlich stellte ich mir zu dieser Zeit die Frage: Könnte ich Sara nicht einfach heiraten? Ihr und dem Kind Sicherheit geben? Aber das war nicht so einfach, wie es heute klingen mag. Ich hatte gerade erst meine eigene Verlobung gelöst, und da Kathleen bereits nicht nur meinen Eltern, sondern auch einigen ihrer Freundinnen erzählt hatte, sie sei schwanger, sah es nun für einige so aus, als hätte Kathleen ihr Kind verloren und ich sie sitzen lassen. Ich war zu sehr Gentleman, um diesen Gerüchten zu widersprechen, denn sonst hätte ich Kathleen in ein noch sehr viel schlechteres Licht rücken müssen. Wie hätte es da ausgesehen, wenn ich Sara geheiratet hätte? Das wäre frühestens in ein paar Jahren möglich gewesen. Nicht nur wegen der Trauerzeit, sondern weil es sonst Gerüchte gegeben hätte, dass das Kind von mir sei. Gerüchte können den Menschen das Leben zur Hölle machen, glaube mir. Natürlich hätten wir nach Dublin gehen können. Aber auch da wäre es nicht leicht gewesen. Wir hätten ganz woanders hingehen müssen, was ich nicht wollte, nicht, wenn mein Vater so krank war und er gerade erst einen Sohn verloren hatte. Und für Sara war es schwer genug, die Witwe eines Verräters zu sein, sollte man ihr dann auch noch anhängen, dass sie ihn betrogen hatte? Nein, es war kompliziert. Es gab nur die Möglichkeit, dass ich sie in ein paar Jahren heiratete.

Ich sagte meinen Eltern, ich würde mit Sara gern einen Ausflug machen, um sie auf andere Gedanken zu bringen. Sie sahen mich zweifelnd und besorgt an, die Erinnerung an meine Liebesverrücktheit noch im Gedächtnis, wohl wissend, dass ich sie immer noch liebte. Charles bot sich sogleich als eine Art Aufpasser an, und ich kannte meinen Bruder gut genug, um zu wissen, dass er sich von mir unterwegs absetzen und später wieder einsammeln lassen würde, ohne dass unsere

Eltern etwas davon erfahren würden. Zur Sicherheit weihte ich ihn in meine Pläne ein, und er erklärte sich bereit mitzuspielen.

Wir fuhren mit Vaters Wagen in Richtung der Küste. Ich ließ ihn beim Hurley's in Ballinspittle raus, er hatte ein Buch dabei, das er lesen wollte, im Pub hatte er es warm und gemütlich, dort konnte er essen und trinken. Mit Sara fuhr ich weiter bis Old Head. Damals konnte man noch bis zur äußersten Spitze gelangen, ohne Mitglied im Golfklub sein zu müssen. Es war ein sonniger, kalter Tag im Dezember 1942. Ich war zu dem Zeitpunkt sechsundzwanzig Jahre alt. Sara war achtunddreißig, und alles, was ich über sie wusste, war, dass ich sie liebte. Wir gingen ein paar Schritte an der Steilküste entlang. Wir genossen die Aussicht, das Meer, das uns umtoste, hinter uns nur ein schmaler Streifen Land, ich wollte nicht zurückblicken, nur hinaus auf das Meer, zum Horizont und noch weiter. Ich sagte ihr, dass ich sie liebte, obwohl sie es längst wusste. Ich fragte sie, ob sie mich heiraten würde, natürlich nicht sofort, sondern in ein paar Jahren, wenn der richtige Zeitpunkt gekommen war. Sie sah mich an und antwortete nicht. Dann drehte sie sich nach Westen und ging ein paar Schritte, ganz langsam, es sah aus, als ginge sie direkt auf die sinkende Sonne zu. Ich ließ sie einen Moment, dann folgte ich ihr und legte sacht den Arm um ihre Schultern. Sie ließ es zu.

»Lass uns in ein paar Jahren noch mal darüber reden«, sagte sie schließlich. »Wenn das Kind da ist.«

»Das Kind«, begann ich, und sie unterbrach mich.

»Es wird immer das Kind meines Mannes sein, hörst du?« Sie betastete den Ehering an ihrem Finger, ganz unbewusst.

Ich nickte. Ich verstand, was sie meinte. »Aber deshalb können wir doch trotzdem heiraten. Ich wäre nicht der erste Mann, der eine Witwe mit einem Kind heiratet. Dagegen ist nichts zu sagen.«

»Sie werden reden. Über Kathleen und dich. Über so vieles.« Sie löste sich aus meiner Umarmung und sah mich direkt an. »Ich muss von hier fortgehen.«

»Jetzt? Sofort?«

»Es wäre am besten.«

»Wo willst du hin?«

»Vielleicht wieder nach Wexford. Vielleicht weg aus Irland. Ich weiß es nicht.«

»Noch vor der Geburt?«

»Warum nicht?«

»Das geht nicht! Du musst hierbleiben!«

Sie sah mich traurig an. »Mach es uns doch nicht so schwer.«

»Du musst dich schonen«, stotterte ich schließlich. Ich sagte das nicht einfach so. Der Arzt, bei dem sich Sara hatte untersuchen lassen, hatte mir natürlich keine Auskünfte geben können, aber er hatte mich gebeten, ein Auge darauf zu haben, dass sich Sara wirklich schonte. Sie sollte sich körperlich nicht anstrengen, nichts Schweres heben, am besten überhaupt nichts heben, und wenn möglich viel liegen. Kleine Ausflüge wie dieser waren erlaubt, aber nur unter Aufsicht. Ich achtete darauf, dass wir uns nicht zu weit vom Wagen entfernten und langsam gingen, und sie musste sich gleich nach unserer Rückkehr wieder hinlegen.

Sara schien dasselbe zu denken wie ich. Sie hob die Schultern, seufzte und deutete auf den Wagen. »Lass uns zurückfahren«, sagte sie.

»Einen Moment noch.« Ich hielt sie am Arm fest. »Wenn du willst, komme ich mit. Dann gehen wir zusammen weg.«

»Denk an deinen Vater.«

»Ich kann auch nachkommen. Oder …«

»Tom«, unterbrach sie mich und legte einen behandschuhten Finger auf meine Lippen. »Tom, lass mich dir das nicht antun.« Dann ging sie zum Wagen und stieg ein.

Auf der Fahrt zum Hurley's, wo mein Bruder wartete, sprachen wir kein Wort. Als Charles einstieg, bemerkte er sofort, dass die Dinge nicht so gelaufen waren, wie ich gehofft hatte. Um die gedrückte Stimmung zu überspielen, erzählte er von dem Buch, das er gerade las, und von den Menschen, die er im Pub beobachtet hatte. Er schaffte es sogar, mit seinen Geschichten Sara ein wenig zum Lachen zu bringen. Als wir zu Hause ankamen, ging sie sofort ins Gartenhaus, um sich hinzulegen.

»Wie geht es ihr?«, fragte meine Mutter. »Hat sie den Ausflug gut überstanden? Oder ist ihr jetzt schlecht? Soll ich nach ihr sehen?«

»Wir sind wirklich nur ein paar kleine Schritte gegangen«, versicherte ich ihr. »In erster Linie haben wir die Aussicht genossen.«

»Fantastisch«, bestätigte Charles. »Tolle Aussicht.« Schnell verzog er sich in die Bibliothek, um nicht weiter schwindeln zu müssen.

»War ihr nicht zu kalt?«, wollte Mutter wissen.

»Ich hatte nicht den Eindruck. Wir waren in der Sonne, und es war wirklich nicht lange. Die frische Luft hat ihr sicherlich gut getan.«

»Sie muss sich schonen.«

»Das weiß ich. Wie geht's Vater?«

Sie deutete nach oben. »Er langweilt sich. Geh zu ihm, er freut sich über Abwechslung.«

»War er heute noch gar nicht auf?«

Sie schüttelte den Kopf. »Der Winter macht ihm zu schaffen.«

Verwundert sah ich sie an. »Wie meinst du das? Was hat das mit seinem Herzen zu tun?«

»Es ist nicht sein Herz. Es sind die kurzen Tage. Ihm fehlt das Licht.«

Die Sorge um Patrick hatte bei Vater nicht nur die Herzschwäche ausgelöst, er wurde in diesem Winter, der auf Patricks Tod folgte, schwermütig. Ihm fehlte die Bewegung, das ständige Liegen tat seiner Seele nicht gut. Zu der Zeit dachten wir noch, es würde vorübergehen. Dass er im Frühjahr wieder hellerer Stimmung sein würde. Es gab zwar bessere und schlechtere Tage, aber er war einfach nicht mehr derselbe, egal wie sehr er sich darum bemühte. Sein Gesundheitszustand verschlechterte sich rapide, und trotz aller Bemühungen der Ärzte gab es für ihn keinen Frühling mehr. Er verstarb im Februar 1943.

Im Januar erst hatte ich angefangen, mich auf Herzchirurgie zu spezialisieren. Ich besuchte meine Eltern und Sara, so oft ich konnte, und ich hatte immer den Eindruck, dass es nicht oft genug war, aber ich konnte nicht ewig zu Hause sitzen bleiben und wieder eine Anstellung ausschlagen. Nach dem Tod meines Vaters quälte mich das schlechte Gewissen, sowohl ihm als auch meiner Mutter gegenüber. Mutter war so tapfer und stark, dass ich nicht anders konnte, als sie zu bewundern. Schließlich holte sie Sara vom Gartenhaus ins Haupthaus, damit sie sich besser um sie kümmern konnte. Je weiter die Schwangerschaft fortschritt, desto mehr musste Sara liegen. Mutter hatte sich eine neue Haushälterin gesucht, eine verwitwete Frau aus dem Südwesten, die nun ins Gartenhaus einzog. Anfang Mai kam Saras Kind zur Welt, es war ein Junge, und sie nannte ihn John.

Die Geburt hatte Sara extrem mitgenommen. Sie hatte viel Blut verloren, und offenbar war es zu weiteren Komplikationen gekommen. Die Hebamme berichtete, es hätte ungewöhnlich lange gedauert, den Jungen auf die Welt zu bringen, und fast hätte er sich an der Nabelschnur erhängt. Sara schlief tagelang, was in Anbetracht der Anstrengung und des hohen Blutverlusts normal war. Aber als es ihr etwas besser ging, verlangte sie nicht nach ihrem Kind, sondern wollte lieber noch für sich sein. Nur zögerlich nahm sie den Jungen schließlich an, konnte ihn aber nicht stillen, sogar nach einer Woche nicht. Sie hatte einfach keine Milch. Sie weinte viel, und wenn sie sich wieder beruhigt hatte, schwieg sie und starrte aus dem Fenster. Meine Mutter saß Tag für Tag an ihrem Bett, kümmerte sich um den kleinen John, fand für ihn eine Amme. John war ein ungewöhnlich ruhiges, liebes Kind. Er war mit dem dunklen Haar seiner Mutter zur Welt gekommen, und sein bezauberndes Lächeln nahm alle Menschen, die ihn sahen, für sich ein. Nur Saras Herz schien er nicht zu erobern. An meinen freien Tagen kam ich nach Bandon, konnte aber auch nichts an Saras Zustand ändern.

Viele Frauen bekommen nach der Geburt eine depressive Phase, aber irgendetwas schien bei Sara anders zu sein. Dunkler, mächtiger. Ich suchte nach einem Kollegen, der sich damit auskannte und Sara helfen könnte. Ein Psychiater sah sie sich an und wollte ihr Medikamente verschreiben, aber sie weigerte sich, sie zu nehmen. Sie weigerte sich auch, darüber zu reden, wie es ihr ging. Sie lag einfach nur im Bett, weinte oder schlief.

Wir blieben ratlos. Wir konnten uns nicht erklären, warum Sara ihr Kind nicht bei sich haben wollte. Mutter glaubte, es läge am Tod von Saras Mann, vielleicht erinnerte der Junge sie an ihn. Heute glaube ich, dass es vielmehr damit zu tun hatte, dass sie schon einmal ein Kind hatte, das sie dann weggeben musste … dass sie sich deshalb nicht auf den Jungen einlassen konnte. Vielleicht quälte sie ihr Gewissen dem ersten Kind gegenüber. Vielleicht hatte sie einfach Angst davor, man könnte ihr dieses Kind auch nehmen, weshalb sie es gar nicht erst lieben wollte.

Mit viel Geduld aber schaffte es meine Mutter tatsächlich, Sara nicht nur aus dem Bett zu holen, sondern sie auch mit ihrem Kind vertraut zu machen. Nach und nach, in kleinen Schritten, näherte sie sich dem Baby an, gewöhnte sich an den Gedanken, Mutter zu sein, und zwar eine richtige Mutter, eine, die ihr Kind behalten durfte. Als John ein halbes Jahr alt war, kam es uns vor, als wäre Sara überglücklich, und wir taten es als depressive Episode ab, heute würde man postpartale Depression dazu sagen. Wir wussten es nicht besser. Wie auch?

Ich war erleichtert und froh zu sehen, dass es Sara besser ging. Meine Arbeit beanspruchte mich zu der Zeit sehr, aber meine Mutter versicherte mir immer wieder, dass alles in Ordnung sei. Das Baby wuchs zu einem fröhlichen, zufriedenen Kleinkind heran, es hatte seine Mutter, eine Art Großmutter, auf die Amme folgte ein Kindermädchen, und auch die neue Haushälterin war ganz vernarrt in den Kleinen. Ich war ihm eine Art Onkel, aber Sara ließ mich nie allein mit ihm, vielleicht aus Angst, ich könnte etwas falsch machen. Tatsächlich muss ich zugeben, dass ich mich mit Kindern immer schwertat. Ich hatte keine Ader dafür, mit ihnen zu spielen oder sie zu herzen. Ich liebte den Kleinen, überließ es aber den Frauen, mit ihm zu spielen, ihn zu füttern oder mit ihm rauszugehen. Dafür hatte ich keine Geduld. Schäme ich mich dafür? Nein. Ich habe viele Männer und, ja, auch Frauen im Laufe der Jahrzehnte während meiner Tätigkeit als Arzt kennengelernt, die sich in ihrer Rolle als Vater oder Mutter nicht wohlfühlten, die ihre Kinder zwar liebten, aber eigentlich mit deren Erziehung nichts zu tun haben wollten. Manche ängstigte die Verantwortung, andere taten sich schwer damit, ihr Leben so vollkommen umstellen zu müssen. Die Gründe sind vielfältig. Ich habe gelernt, mich in diesem Punkt vollkommen normal zu finden.

Wir feierten gerade Johns zweiten Geburtstag, als das Ende des Kriegs verkündet wurde. Sara und ich waren uns langsam wieder nähergekommen, und als ich ihr sagte, ich würde sie immer noch heiraten wollen, schüttelte sie diesmal nicht den Kopf, sondern lächelte mich an. Und auch wenn sie nicht eindeutig Ja zu mir sagte, empfand ich dank ihres Lächelns das größte Glücksgefühl meines Lebens. Ich hatte Hoffnung, ich glaubte, nun würde alles gut werden.

Aber das wurde es nicht.

Langsam verstehst du wohl, warum ich dir all das erzähle. Ja, dein Vater ist Saras Sohn. Du wusstest, dass er adoptiert war, weil seine leiblichen Eltern tot waren. Aber du kanntest nie die ganze Geschichte.

10.

Als Hannah anfing zu frieren, ging sie zurück zum Auto und fuhr weiter in Richtung Old Head. Die Häuser wurden neuer, größer, luxuriöser. Wohnwagenplätze waren ausgewiesen. Die Straße führte nah an der Küste entlang, irgendwann bemerkte sie auf beiden Seiten Wasser. Das Stück Land, auf dem sie fuhr, wurde immer schmaler. Es sah grandios aus, wie es sich vor ihr ausstreckte. Schließlich erhob sich eine Ruine vor ihr, und als sie sie erreichte, musste sie anhalten. Schilder wiesen sie darauf hin, dass hier die Fahrt zu Ende war. Privatbesitz, eingezäunt wie ein militärischer Sicherheitsbereich, mit Stacheldraht und hohen Zäunen. Dahinter befand sich ein Golfklub mitsamt Luxushotel. Hannah war gleichermaßen erstaunt, neugierig und verärgert darüber, dass sie nicht weiterkam.

Ein Wagen kam ihr entgegen. Hannah lenkte ihr Auto an den Straßenrand, um das andere Fahrzeug vorbeizulassen. Es hielt an. Die Fahrerin war eine Frau etwa in Hannahs Alter, sie hatte die dunklen Haare zu einem raffinierten Dutt gebunden und trug einen dunklen Wollmantel. Sie ließ das Fenster hinunter und fragte: »Kann ich Ihnen helfen? Suchen Sie etwas?«

»Danke«, sagte Hannah, »nein, ich bin einfach nur drauflosgefahren und irgendwie hier gelandet.«

»Da können Sie leider nur rein, wenn Sie Gast sind. Entweder vom Hotel oder vom Golfklub.«

Hannah schüttelte den Kopf. »Leider nein. Ach, ich war nur neugierig. Old Head, das klang so romantisch ...«

»Und jetzt geht's einfach nicht weiter, und Sie sind enttäuscht?« Die Frau lächelte.

Hannah nickte.

»Das geht vielen so. Ich sag Ihnen was, landschaftlich ist das zwar toll, aber ...« Sie senkte die Stimme und machte ein verschwörerisches Gesicht. »... bei den ganzen Golfern verpassen Sie, ehrlich gesagt, nichts.«

Jetzt lachte Hannah. »Na, trotzdem schade, ich wäre gern ein wenig spazieren gegangen.«

»Lassen Sie den Wagen hier stehen, und gehen Sie ein Stück zu Fuß an der Küste entlang. Hier draußen haben Sie Ihre Ruhe vor denen.« Sie zeigte mit dem Daumen in die Richtung, aus der sie gekommen war.

»So schlimm?«

»Ich arbeite da.«

Hannah lachte wieder, bedankte sich und folgte ihrem Rat. Den Wagen parkte sie am Rand der schmalen Straße auf einem Rasenstück. Sie stieg aus und entschied sich für einen der Trampelpfade, die zum Meer hinunterführten, ein etwas abenteuerlicher Ausflug, aber es machte Spaß, sich das Haar verwehen zu lassen, Tränen in den Augen zu spüren, manchmal das Gefühl zu haben, zu viel Luft geatmet zu haben, weil ein Windstoß kam.

Sie war noch nicht sehr weit gekommen, als sich ihr Telefon meldete. Cahal hatte ihr eine Nachricht geschrieben: »Wo bist du? Ich komme gleich mit den Jungs vorbei, dann können wir die Möbel ins Haus schleppen.«

Sie schrieb zurück, dass sie in ungefähr einer Stunde dort sein würde. Unwillig drehte sie um und ging zurück zu ihrem Wagen. Wieder kam eine Nachricht von Cahal: »Aber wo bist du denn?«

Sie antwortete nicht, stellte stattdessen das Navigationsgerät ein, weil sie keine Ahnung hatte, wie sie hergefunden hatte und wie die Straßenbeschilderung für den Rückweg aussehen würde. Tatsächlich brauchte sie nur etwas mehr als eine halbe Stunde für den Rückweg, und auf der Fahrt konnte sie die Landschaft nicht mehr genießen. Wie auch, das Schönste lag hinter ihr, und sie hoffte, dass dies nicht für noch mehr Dinge in ihrem Leben galt.

Cahal wartete bereits vor Dr. Olivers Haus. Drei junge Männer, die mit einem kleinen, sehr klapprigen japanischen Auto gekommen waren, standen bei ihm und rauchten. Sie begrüßten Hannah scheu, aber freundlich, Cahal ging direkt auf sie zu und küsste sie.

Würde er sie vor anderen Leuten küssen, wenn er verheiratet war, fragte sie sich. Sie schloss das Haus auf, zeigte den Männern, wo Platz war, schloss dann die Tür auf, die in den Garten führte, und ging zum Gartenhaus vor. Sie brauchte einen Moment, um den richtigen Schlüssel an ihrem Bund zu finden. Die Männer sahen die vielen aufeinandergestapelten Möbel und warfen sich unsichere Blicke zu. Hannah sagte schnell: »Ich weiß, es ist viel. Wir müssen heute nicht alles schaffen. Und ich zahle für Ihre Zeit, ich erwarte nicht, dass Sie mir einen Gefallen tun.« Sie sah sich nach Cahal um, hatte er ihnen nicht gesagt, was sie erwartete? Er war nirgends zu sehen, wahrscheinlich war er im Haus geblieben. »Ist das für Sie in Ordnung?«, hakte sie nach, und die Männer nickten langsam, fingen dann an, die ersten Stücke aus dem Gartenhaus zu holen und ins Haus zu tragen. Hannah fragte einen von ihnen: »Sie arbeiten sonst beim Film? Cahal hat so was gesagt.«

»Am Theater«, antwortete der junge Mann und zeigte auf seine Freunde. »Die beiden helfen manchmal bei Fernsehproduktionen aus.«

»Schön, dass Sie heute freihatten.«

Er sah sie merkwürdig an, entgegnete aber nichts, und Hannah hatte den Eindruck, dass sie besser nicht weiterfragen sollte.

Cahal kam gerade aus dem Raum, in dem sich Dr. Olivers Register für sein Archiv befand. »Interessanter Kerl«, murmelte er, bemerkte dann ihren verunsicherten Gesichtsausdruck. »Stimmt was nicht?«

»Deine Freunde sind ein bisschen komisch«, sagte sie leise.

Er lachte. »Nein, sie sind nur schüchtern. Das ist alles.«

»Bist du sicher? Wie gut kennst du sie? Muss ich jetzt

eine Alarmanlage hier einbauen und neue Schlösser anbringen lassen?«

Er nahm sie in den Arm. »Mach dir bitte keine Sorgen. Sie arbeiten für einen Freund von mir. Er vertraut ihnen, also tu ich es auch. Im Zweifel haben sie gar keine Ahnung, was sie hier von A nach B schleppen. Und Bargeld oder Schmuck liegen hier nicht rum, oder?«

»Nein.«

»Siehst du.«

Sie ging zum Haushaltsraum, wo die ersten Möbelstücke abgestellt wurden, besprach mit ihren Helfern, wie sie weiter vorgehen würden. Nach zwei Stunden hatten sie bereits das Gartenhaus ausgeräumt. Sie arbeiteten schnell und effizient, machten kaum Pausen, setzten sich erst auf die weiße Bank im Garten, als sie wirklich alles geschafft hatten. Hannah sah, dass kaum mehr Platz im Erdgeschoss war, um auch noch die Möbel vom Speicher herunterzuholen, die Männer waren außerdem nass geschwitzt und wirkten erschöpft. Sie rauchten schweigend, Hannah brachte ihnen Wasser und fragte, wie viel Geld sie wollten. Zu ihrem Erstaunen lehnten sie ab. Sie wollten nichts. Hannah gab trotzdem jedem von ihnen zwanzig Euro. Dann legte sie noch mal zwanzig für jeden drauf. Sie wusste selbst nicht genau, warum sie es tat, aber es schien ihr das Richtige zu sein. Warum wollten sie kein Geld von ihr?

»Ich habe ihnen schon was gegeben«, sagte Cahal, als sie weg waren.

»Warum? Das ist doch meine Sache. Und warum sagst du mir so was nicht vorher?«

Cahal seufzte übertrieben theatralisch. »Heutzutage ist es wirklich schwer, ein Gentleman zu sein.« Er lächelte sie an. »Und was machst du jetzt? Wie gehst du vor? Darf ich dir dabei zusehen? Ich habe nicht die geringste Ahnung, wie Sachverständige arbeiten.«

Sie sah ihn an, prüfend, suchend vielleicht. Wie er da in der Eingangshalle des Landhauses stand, zwischen den Antiquitäten aus dem Gartenhaus, und diese ungebrochen gute Laune hatte, dabei nicht zu merken schien, wie es ihr ging. Sie sagte: »Du bist verheiratet, hab ich gehört.«

Er nickte. »Ja, noch. Sie lebt mit den Kindern in den USA.«

»Deshalb warst du da.«

»Auch. Und um noch ein paar andere Verwandte zu besuchen.«

»Das hättest du sagen können.«

»Ich wollte nicht gleich so persönlich werden.«

»Lieber erst mit mir schlafen.«

»Hannah, bitte, sie lebt bestimmt nicht seit Jahren in den USA, weil wir immer noch ein turtelndes Liebespaar sind! Wir haben uns vor ein paar Jahren getrennt, aber eben nicht scheiden lassen. Das hat finanzielle Vorteile. Die Steuer. Okay? Oder bist du vom Finanzamt?« Immerhin merkte er jetzt, dass er zu weit gegangen war. »Entschuldige«, murmelte er.

»Und du hast eine Freundin, heißt es.«

Ungeduldig antwortete er: »Dieses Scheißkaff. Kaum

geht man mit einer Frau etwas essen, schon hat man mit ihr was am Laufen. Vergiss einfach, was die Leute dir erzählen. Es war Daniel, stimmt's? Der versucht immer, mich schlecht zu machen. Vergiss es einfach.« Er fuhr sich mit der Hand übers Gesicht, lehnte sich an eine Biedermeierkommode aus Kirschholz, sagte dann sehr viel leiser und ruhiger: »Hannah, ich plane es normalerweise nicht, mich in jemanden zu verlieben. Und ich habe auch keine Agenda, wann ich mit welchen Informationen aufwarten muss. Ich bin auf dem Papier verheiratet, aber sonst bin ich an nichts und niemanden gebunden. Ich habe zwei erwachsene Töchter, sie sind zwanzig und dreiundzwanzig. Du siehst, wir haben sehr früh geheiratet, und irgendwann hat es nicht mehr gepasst, aber wir sind noch Freunde. Und ich will nicht nur auf Facebook oder über E-Mail mit meinen Töchtern verbunden sein, sondern sie auch hin und wieder mal sehen. Meine Frau hat einen irischen und einen amerikanischen Pass, das hat es für mich einfacher gemacht, in den USA zu arbeiten. Ist jetzt schon wieder ein paar Jahre her. So, reicht das? Oder musst du noch mehr wissen? Ich gestehe, in den letzten Jahren auch mit anderen Frauen geschlafen zu haben, denke aber nicht, dass ich dafür soziale Ächtung oder die Todesstrafe verdient habe.« Er atmete tief durch, versuchte ein Lächeln. »Ich habe nicht damit gerechnet, dich kennenzulernen, und schon gar nicht damit, mich in dich zu verlieben«, sagte er, diesmal sehr viel leiser. »Dafür habe ich hoffentlich auch keine Strafe verdient.«

Hannah trafen diese Worte wie ein Schlag. Er sprach jetzt schon davon, sich verliebt zu haben? Sie sollte sich freuen, sich geschmeichelt fühlen, aber sie war überfordert. Und sie schämte sich für das, was sie gesagt hatte. »Es tut mir leid«, murmelte sie. »Ich habe gerade erst eine schlimme Enttäuschung hinter mir. Das hat mich wohl etwas überempfindlich gemacht.«

»Lass mich raten, er hat dich betrogen?«

Sie nickte.

Cahal ging auf sie zu, nahm sie in den Arm. »Was für ein Idiot. Der wusste wohl nicht, was gut für ihn ist.« Er drückte sie fest an sich, und Hannah ließ es zu. Es tat ihr gut, seine Wärme, seinen Körper zu spüren, zu fühlen, wie er ihr Haar küsste, wie seine Hände über ihren Rücken glitten.

»Hannah«, flüsterte er. »Ist jetzt alles wieder gut?« Seine Lippen suchten ihre.

Sie küsste ihn.

THOMAS

Der Krieg war vorüber. Während in Großbritannien die Heimkehrer wie Helden gefeiert wurden, nannte man sie hier Deserteure und Verräter. Nicht alle taten das, aber letztlich zu viele. De Valera, damals Premierminister, hatte nur wenige Tage nach Hitlers Selbstmord zusammen mit seinem Außenminister dem deutschen Botschafter sein Beileid ausgesprochen. Über den irischen Botschafter in Lissabon erzählte man sich, er hätte die Hakenkreuzflagge auf Halbmast gehisst. Letzteres stellte sich als nicht ganz richtig heraus, aber es gab beschämend viele irische Politiker, die zumindest in den ersten Kriegsjahren noch an Hitlers Sieg geglaubt hatten. De Valera, hieß es hinter vorgehaltener Hand, war nur einer von ihnen. Auch Männer aus der IRA-Führungsriege hatten darauf spekuliert. Zugleich gab es aber eine enge Zusammenarbeit des irischen Geheimdiensts mit den Alliierten, wie sich später herausstellte.

Natürlich war De Valera kein Nazi, aber er war eben ein überzeugter Republikaner, und den bedingungslosen Nationalismus Hitlers muss er bewundert haben. De Valera sollte der einzige Regierungschef auf der

Welt bleiben, der offiziell wegen Hitlers Tod kondolierte.

Als ich davon erfuhr, verachtete ich den Mann noch mehr als zuvor. Ich musste an meinen Vater denken, wie er damals versucht hatte, Patrick vor De Valera und seinen Ideologien zu warnen, indem er ihn zu einer intensiven Auseinandersetzung mit der irischen Geschichte aufgefordert hatte. Eins wusste ich aber: dass ich stolz auf meinen kleinen Bruder war, dafür, dass er sich letztlich wirklich sein eigenes Bild von der Politik gemacht hatte, statt blind einem Mann zu folgen, den er aus den falschen Gründen bewundert hatte.

Auch wenn ihn das nicht wieder lebendig machte.

Was in den folgenden Wochen geschah, fällt mir auch heute noch, nach fast siebzig Jahren, schwer, ruhig und geordnet zu berichten.

Sara war die liebevollste Mutter, die man sich vorstellen konnte. Wie sie mit John spielte, wie sie ihm Geschichten zum Einschlafen erzählte, wie sie mit ihm umging, all das rührte jeden, der es sah. Niemand konnte sich mehr vorstellen, dass sie ihn in den ersten Wochen und Monaten gar nicht hatte um sich haben wollen. Und ich glaube, durch John wurde Saras Herz ganz groß und weich, und sie hatte nun endlich auch einen festen Platz für mich, der aus mehr als nur freundschaftlicher Zuneigung bestand. Ich hatte es nicht eilig mit dem Heiraten. Meine Arbeit in Dublin beanspruchte mich sehr, und ich glaubte wirklich, alle Zeit der Welt zu haben, wenn es um Sara ging. Ich glaubte, sie würde mir schon ein Zeichen geben, wenn sie so weit war. Wir sahen uns, wann immer ich aus Dublin fortkonnte, und ich denke, auch meine Mutter freundete sich langsam mit dem Gedanken an, dass aus uns bald ein richtiges Paar werden würde. Wir sprachen es nie offen aus, aber ich sah ihr an, was sie manchmal dachte. Der Einzige, der wirklich eingeweiht war, war mein Bruder Charles.

Natürlich wollte er wissen, wann es so weit war und ich ihr endlich einen offiziellen Heiratsantrag machte. Ich sagte ihm, dass ich auf ein Zeichen von ihr wartete, aber er überredete mich, nun bald doch selbst die Initiative zu ergreifen. Was gäbe es Schöneres als eine Verlobungsfeier im Sommer? Ich war mir nicht sicher, ob ich den Rat meines älteren Bruders annehmen sollte. Schließlich war er selbst nicht verheiratet und hatte auch nie Freundinnen. Er interessierte sich überhaupt nicht für Frauen. Heute wäre das kein Thema, damals schon. Vor allem als Lehrer an einer Jungenschule hätte es einen Skandal gegeben. Man hätte ihn nie wieder irgendwo unterrichten lassen. Und das, obwohl er sich für Kinder in dieser Hinsicht gar nicht interessierte. Ich weiß nicht, wie er seine Sexualität auslebte, darüber sprachen wir tatsächlich nie, aber er brachte es fertig, sein Leben lang als alter Junggeselle zu gelten, ohne dass ihm Gerüchte anhingen oder er in unangenehme Situationen geriet.

Es war an einem Sonntag im Juli. Wir kamen von einem wunderbaren Ausflug nach Kinsale zurück. Der kleine John hatte sich in der Sonne müde gespielt, Sara brachte ihn zu Bett. Meine Mutter musste sich ein wenig hinsetzen, die Sonne schien sehr warm, was sie nicht mehr so gut vertrug. Es klopfte an der Tür, und ein paar Minuten später führte die Haushälterin eine ärmlich gekleidete, ältere Frau ins Haus, der es sichtlich unangenehm war, das Wohnzimmer zu betreten. Sie sah sich mit einer Mischung aus Misstrauen und Angst um und wirkte geduckt, so als hätte sie den Kopf eingezogen, um nicht von irgendetwas erschlagen zu werden.

Es war Saras Pflegemutter, die Mutter ihres verstorbenen Mannes, Johns Großmutter. Meine Mutter begrüßte sie freundlich und bat sie, doch Platz zu nehmen, aber die Frau wollte sich nicht hinsetzen. Sie blieb geduckt im Zimmer stehen, ihr Blick flackerte unruhig über die Möbel, die Bilder an den Wänden, über uns. »Ich muss Sara sprechen. Ich warte draußen«, sagte sie, drehte sich um und ging.

Wir sahen uns verwundert an. Nicht nur, weil die Frau so unhöflich war, sondern vor allem auch, weil sie sich jahrelang nicht bei Sara gemeldet hatte. Sie war noch nie hier gewesen. Sie hatte noch nie ihren Enkel gesehen. Wenn sich Sara bei ihr gemeldet hatte, war sie abgewiesen worden. Und jetzt stand sie hier und wollte sie sprechen? Irgendetwas musste geschehen sein. Ich lief die Treppen hinauf und rief nach Sara. Sie kam aus Johns Zimmer, einen Finger auf den Lippen, etwas verärgert darüber, dass ich so einen Lärm machte, wo der Kleine doch gerade dabei war, einzuschlafen. Als ich ihr erzählte, worum es ging, wurde sie ein wenig blass. Sie bat mich, bei John sitzen zu bleiben, bis er eingeschlafen war, und ging nach unten. Zehn Minuten später hörte ich unseren Wagen aus der Garage fahren.

John war eingeschlafen, ich schlich mich aus seinem Zimmer. Unten fragte ich meine Mutter, was geschehen war. Sie sagte mir, Sara hätte darum gebeten, sich den Wagen ausleihen zu dürfen, es würde nicht lange dauern.

»Wo ist sie hingefahren?«

»Vielleicht bringt sie sie nur nach Hause«, antwortete Mutter.

Aber Sara blieb bis zum späten Abend. Ich wollte gerade los, um nach ihr zu suchen, ich war unruhig und machte mir große Sorgen, da hörte ich den Wagen auf unser Grundstück fahren. Ich lief ihr entgegen, wartete, bis sie ihn in die Garage gefahren hatte und ausgestiegen war.

»Wo warst du?«, wollte ich wissen.

»Es gab so viel zu reden«, sagte sie nur und ging an mir vorbei ins Haus. Mehr wollte sie mir nicht über diese Begegnung mit ihrer Vergangenheit sagen.

Danach war Sara vollkommen verändert. Sie hatte jede Freude verloren, und wenn sie mit John spielte, weinte sie leise. Sie aß kaum etwas, und wenn wir sie darauf ansprachen, was geschehen war, sagte sie nur, die Begegnung mit ihrer früheren Familie – das Wort »Familie« sprach sie nur sehr zögerlich aus – hätte sie sehr erschüttert. In ein paar Tagen ginge es ihr sicher wieder besser.

Wir ließen sie in Ruhe. Vielleicht war das ein Fehler.

Man ist ja immer so viel klüger, wenn man zurückblickt. Aber wir dachten, sie würde schon von sich aus mit uns reden, wenn ihr danach war. Schließlich hatte sie ihre frühere Pflegemutter sehr lange nicht gesehen, man hatte sie nicht an der Beerdigung ihres Pflegevaters teilnehmen lassen, sie war aus dieser Familie ausgestoßen worden, keiner der Geschwister ihres verstorbenen Mannes hatte Kontakt zu ihr. Das mochte daran liegen, dass sie alle ausgewandert waren. Die wirtschaftliche Lage im Land war nach wie vor sehr schlecht, und viele junge Menschen gingen weg. Nach Amerika, Australien, Großbritannien. Es schien fast egal wohin. Hauptsache weg. Aber sie hätten ihr trotzdem schreiben können. Es geschah nie. Sara, die Ausgestoßene, hatte niemanden mehr im Leben, außer uns, und mit uns schien sie nicht mehr reden zu können oder zu wollen.

In den nächsten Tagen verließ sie öfter allein das Haus. Sie nahm nicht einmal John mit. Sie sagte, sie müsse zum Friedhof. Oder jemanden – ihre Pflegemutter – besuchen. Für sie einkaufen. Wir reimten uns zusammen, dass die Frau krank war, und weil Sara als Einzige noch in der Nähe wohnte, hatte sie sich an sie gewandt. Wir lagen falsch. Die alte Frau sollte sich noch sehr viele Jahre bester Gesundheit erfreuen.

Die Briefe, die mir meine Mutter schrieb, wurden immer alarmierender. Ich wusste nun, dass es nicht mehr reichte, nur an meinen freien Tagen zu kommen. Ich musste mir Urlaub nehmen unter dem Vorwand, meine Mutter sei krank. Ich verabscheute es, so lügen zu müssen, aber was hätte ich sonst sagen sollen? Ich fuhr nach Bandon, und als ich ankam, erwartete ich eine düstere oder weinende Sara, ein ängstliches Kind, meine Mutter in Sorge. Es war viel schlimmer, denn ich war zu spät.

Sara war nicht da. Auch der Wagen fehlte. Sie hatte morgens schon das Haus verlassen, berichtete die Haushälterin, und Mutter lief, die Hände ringend, im Haus auf und ab. Der kleine John befand sich in seinem Zimmer in der Obhut des Kindermädchens.

Wir beschlossen, einen Wagen zu leihen. Meine Mutter telefonierte herum, eine halbe Stunde später wurde uns einer vorbeigebracht. Wir fuhren los, zuerst natürlich zu dem Bauernhof, auf dem Saras Pflegemutter lebte. Unser Wagen war nirgends zu sehen, trotzdem stiegen wir aus und klopften.

Nicht die alte Frau öffnete uns die Tür, sondern ein Mann, den ich noch nie gesehen hatte. Er mochte im Alter meiner Mutter sein, sprühte aber vor Kraft und Entschlossenheit, als wäre er noch ein junger Kerl. Nur wenige graue Strähnen durchzogen das schwarze, dichte Haar, und er trug einen guten Anzug, was so gar nicht zu dem Bauernhof passte. Ungeduldig fragte er mit einem unverkennbaren Galway-Akzent, was wir wollten, und ich nannte unsere Namen und dass wir Sara suchten. Er teilte uns mit, er habe sie seit gestern nicht mehr gesehen, da könne er uns gar nicht helfen. Ich fragte nach ihrer Pflegemutter, er drehte sich um und rief nach ihr, und sie rief zurück, sie könne jetzt nicht kommen und wisse auch nichts über Sara. Der Mann sah uns herablassend an. »War's das?«, fragte er und wollte schon die Tür wieder schließen.

»Wer sind Sie überhaupt?«, fragte meine Mutter in einem herrischen Ton, den ich noch nie an ihr gehört hatte.

»Colin Keady«, dröhnte er und knallte uns die Tür vor der Nase zu. Zu diesem Zeitpunkt hatten weder meine Mutter noch ich diesen Namen je gehört, aber das sollte sich bald ändern. Und ich hatte in diesem Moment nicht mal den Hauch einer Ahnung, dass dieser Mann Saras Untergang war.

Wir fuhren zur Polizeiwache in Bandon und erkundigten uns, ob Sara in einen Unfall verwickelt gewesen sein könnte. Als nichts vorlag, gaben wir eine Vermisstenanzeige auf. Die Miene des Polizisten änderte sich, als ich ihm unseren Wagen beschrieb, und er führte uns in ein kleines Hinterzimmer. Dort erfuhren wir, dass der Wagen mit laufendem Motor gefunden worden sei, ohne dass weit und breit ein Fahrer zu sehen gewesen war.

»Wo?«, fragte ich.

»Old Head of Kinsale«, lautete die Antwort.

»Und Sara?«

Jetzt schluckte der Polizist, mied meinen Blick und wollte leise wissen, wie nah wir ihr standen.

»Ich will sie heiraten!«, rief ich, weil ich nicht länger an mich halten konnte.

Meine Mutter legte eine Hand auf meinen Arm und rückte näher an mich heran.

Der Polizist sagte: »Sie müssen bitte zu den Kollegen nach Kinsale fahren, die sind dafür zuständig.«

»Was ist mit Sara?« Ich hatte meine Stimme nicht mehr unter Kontrolle. Ich schrie ihn mittlerweile an. Ich war sogar von meinem Stuhl aufgesprungen. Mutter versuchte, mich festzuhalten, sie hatte wohl Angst, ich könnte auf den Mann losgehen.

»Bitte, fahren Sie nach Kinsale. Wir haben nur unzureichende Informationen.«

Ich rannte aus der Polizeiwache, Mutter folgte mir mit Mühe. Ich raste wie ein Verrückter nach Kinsale, ohne ein Wort zu sagen. Dort stürmte ich auf die Polizeiwache und rief Saras Namen. Meine Mutter klärte wohl die Polizisten darüber auf, worum es uns ging, anders kann ich mir nicht erklären, wie wir in einem diesmal etwas größeren Büro landeten, wo uns ein Kriminalbeamter empfing und bat, Ruhe zu bewahren. Jemand brachte eine Schachtel mit Gegenständen, die man im Wagen gefunden hatte: Saras blaues Kopftuch. Saras Schuhe. Saras Handtasche. Saras Schlüsselbund. Der Polizist überreichte uns einen Brief, der in der Handtasche gefunden worden war. Auf dem Umschlag stand mein Name, nur mein Vorname, sie hatten deshalb nicht gewusst, wen sie informieren mussten. Man ging davon aus, dass Sara von den Klippen gesprungen war.

»Old Head«, sagte ich leise. »Warum Old Head?«

»Sir, ich weiß, das muss furchtbar für Sie …«

»Hat man sie gefunden?«, unterbrach ich ihn.

Der Polizist schüttelte den Kopf. »Das wird man vielleicht nie.«

»Wie soll ihr Sohn jemals um sie trauern?«, fragte meine Mutter. Und dann sagte sie: »Er wird sich nicht einmal an sie erinnern können. Er ist noch viel zu klein.«

Wir durften ihre Sachen mitnehmen. Wir hätten auch den Wagen mitnehmen dürfen, aber ich brachte es nicht über mich, damit zu fahren. Ich glaube, meine Mutter organisierte den Transport des Wagens, während ich vollkommen unter Schock auf einer Bank vor der Polizeiwache saß und die Welt nicht begriff.

Ich weiß nicht mehr, wie wir nach Hause gekommen sind, ich muss mit dem geliehenen Wagen gefahren sein, aber ich erinnere mich nicht daran. Ich weiß erst wieder, wie ich am nächsten Tag aufwachte und mir klar wurde, dass es kein Albtraum gewesen war. Meine Mutter hatte nach einem Arzt schicken lassen, der mir Beruhigungsmittel gab, die ich dankbar nahm. Ich sollte Wochen brauchen, um mich so zu erholen, dass ich wieder nach Dublin fahren und arbeiten konnte. Aber ich war nicht mehr derselbe. Ich war tief verwundet, mein Herz war zerrissen, und es sollte nie mehr richtig heilen. Bei jedem Herzschlag dachte und denke ich an sie, und die Wunde klafft bis heute.

Für John wurde eine wunderbare Familie gefunden, die bereits zwei kleine Jungen und ein etwas älteres Mädchen hatte. Meine Mutter unterstützte Johns Pflegeeltern finanziell, bestand aber darauf, dass es niemand erfahren dürfe, auch nicht die Kinder, schon gar nicht John. Sie wollte ihm so viel Leid wie möglich ersparen. Auch über die Todesumstände seiner Eltern sollte er nur das Allernötigste erfahren. Selbstmord war eine Sünde, und sogar meine Mutter, die keine allzu gläubige Katholikin war, war der Meinung, es sei besser, von einem tragischen Unfall zu reden. Johns Pflegeeltern, die ihn später adoptierten, erfuhren deshalb nur, dass sein Vater im Krieg gefallen war, seine Mutter einen schweren Verkehrsunfall hatte und es sonst keine Verwandten gab.

In diesem Glauben ist dein Vater aufgewachsen, in diesem Glauben wurdest auch du gelassen. Deshalb heißt ihr Pallis und nicht, wie Sara, Tobin. Dein Vater hat dir nichts verheimlicht, er wusste nichts. Deine Adoptivgroßeltern nur, dass sie Geld von einer reichen Frau für dich und ihre anderen Kinder bekommen hatten, einer Frau, die als große Wohltäterin in der Gegend bekannt war, aber gern im Hintergrund blieb.

Warum sich deine richtige Großmutter, Sara, umgebracht hat? Darüber kann ich nur spekulieren. Jahrzehntelang habe ich das getan. Und ich bin immer noch nicht zufrieden mit dem Ergebnis meiner Recherchen. Aber urteile selbst.

11.

Der Anruf kam, als sie gerade die Biedermeierkommode fotografieren wollte. Die obere Schublade schloss nicht richtig, und gerade wollte sie nachsehen, was der Grund dafür war. Cahal war irgendwo im Haus unterwegs. Nach dem vierten Möbelstück, das Hannah von allen Seiten fotografiert hatte, mit Augenmerk auf Details und mögliche Beschädigungen, Materialien, Epoche und Besonderheiten in der Verarbeitung, hatte ihn der Enthusiasmus für ihre Aufgabe verlassen. Sie konnte es ihm nicht übel nehmen. Zuzusehen musste unendlich ermüdend sein. Sie hingegen lebte richtig auf, während ihre Finger über die Oberflächen glitten und sie den Geruch der Jahrhunderte atmete.

Laura Blankley kannte keine Wochenenden oder Feiertage, auch Uhrzeiten waren ihr ziemlich egal. Es war nicht verwunderlich, dass sie an einem Samstagabend anrief. Das einzig Ungewöhnliche war, dass sie persönlich anrief, obwohl Hannah in keinem Arbeitsverhältnis mehr zu ihr stand. Es konnte nur bedeuten, dass sie ihr etwas zu sagen hatte, wofür sie keine Zeugen brauchen konnte und das sie nicht schriftlich in die Welt setzen wollte.

»Sie können die Klage umgehen«, sagte Blankley ohne jede Begrüßung. »Wenn Sie vor Gericht nicht gegen uns aussagen.«

Natürlich war das ein logisches Angebot. Niemand wusste, dass es Hannah gewesen war, die mit der Presse gesprochen hatte. Die Journalistin würde ihren Namen nicht bekannt geben. Wenn Hannah, wie vermutlich alle anderen ihrer früheren Kollegen, aussagte, sie wisse nichts von gefälschten Gutachten, könnte die Kanzlei behaupten, jemand wolle ihnen einfach nur schaden, die Behauptungen seien erfunden, die Gutachten gültig. Der Ruf wäre wiederhergestellt, der Mandant beruhigt, neue falsche Gutachten würden folgen.

»Sagen Sie mir, wie viel Sie dafür wollen. Oder soll ich Ihnen etwas anbieten?«

»Dann würden Sie mich nicht verklagen?«

»Natürlich nicht. Dann wüsste ich von nichts, und Sie wären wegen familiärer Irgendwas zu Hause.«

»Und Sie kämen mit der Nummer durch.«

»Spielen Sie nicht Mutter Teresa. So viel Format haben Sie gar nicht.«

Hannah kannte diese Taktik. Es tat trotzdem weh, sich so etwas anhören zu müssen. »Wie viel bieten Sie mir an?«

Ohne Zögern antwortete Blankley: »Drei Millionen Pfund. Einen Teil als offizielle Abfindung, den Rest nach und nach für angebliche Beratertätigkeiten. Auszahlung über drei Jahre.«

Sie brauchte einen Moment, um sich zu erholen. Drei Millionen Pfund! Wie viele Antiquitäten würde sie begutachten müssen, bis sie sich drei Millionen verdient hatte? Sie riss sich zusammen, sagte: »Und die Gebäude werden gebaut, obwohl …« Sie ließ den Rest in der Luft hängen.

»Das ist doch Schwachsinn. Niemand kommt zu Schaden. Dafür wird gesorgt. Hätten Sie vorher mit mir gesprochen, statt gleich zur Presse zu rennen, wüssten Sie das.«

Wenn das stimmte, hatte die Kanzlei leichtes Spiel, sie zu verklagen. Wenn es nicht stimmte, war es jetzt ein hervorragendes Argument, um sie an allem zweifeln zu lassen. »Beweisen Sie es mir.«

»Ich muss Ihnen gar nichts beweisen«, sagte Blankley. »Entweder Sie nehmen das Geld, oder Sie gehen unter. Sie haben bis Montagmorgen um neun Uhr Zeit. Dann geht die Klage raus.« Das Gespräch war beendet.

Sie hätte es kommen sehen müssen. Druck ausüben, Druck erhöhen, Geld bieten. Verärgert schlug sie mit der flachen Hand auf die Kommode.

»Alles in Ordnung?«, rief Cahal von oben.

»Ja. Schon okay«, murmelte sie und zog die Schublade, die sich nicht schließen lassen wollte, heraus.

»Brauchst du Hilfe?«

»Noch nicht.«

Sie schob die Schublade langsam zurück. Nichts störte, die Scharniere saßen, die Schienen auch, aber hinten gab es einen Widerstand. Sie zog die Schublade wieder auf, hob sie vorsichtig ganz heraus und legte sie auf die Kommode, sah in das Loch, das entstanden war, konnte nichts erkennen. Sah sich die Schublade an und fand einen Umschlag, der auf die Rückseite geklebt worden war. Verwundert löste sie ihn ab und sah hinein. Sie erkannte Dr. Olivers Handschrift, las die ersten Sätze.

»Die allergrößte Liebe im Leben ist manchmal die, die sich nicht erfüllen kann. Es mag Menschen geben, die sagen, dass sich die Liebe abnutzt, sobald sie sich erfüllt, und sie mögen recht haben. Mich hat es tatsächlich nie unglücklich gemacht, Sara zu lieben. Aber ich kann nicht glauben, dass ich sie jemals weniger geliebt hätte, wenn wir ein Paar gewesen wären.«

Sara? Den Namen kannte sie noch nicht. Auf dem Umschlag stand »1/3«. Sie nahm die anderen Schubladen heraus und fand weitere Umschläge, nicht ganz so dick und am Boden befestigt, sodass sie beim Schließen nicht gestört hatten. Die Umschläge trugen die Beschriftungen »2/3« und »3/3«. Warum waren diese Aufzeichnungen nicht einsortiert und abgeheftet wie alles andere aus dem Leben Dr. Olivers?

Hannah legte die Umschläge in ihre Tasche, nahm sich vor, sie später in Ruhe zu lesen. Eine weitere Liebesgeschichte und offenbar eine ganz außergewöhnliche, sonst fände sie sich bei den anderen …

Cahal kam die Treppe hinunter. »Du machst ganz schön Lärm. Soll ich dir nicht doch helfen?« Er sah die herausgenommenen Schubladen. »Sollen die wieder rein?«

Hannah nickte. »Ja, ich hab nur …« Und dann konnte sie nicht mehr länger so tun, als sei alles in Ordnung, als hätte sie den Anruf gerade nicht bekommen. Sie sank auf den Boden, stützte den Kopf in die Hände und versuchte, tief und ruhig zu atmen.

Cahal hockte sich neben sie, legte den Arm um ihre Schultern, wollte wissen, was los war.

»Meine Exchefin hat angerufen.«

»Oh. Und sie war wieder gemein zu dir?«

»Sie hat mir drei Millionen Pfund angeboten.«

Er schnappte nach Luft. »Drei …«

»Über vier Millionen Euro. Ja.«

Er stieß einen leisen Pfiff aus. »Dafür musst du viele Kommoden restaurieren.«

Sie musste trotz allem lachen. »So was Ähnliches musste ich auch denken.«

»Und was sollst du für das Geld tun?«

»Nicht vor Gericht aussagen.«

»Klingt einfach.«

Hannah nickte und rieb sich die Augen. »Angeblich bestehen nicht mal gesundheitliche Bedenken, wenn gebaut wird. Sie meinte, dafür sei längst gesorgt worden, alles sei ein Missverständnis.«

»Ach«, sagte Cahal ironisch. »Dann ist ja gut, dass ihr mal drüber geredet habt, ne?«

»Ich möchte das so gern glauben«, sagte Hannah.

»Zweifelst du etwa?«

Sie sah ihn an. »Woran?«

»Dass sie dich verarschen, natürlich!«

Hannah hob die Schultern. »Ich weiß nicht. Vielleicht habe ich wirklich überstürzt gehandelt. Vielleicht gibt es eine Erklärung … Ich weiß es nicht.«

Cahal stand auf und ging unruhig ein paar Schritte

umher. »Du zweifelst. Du knickst ein, weil sie dir Geld bietet. Das hätte ich nicht von dir gedacht.«

Hannah, immer noch am Boden sitzend, sah ihn fassungslos an. »Moment, es geht nicht um das Geld. Denkst du das wirklich von mir? Es geht darum, dass ich nicht sicher bin, ob es ein Ablenkungsmanöver ist, oder ob sie wirklich geplant haben, das Erdreich abzutragen und …«

»Wozu hätten sie dann die neuen Gutachten gebraucht?«, rief Cahal.

»Warum regst du dich überhaupt so auf?«, fragte sie. »Darf ich nicht wenigstens einen Moment lang in Betracht ziehen, dass Laura Blankley die Wahrheit sagt?«

»Ach, auf einmal sagt sie die Wahrheit.«

»Cahal, vielleicht hat es ja etwas gebracht, dass über die Sache berichtet und mächtig Staub aufgewirbelt wurde. Vielleicht haben sie sich jetzt entschieden, diesen Weg zu gehen. Dann hätte ich doch etwas erreicht, oder nicht?«

Er war stehen geblieben, mit dem Rücken zu ihr. Sie sah, dass er die Arme verschränkt hatte und ungeduldig mit dem rechten Fuß tappte. »Du könntest wirklich etwas ganz Großes bewegen. Du wärst eine Heldin. Die sich auflehnt gegen diese dunklen Machenschaften der Immobilienhaie. Die tut, was getan werden muss, kompromisslos. Du könntest damit noch ganz andere Menschen inspirieren, auch aufzustehen und auf Unrecht hinzuweisen, ohne Angst vor Repression, ohne Angst vor den Konsequenzen zu haben. Aber nein, dir ist es lieber, die Kohle einzustecken und den Mund zu halten.« Jetzt drehte er sich um und ließ die Arme sinken. »Du bist damit kein Deut besser als diese Gutachter, die sich haben schmieren lassen.«

»Was?« Jetzt erhob sie sich auch. »Ich habe die Sache doch erst ans Licht gebracht. Ich habe meinen Job verloren und werde nie wieder irgendwo als Anwältin arbeiten können, wenn die mich verklagen. Dann nimmt mich keiner mehr. Wenn ich danach überhaupt noch in meinem Job arbeiten darf! Ich habe meine berufliche Zukunft geopfert, und du vergleichst mich mit korrupten, geldgierigen Lügnern?«

Jetzt schüttelte er den Kopf, hatte die Hände gehoben, wie um sie zu beschwichtigen. »Hannah, hör mir zu. Ich will doch nur, dass du dich nicht von denen weichkochen lässt. Du warst so mutig und bist so weit gegangen, du sagst es doch selbst. Warum willst du jetzt aufgeben?«

»Ich will nicht aufgeben. Ich würde mich nur gern irgendwie davon überzeugen können, ob es was gebracht hat. Ob sie wirklich etwas gegen die Umweltsauerei tun. Darf ich diesen Gedanken nicht wenigstens weiterdenken? Realistisch betrachtet, habe ich sowieso keine Zeit, mich darum zu kümmern. Sie hat mir Zeit bis Montagmorgen gegeben.«

»Du darfst das auf keinen Fall annehmen!«, sagte Cahal.

»Es geht mir auch gar nicht ums Geld. Das nehme ich nicht. Es geht mir darum, wie in der Sache weiter vorgegangen wird.«

»Du hast Angst vor der Klage, das ist alles. Du musst

mich jetzt deine Geschichte bringen lassen, bevor sie die Klage einreicht, denn dann ist es zu spät. Wir haben höchstens bis Dienstag Zeit, um etwas zu bringen. Verstehst du das nicht?«

Hannah schloss die Augen und lehnte sich an die Wand. »Ich eigne mich nicht für Titelseiten. Ich will nicht im Mittelpunkt stehen. Alles, was ich will, ist, dass diese Sache ordentlich endet. Indem keine Arbeiter, keine Nachbarn, keine Menschen, die später dort wohnen werden, gefährdet sind, weil irgendwelche Verbrecher auf diesem Stück Land jahre- oder jahrzehntelang ihren Giftmüll ausgekippt und verbuddelt haben. Ich will, dass sich jemand darum kümmert, dass das Gift richtig entsorgt wird, damit auf den Grundstücken Kinder spielen können.«

Seine Stimme klang sehr viel sanfter, als er antwortete: »Ja, und deshalb musst du jetzt kämpfen. Wir können …«

»Nein«, unterbrach sie ihn. »Ich kämpfe, aber ich möchte bitte selbst entscheiden, wie ich das mache. Du überfällst mich mit deinen Vorstellungen, was am besten für mich sein soll. Wir haben da noch nicht mal richtig drüber gesprochen. Ich brauche Ruhe, um darüber nachzudenken. Verstehst du das?«

Er sah sie an, nickte, sagte aber nichts.

»Bitte«, sagte sie leise.

Wieder nickte er und ging dann zur Haustür. »Ruf mich an, wenn du so weit bist«, sagte er zum Abschied. Er streckte die Hand nach dem Türknauf aus, zögerte, gab sich dann aber einen Ruck und öffnete sie.

Hannah wartete, bis er die Tür hinter sich zugemacht hatte. Dann ging sie in die Küche und setzte sich auf den blauen Stuhl. Ein paar Minuten lang saß sie einfach nur da und dachte nach. Cahal, der seine Titelseiten füllen wollte. Cahal, der verheiratet war, aber nicht darüber sprach. Cahal, der behauptete, in sie verliebt zu sein. Passte das alles irgendwie zusammen?

Hannah nahm ihr Handy und rief Zadie an, um ihr alles zu erzählen.

»Du hattest immer ein gutes Bauchgefühl. Warum hörst du jetzt nicht drauf?«

»Weil ich durcheinander bin.«

»Und verliebt?«

Hannah zögerte. »Ich weiß es nicht.«

Zadie sagte: »Du musst jetzt ganz genau herausfinden, was du willst. Und wenn du das weißt, ziehst du es durch. Du darfst nichts tun, nur weil du denkst, dass es andere von dir erwarten. Dazu ist das alles gerade viel zu wichtig. Wenn du dich ganz bewusst für deinen Weg entschieden hast, wirst du später nicht dasitzen und sagen: Hätte ich doch, wäre ich doch … Dann wirst du sagen: Okay, vielleicht war das nicht die allerbeste Entscheidung, aber es war meine, und wer weiß, ob alles andere nicht noch viel blöder gelaufen wäre. Falls du überhaupt in die Situation kommst, diese Entscheidung anzuzweifeln. Lass es uns mal zusammen durchgehen. Was willst du?«

»Dass das Bauland entweder weiter gesperrt bleibt oder wirklich zuverlässig von den Giften befreit wird. Falls das überhaupt möglich ist.«

»Gut. Vertraust du Laura Blankley?«

»Nein.« Hannahs Antwort kam schnell und spontan.

»Gut. Vertraust du Cahal?«

Sie zögerte.

»Zu lange gezögert«, sagte Zadie.

»Und was sagt uns das jetzt?«

»Dass du auf beide nicht hören solltest, sondern nur auf dich.«

»Ich will nicht an die Presse gehen, nicht mit meinem Namen. Ich hab das damals nur gemacht, damit dieser Wahnsinn gestoppt wird.«

»Hat ja auch funktioniert. Vorerst.«

»Ich will nicht vor Gericht.«

»Wirst du aber müssen, so oder so.«

»Aber ich will nicht auf der Anklagebank sitzen.«

»Blankley hat die Antwort darauf.«

»Das Geld nehme ich auf keinen Fall.«

»Nobel.«

Hannah lachte bitter. »Ich kann das nicht tun. Alles sträubt sich in mir.«

»Dann nimm es nicht.«

»Was, wenn sie wirklich alles tun, um das Bauland zu säubern?«, fragte Hannah.

»Das wäre eine Entscheidung, die sie nach dem Presserummel getroffen haben. Als du die Story geleakt hast, dachtest du, es ginge um das Leben vieler Menschen. Du kannst jederzeit höherwertiges Rechtsgut geltend machen, wenn sie dir damit kommen, dass du deine Schweigepflicht verletzt hast.«

»Aber sie werden sagen, dass sie das damals schon

längst geplant hatten und alles nur ein Missverständnis war.«

»Ändert nichts an deiner Absicht.«

»Sie werden es aber so hindrehen, dass ich nur der Kanzlei schaden wollte.«

»Du hast wirklich Angst vor dieser Frau«, sagte Zadie.

»Ich kenne sie zu gut, um keine vor ihr zu haben.«

»Schaff sie dir vom Hals.«

»Wie denn? Soll ich sie in die Themse schubsen?«

»Im Moment bist du erpressbar, obwohl du in gutem Glauben gehandelt hast. Aus der Nummer musst du raus.«

Hannah seufzte. »Na, dann hab ich ja noch ein bisschen was zum Nachdenken.«

»Es ist erst Samstag.«

»Samstagabend.«

»Dir bleibt noch der ganze Sonntag. Und zwei Nächte, um darüber zu schlafen.«

»Kann ich morgen noch mal anrufen?«

»Ich bitte sehr darum.«

Hannah ging in die Eingangshalle und schloss die Begutachtung der Biedermeierkommode ab. Es beruhigte sie, sich mit den Möbeln zu beschäftigen. Es gab ihr etwas zu tun, es war greifbar und real. Dann nahm sie ihre Tasche, schloss sorgfältig das Haus ab, kontrollierte, ob auch das Gartenhaus richtig verschlossen war, und fuhr zur Pension.

THOMAS

Du hast den Namen Colin Keady natürlich schon gehört. Du kennst seinen Sohn und seinen Enkel. Du weißt, was für ein einflussreicher Politiker er zu seiner Zeit war und welche wichtige Rolle er für das County Cork gespielt hat. Du weißt um das Erbe, das sein Sohn angetreten hat, dass auch er wichtige Parteiämter bekleidete. Wie sehr auch der Enkel um seinen und den guten Ruf der Familie bemüht ist.

Colin Keady und Sara kannten sich schon viele Jahre, und ich glaube, nein, ich bin mir sicher, dass er ihre Entscheidung, sich das Leben zu nehmen, maßgeblich beeinflusst hat. Nach meinem Kenntnisstand, den du in den entsprechenden Unterlagen nachvollziehen kannst, lernten sie sich während des Unabhängigkeitskriegs bei ihren Pflegeeltern kennen. Diese nahmen immer wieder IRA-Kämpfer bei sich auf, darunter auch Keady.

Er war fast fünfzehn Jahre älter als sie und Sara noch nicht volljährig. Wenn herausgekommen wäre, dass er mit ihr geschlafen hatte, er wäre ins Gefängnis gekommen und hätte alles verloren. Schließlich war er verheiratet, und er hatte damals schon einen Ruf zu verlieren. Ich schrieb es bereits: Wahrscheinlich sorgte er dafür, dass Sara ins Ausland ging, dort ihr Kind bekam und es weggab. Wahrscheinlich sorgte er sogar dafür, dass ein wohlhabendes Ehepaar das Kind bekam und Sara viel Geld dafür zahlte. Ich schrieb auch schon, dass sie immer darauf gewartet hatte, ihn zurückzubekommen. Aber dann heiratete er nach dem Tod seiner Frau eine andere. Sie ging weg und kam wieder, als auch diese Frau gestorben war. Was geschah dann mit ihm? Saras Geschichte kennen wir so weit. Aber wo war Keady, zu der Zeit schon ein großer Politiker im County?

Niemand weiß genau, was er während der Kriegsjahre tat und wo er war. Offiziell hielt er sich in Dublin auf und beriet Mitglieder der Regierung. Andere sagen, er sei häufig gar nicht in Irland gewesen, sondern in der Schweiz, und hätte von da aus immer wieder Kontakt zu den Deutschen aufgenommen. War er im Auftrag des Geheimdiensts unterwegs? Oder für die IRA? Was tat er in der Schweiz, die während des Kriegs neutral war? Wen traf er dort, zu wem hatte er wirklich Kontakt? Und in wessen Auftrag? Möglicherweise werden wir es nie erfahren.

Wir wissen natürlich, dass er nach dem Krieg seine politischen Aktivitäten im County wiederaufnahm. Und bevor er das tat, traf Sara ihn wieder und brachte sich kurz darauf um. Was löste diese Begegnung in ihr aus? War es ein zufälliges Zusammentreffen im Hause ihrer Pflegemutter? Oder hatte Keady die Alte geschickt, um Sara zu holen? Das erscheint mir am wahrscheinlichsten, aber was wollte er von ihr? Sie einfach wiedersehen? Oder dass sie ihm einen Gefallen tat? Wollte er einfach nur sichergehen, dass sie niemals auch nur ein Wort über ihn verlor, wenn er für ein politisches Amt kandidierte? Erpresste er sie?

In dunklen Momenten dachte ich: Vielleicht hoffte sie darauf, er würde sie doch noch heiraten. Sie hatte so viele wichtige Entscheidungen in ihrem Leben von ihm abhängig gemacht. Vielleicht dachte sie, alles würde einfach gut werden, alle Fehler ungeschehen, wenn er sie einfach heiratete. Um dann zu erkennen, dass er es niemals tun würde. Dass er sie nie wirklich geliebt hatte. Dass sie nie das Kind, das sie von ihm hatte, als ihr eigenes zurückbekommen würde.

In besseren Momenten dachte ich: Sie hatte ihn hinter sich gelassen, war endlich über ihn hinweg, als er sich wieder in ihr Leben drängte, und die Erinnerung an das, was sie seinetwegen hatte auf sich nehmen müssen, trieb sie in den Tod.

Und dann gab es Momente, in denen ich dachte: Vielleicht ist sie gar nicht tot. Vielleicht hat sie alles nur inszeniert, um ihm zu entkommen, aber sie lebt weiter, irgendwo da draußen, und manchmal sieht sie aus der Ferne dabei zu, wie ihr John aufwächst. Vielleicht hat sie ihr Aussehen verändert und geht manchmal ganz nah an ihm vorbei oder an mir. Vielleicht wartet sie darauf, dass ich sie finde. Vielleicht …

Vielleicht ist das der Grund, warum ich nie heiraten würde. Ich konnte mir niemals sicher sein, dass sie wirklich tot war, und die wilde Hoffnung darauf, dass sie eines Tages zurückkommen würde, ließ mich für immer auf sie warten.

Natürlich kam sie nicht zurück. Selbst wenn sie ihren Tod damals nur inszeniert hätte, wäre sie heute längst nicht mehr am Leben. Nur deshalb kann ich endlich loslassen, sie und alles, was damals geschah. Ich war ein Leben lang verrückt wegen ihr.

Als Keady Sara wiedertraf, war er zum dritten Mal verheiratet. Er hatte einen Sohn in Johns Alter. Sein Sohn hieß Connor. Es war reine Ironie des Schicksals, dass Keady mit seiner Familie das Haus gleich neben der Familie Pallis bezog, zu der John nun gehörte. Connor und John wurden Freunde, sogar beste Freunde. Du bist jetzt verwundert, nicht wahr? Dein Vater starb zu früh, ich weiß, er hat dir nicht alles erzählt. Du kennst nur die Feindschaft zwischen den beiden, weißt aber nicht, wie es dazu kam.

Wie gesagt, sie waren beste Freunde. Jedenfalls während der Schulzeit. John studierte, mit unserer finanziellen Unterstützung, Medizin in Cork, und Connor schrieb sich für Geschichte ein. John arbeitete am Krankenhaus, und Connor wurde Lehrer. Interessanterweise war es John, der sich schon früh politisch engagierte. Connor schien einen anderen Weg einschlagen zu wollen als sein herrischer Vater, den schließlich jeder kannte und auf den er ständig angesprochen wurde. John vertrat, wie viele junge Iren in den Sechzigern, die Meinung, dass nicht die Religion im Vordergrund stehen dürfe, sondern die Ideologie, gemeinsam einen sozialistischen Staat zu errichten. Ganz Irland solle vereint sein in einem Arbeiterstaat. Im Norden gab es Kampagnen dazu, und der gewaltfreie Charakter stand bei den Republikanern diesmal im Vordergrund. Die IRA bekam dadurch eine neue Ausrichtung. Als sich paramilitärische Gruppen von protestantischer Seite dagegen auflehnten und gewaltsame Aktionen durchführten, kam es zu einer Aufspaltung der IRA: Die einen nannten sich die Official IRA und blieben bei der marxistisch-leninistischen Ideologie. Die anderen nannten sich die Provisional IRA. Besonders der Blutsonntag 1972 sollte dafür sorgen, dass wieder viele, besonders unter den jungen Leuten, bereit waren, gegen die Briten und für ein vereintes Irland unter Einsatz ihres Lebens und mit Waffengewalt auf Seite der Provos zu kämpfen.

Connors Vater starb 1966. Er erlebte nichts mehr davon. Warum sich Connor so radikalisierte, obwohl er zuvor noch die Ausrichtung seines Vaters abgelehnt hatte? Es ist nicht selten, dass sich Söhne von berühmten Vätern erst gegen sie auflehnen und dann ihr Erbe antreten. John stand weiter für einen Frieden im Land ein, Connor warf alles hin und ging in den Norden, um sich den Provos anzuschließen. Er nahm frühere Schulfreunde mit. Viele starben in den folgenden Jahren oder wurden verhaftet und ohne Gerichtsverfahren interniert. Nur Connor schaffte es irgendwie, unbeschadet aus der Sache herauszukommen. Kurz nach dem Blutsonntag kehrte er mit einer Frau, die er in Nordirland geheiratet hatte, und einem zweijährigen Kind zurück. Vielleicht war er rechtzeitig zurückgekommen, bevor man auch ihn verhaften konnte. Ich vermute allerdings, dass ihn der Mut verlassen hatte. Von nun an sprach er sich gegen die Gewalt im Norden aus, predigte Frieden und Einigkeit und wollte nichts mehr davon wissen, dass er noch vor Kurzem die Provos unterstützt hatte.

John war entsetzt. Vor allem über Connors Wankelmut, und dass er nicht zu dem stand, woran er glaubte. Oder glaubte er etwa gar nichts, sondern lief nur irgendwelchen Ideologien hinterher, wie es ihm gerade in den Kram passte? Das war nicht Johns Art. Er war immer geradeheraus und vertrat seine Meinung. Immer. Er hatte auch kein Problem damit, Fehler einzugestehen. Wie sich sein einstiger Freund Connor aber aufführte, war ihm fremd und zuwider. Die beiden brachen miteinander.

Als deine Mutter 1980 an einer schweren Infektion starb und John sie nicht retten konnte, obwohl er doch Arzt war, verzweifelte er ganz. Seine politischen Überzeugungen schienen, mit Blick auf die Gewaltexzesse im Norden, vollkommen sinnlos, sein ehemals bester Freund war mittlerweile sein größter Feind, und nun starb auch noch seine geliebte Frau. Du warst der einzige Grund, warum er überhaupt weiterlebte. Er hielt noch ein paar Jahre durch, bis er sich entschied, dass der Schmerz in ihm zu groß für ihn war und er ihn nicht länger ertragen konnte.

Ich versuchte alles, um ihn davon abzuhalten. Er hatte es schon vorher probiert, zum Glück bekamst du nichts davon mit. Jedenfalls glaube ich das.

Auch wenn meine Mutter nicht als Wohltäterin für die Pallis-Familie auftreten wollte, hatte ich immer ein Auge auf John. Ich wurde so etwas wie sein Mentor, eine Art Onkel vielleicht. Dublin hatte ich in den Fünfzigerjahren verlassen, um in Bandon die Hausarztpraxis zu übernehmen. Ein Herzspezialist als Landarzt? Nun, du kannst dir denken, warum ich das tat. Ich wollte wieder zu Hause sein. Dort, wo die Erinnerungen an Sara lebendig waren. Und es war auch der richtige Zeitpunkt. Meine Mutter konnte meine Unterstützung im Haus gebrauchen. Ihr gesundheitlicher Zustand verschlechterte sich schleichend, sie wurde zunehmend gebrechlicher. Aber sie sollte noch lange leben und sehr alt werden. Sie starb mit 84 Jahren. Bald darauf übergab ich meine Praxis an meinen Nachfolger und hatte endlich genug Zeit, alles zu recherchieren, was ich noch nicht herausgefunden hatte. Ich hatte schon vorher angefangen, die leer stehenden Zimmer in Archivräume umzuwandeln. Nachdem meine Mutter gestorben war, lebte ich hier ganz allein und konnte mich entsprechend einrichten.

Aber zurück zu John, deinem Vater. Er kam oft zu mir, um sich Rat zu holen. Ich half ihm, wo ich konnte. Wir führten lange Gespräche, zu allen Themen, die ihm auf dem Herzen lagen. Er bekam von mir alles, was er brauchte, jedenfalls dachte ich das. Manche Menschen aber haben dunkle Seiten, zu denen sonst niemand vordringen kann. Vielleicht liegen diese dunklen Seiten doch stärker in unseren Genen, und er erbte sie von Sara. Als er von uns ging, war das seine bewusste, lange überdachte Entscheidung. Er sah dich auf einem guten Weg und glaubte, du würdest ihn nicht mehr brauchen. John wollte dir kein Leid antun, aber er konnte einfach nicht mehr. Er fühlte sich als Belastung für alle, die ihn liebten, und empfand keinerlei Freude mehr.

Er war so ein wunderbarer Mensch.

Immer setzte er sich für eine bessere, gerechtere Welt ein. Er verstand seine Arbeit als Arzt als eine Dienstleistung, die allen zur Verfügung stehen musste, zu jeder Zeit. Er sah es als Privileg, studiert zu haben und diesen Beruf ausüben zu können, und er fand, wer privilegiert war, hatte eine Verpflichtung der Gesellschaft gegenüber. Diese Verpflichtung nahm er sehr viel ernster als die meisten unserer Zunft.

Obwohl sich sein einstiger Freund Connor als Politiker landesweit einen guten Namen machte und es tatsächlich schaffte, zum Synonym für Friedenspolitik zu werden, mit Europa im Blick, obwohl Connor nun eigentlich die Ansichten Johns zu teilen schien, sprach er nie wieder mit ihm. Ich dachte, es läge daran, dass Connor seine Zeit bei den Provos verschwieg, oder vielmehr: dass er seine Jahre in Nordirland schönfärbte und behauptete, sich vor Ort für friedliche Lösungen eingesetzt zu haben.

Aber es gab noch einen anderen Grund, warum dein Vater mit den Keadys brach und warum die Keadys sehr darauf bedacht waren, ihm aus dem Weg zu gehen.

12.

Sie las die Aufzeichnungen von Dr. Oliver nicht nur, sie saugte sie auf. Auf diesen Seiten schien der Mann zum Leben erweckt. Sie glaubte, seine Stimme zu hören, seine Gedanken zu begreifen, zu fühlen, was er beim Aufschreiben gefühlt hatte. Manchmal las sie die Seiten nur quer, weil sie unbedingt wissen wollte, wie es weiterging, wie sein Leben verlaufen war, und das von Sara, dieser Frau, die ihm alles bedeutet hatte.

Es war schon nach Mitternacht, und sie hatte immer noch nicht alles genau durchgelesen, aber sie hatte nun eine Ahnung, dass Cahal mit Dr. Oliver verabredet gewesen war, um über ein paar Dinge zu sprechen, die der alte Arzt über Cahals Familie herausgefunden hatte. Sofern sie die Hinweise richtig gedeutet hatte.

Sie zog Schuhe an, nahm sich ihre Jacke und die Schlüssel zu Dr. Olivers Haus und für den Mietwagen und lief nach draußen auf den Parkplatz. Daniel verabschiedete sich gerade von einem seiner Mitarbeiter, und als er sie bemerkte, sah er sie überrascht an, fast etwas ängstlich. Sie musste aussehen wie eine Furie.

»Ist alles okay?«, rief er zu ihr herüber. »Sie sind jetzt aber nicht meinetwegen hier?« Er versteckte sich fast ein bisschen hinter einem der Wagen, die neben der Pension parkten.

Hannah blieb stehen. »Entschuldigen Sie bitte, dass ich heute Morgen so unmöglich war. Sie wollten nur nett sein. Tut mir wirklich sehr leid.«

»Aber Sie hatten recht. Ich habe mich in etwas eingemischt, das mich nichts angeht. Ich bin wohl übers Ziel hinausgeschossen.« Er deutete auf die Schlüssel, die sie in der Hand hielt. »Sie sind vermutlich nicht rausgekommen, um mir das zu sagen, oder?«

»Ich muss noch mal zu Dr. Olivers Haus.«

»Jetzt?«

»Ich kann sowieso nicht schlafen.«

»Ist wirklich alles in Ordnung?«

Sie seufzte. »Genau genommen ist gar nichts in Ordnung.«

Er ging um den Wagen herum auf sie zu. »Kann ich etwas für Sie tun?« Als sie zögerte, fuhr er fort: »Soll ich vielleicht mitkommen? Oder wollen Sie ein Glas Wein und mit jemandem reden? Oder brauchen Sie einfach Ihre Ruhe?« Sie sah, dass er jetzt lächelte. »Vor mir brauchen Sie wohl wirklich Ihre Ruhe. Entschuldigung. Ich dränge mich schon wieder auf.«

»Nein«, sagte sie schnell. »Danke. Obwohl ...«

»Ja?«

»Darf ich Sie etwas wegen Cahal fragen?«

Er wirkte erstaunt. »Klar.«

»Warum haben sich Ihre Väter eigentlich nicht verstanden?«

»Oh, sind Sie sicher, dass ich Ihnen das hier zwischen

Tür und Angel erzählen soll? Wollen wir dazu nicht lieber reingehen?«

»Ein andermal sehr gern. Jetzt bin ich ein wenig ungeduldig. Gibt es eine Kurzfassung?«

Daniel überlegte. »Conor Keady nannte meinen Vater immer den Sohn eines Verräters am irischen Volk. Mein Großvater hat im Zweiten Weltkrieg auf britischer Seite gegen die Deutschen gekämpft. John, also mein Vater, fand immer, dass der Kampf gegen Hitler so einiges rechtfertigte. Er ging Conor aus dem Weg. Aber irgendwann, als Conor schon ziemlich krank war, das muss so vor zehn Jahren gewesen sein, fing er wieder an, meinen Vater zu nerven. Dem ist dann der Kragen geplatzt, und er sagte zu Conor: ›Wenn sich jemand wirklich am irischen Volk vergangen hat, dann diese zwei Männer: De Valera und dein Vater‹.«

»Wow. Und dann haben sie sich geprügelt?«

Daniel schüttelte den Kopf. »Im Gegenteil. Conor hat den Kopf hängen lassen und sich danach nicht mehr blicken lassen.«

»Wissen Sie, was Ihr Vater damit gemeint haben könnte?«

»Nein. Ich hab ihn natürlich danach gefragt, und er sagte nur: ›Dumme Sprüche, sonst nichts. Hauptsache, er lässt mich in Ruhe.‹«

Aber Hannah hatte eine Ahnung, was Daniels Vater gemeint haben könnte. Sie wollte nur erst sichergehen, wollte keine Gerüchte in die Welt setzen und womöglich den Unfrieden zwischen Daniel und Cahal noch unnötig verstärken. Sie nickte deshalb nur, lächelte, schloss den Wagen auf. Versprach Daniel, ihm ganz bald alles zu erklären, er möge ihr seltsames Verhalten entschuldigen. Dann fuhr sie los, dachte darüber nach, wie sie auf diesen Mann wohl wirken musste, und wie es außerdem sein konnte, dass nach so kurzer Zeit in einer anderen Umgebung schon so viel passiert war, wo ihre eigentliche Aufgabe doch darin bestand, sich in einem leer stehenden Haus einzuigeln und den Nachlass eines alten Mannes zu begutachten. Und dann dachte sie, dass es nicht besser gewesen wäre, in London zu bleiben, eher im Gegenteil, weil sie da viel näher an Matthew und seiner Neuen dran gewesen wäre, weil sie da nicht den Abstand gehabt hätte, um über Laura Blankleys Angebot nachzudenken. Es war alles gut so, wie es war.

Nur eine Sache stimmte nicht: Im Haus von Dr. Oliver brannte im ersten Stock Licht. Hannah überlegte, ob sie es angelassen haben könnte, aber sie war vorhin gar nicht oben gewesen. Cahal musste es wohl bei seinem Rundgang angelassen haben. Als in einem anderen Raum ebenfalls Licht aufflackerte, bremste sie erschrocken ab. Jemand war im Haus. Jetzt, mitten in der Nacht. Es konnte nur bedeuten, dass Einbrecher dort waren. Vielleicht die Kerle, die ihr heute Nachmittag mit den Möbeln geholfen hatten? Sie schaltete ihre Scheinwerfer aus und fuhr langsam auf das einsame Haus zu, sah die Umrisse eines Wagens in der Auffahrt und wählte die Nummer des Notrufs. Dann legte sie sofort wieder auf, weil sie den Wagen erkannte. Nicht das altersschwache Gefährt der Möbelschlepper, sondern Cahals Auto. Hannah hielt an, stieg wütend aus, eilte auf das Haus zu.

Die Vordertür war verschlossen, unversehrt, er war offenbar durch die Hintertür reingekommen. Sie hielt kurz inne, atmete durch, öffnete dann leise die Tür, ging geräuschlos die Treppe hinauf und fand Cahal in einem der Archivräume, in dem sich Patientenakten befanden. Er blätterte gedankenversunken in einem Ordner, hatte sie nicht gehört, war ganz in seiner eigenen Welt. Murmelte sogar etwas vor sich hin. Hannah klopfte gegen den Türrahmen, er ließ erschrocken den Ordner fallen. Als er sie sah, bückte er sich sofort, wollte den Ordner zuklappen und wegstellen, bevor sie erkennen konnte, wonach er gesucht hatte.

»Gib dir keine Mühe«, sagte sie. »Ich weiß, warum du hier bist.«

»Ich wollte nach dir sehen. Ich dachte, vielleicht bist du noch hier. Die Tür war offen, da bin ich einfach …«

»Die Tür war abgeschlossen.«

»Die Hintertür, meine ich.«

»Die auch. Wie bist du reingekommen?«

»Wirklich, die Tür war offen!«

»Ich schließe immer überall ab.«

Er schwieg, sah sie nicht an. Fast trotzig wandte er den Blick zum Fenster, hinter dem nichts als Dunkelheit lag.

Es war nur eine Idee, aber sie war naheliegend. Hannah fragte: »Hast du dir von den freundlichen Umzugshelfern heute Nachmittag erklären lassen, wie man ein Schloss knackt?« Sie bekam keine Antwort, wusste aber, dass sie recht hatte. »Cahal, ich weiß, warum du hier bist«, wiederholte sie.

Immer noch keine Antwort, er verschränkte nur die Arme und starrte weiter in die Dunkelheit hinter den Fensterscheiben.

»Dein Großvater hat Michael Collins ermordet, und Dr. Oliver wusste es. Aber die Unterlagen, die du suchst, sind nicht hier im Haus. Jedenfalls nicht alle. Selbst wenn du hier etwas entwendest, gibt es immer noch anderes Material.«

Er drehte sich mit einem Ruck zu ihr um. »Wo?«

»Cahal, es ist besser, wenn du jetzt gehst.«

»Ich muss es sehen!«

»Nein.«

»Ich habe ein Recht darauf!«

»Das hast du nicht. Es ist noch nicht entschieden, was mit all diesen Unterlagen geschieht. Was du dir angesehen hast, sind vertrauliche Patientenakten.«

»Darin sind Notizen, die nichts mit der Krankengeschichte …«

»Deshalb bin ich hier. Um alles zu sichten und anschließend mit der Nachlassverwalterin und einem Gericht zu klären, was mit diesen Sachen geschieht.«

»Wenn das in die falschen Hände gerät, dann …«

»Cahal! Ich bin Anwältin. Nichts davon wird in die falschen Hände geraten.«

Er schnaubte voller Verachtung. »Eine Anwältin, die es mit ihrer Verschwiegenheit nicht so genau nimmt, wie man weiß.«

Hannah riss sich zusammen, um die Fassung nicht zu verlieren. »Das war etwas vollkommen anderes. Und du warst es doch, der mich als Heldin in seiner

Zeitung groß rausbringen wollte.« In diesem Moment verstand sie alles, sah das große Bild vor sich, als hätte sie das letzte Puzzleteil eingefügt und würde erst jetzt erkennen, was sie zusammengesetzt hatte. »Das war alles nur ein Ablenkungsmanöver. Richtig? Du hast von Anfang an vorgehabt, mit mir zu flirten, um Zutritt zum Haus zu bekommen. Hättest du das nicht einfacher haben können? Hätte es nicht gereicht, hier einzubrechen? Wozu hast du mich gebraucht?«

Cahal schüttelte den Kopf. »Unsinn. Ich war mit dem Alten verabredet, als ich herkam. Und ja, ich dachte, ich könnte mir durch dich leichter Zutritt verschaffen. Er hatte mir ja nur gesagt, dass er mit mir über meinen Großvater reden will, ob ich denn wüsste, dass er der Mörder von Michael Collins sei. Ich hatte keine Ahnung, wie es hier drin aussieht und was er darüber wissen könnte und … ich wollte mir erst einmal ein Bild verschaffen.«

»Aha. Und jetzt hast du dir ein Bild verschafft. Wie gesagt, du hättest hier sowieso nicht alles gefunden.«

»Ich hab das nicht gewusst!«

»Was?«

»Von meinem Großvater. Ich wusste, dass er mit dabei war. Mein Vater hat mir so etwas erzählt. Aber dass er ihn getötet haben soll, wusste ich nicht.«

Hannah dachte daran, was Daniel ihr erzählt hatte. »Aber dein Vater wusste es. Und ich glaube, er war nicht der Einzige.«

Jetzt war Cahal ganz blass, unter seinen Augen zeigten sich dunkle Schatten. Er ließ sich auf den Boden sinken, stützte die Arme auf die Knie. »Wer weiß davon?«

»Es hat jahrzehntelang niemand darüber geredet. Es wird auch jetzt niemand tun.«

»Verstehst du denn nicht, dass das eine ganz schwierige Situation für mich ist?«

»Falls, und ich betone: falls dein Großvater wirklich zweifelsfrei derjenige war, der Michael Collins getötet hat, liegt es im allgemeinen Interesse, es öffentlich zu machen.«

Er sah zu ihr auf. »Damals hat er das getan, was er für richtig hielt. Er wollte sein Land retten. Er befand sich sozusagen im Krieg!«

»Ich weiß zu wenig über die Hintergründe, Cahal«, antwortete sie ausweichend.

Er seufzte. »Ich habe jetzt diese wirklich tolle Position. Ich bin Herausgeber einer wichtigen Zeitung. Aber wenn das herauskommt? Dass ich der Enkel des Mannes bin, der den Nationalhelden getötet hat? Weißt du, wie viele Fanatiker mich dann von der nächsten Steilküste stürzen würden?«

Hannah gefiel die Vorstellung, aber sie schwieg.

»Weißt du, dann wäre es egal, wofür ich mich in den letzten Jahren eingesetzt habe. Oder welche politische Haltung ich habe. Das würde niemanden mehr interessieren. Weißt du, was das für ein Gefühl ist? Du solltest das doch wissen, oder nicht?«

»Worauf willst du hinaus?«

Er erhob sich und machte einen Schritt auf sie zu. Sie wich zurück. »Was, wenn morgen in der Zeitung steht, dass du Millionen kassierst, um einen Skandal zu decken? Was dann?«

»Ich werde das Geld nicht annehmen.«

»Na und? Wer würde dir denn dann noch glauben? Oder anders gefragt: Wen würde es interessieren, wenn Tage oder Wochen später die Meldung käme, dass du doch ein ganz aufrechter, ehrlicher Mensch bist?«

»Du kannst das nicht vergleichen, Cahal.«

»Doch! Doch! Es geht einzig um den Ruf, um das, was die Menschen von einem glauben! Wenn ich als Journalist eins gelernt habe, dann das: Die einzige Währung, die du hast, ist dein guter Name.«

Hannah spürte nun, wie erschöpft und müde sie war. Sie hatte ihre Energie aufgebraucht. Mit diesem Mann wollte sie nicht mehr reden, sie wollte, dass er ging und ihr möglichst nie mehr unter die Augen trat. »Falls du vorhast, mich zu erpressen, kann ich dir nur sagen, es wird nicht funktionieren. Weißt du, warum? Weil es mir egal ist. Ich weiß, was ich getan habe und was nicht, und ich vertraue auf die Menschen um mich herum, die mich als diejenige sehen, die ich bin. Alles andere interessiert mich nicht. Ich habe immer versucht, das Richtige zu tun und niemandem zu schaden. Das werde ich jetzt auch. Vertrau mir oder lass es bleiben. Ich werde nichts an die Öffentlichkeit bringen, nur um dir Probleme zu machen. Aber ich werde auch nichts unter den Tisch fallen lassen, um dir einen Gefallen zu tun. Mehr habe ich dir nicht zu sagen. Wenn du jetzt bitte gehen würdest, sonst muss ich wirklich die Polizei rufen.«

Er starrte sie an, seine Wut füllte den Raum zwischen ihnen. Trotzdem ging er ohne ein weiteres Wort. Sie musterte ihn genau, bevor er die Treppe hinunter verschwand. Er hatte nichts eingesteckt, nichts mitgehen lassen. Sie hörte die Haustür, dann seinen Wagen, wie er startete und wegfuhr. Noch ein paar Momente, dann ging sie ebenfalls hinunter und schloss die Haustür von innen ab. Die Hintertür war tatsächlich offen. Sie betrachtete das Schloss, man sah, dass jemand daran herumgekratzt hatte, aber es war nicht so beschädigt, dass es nicht mehr funktionieren würde. Sie schloss von innen ab. Als sie zurückging, entdeckte sie auf einem der Möbelstücke, die in der Eingangshalle standen – einem dreibeinigen Jugendstiltischchen – etwas, das im ersten Moment wie ein Schlüsselbund aussah. Es war ein Dietrich-Set. Damit war Cahal ins Haus gekommen. Montag würde sie gleich als Erstes dafür sorgen, dass auch an die Hintertür ein sicheres Schloss angebracht wurde.

Oben sammelte sie alle Unterlagen zusammen, die von Colin Keady, seinem Sohn Conor und seinem Enkel Cahal handelten, und auch die von Daniels Vater John Pallis. Sie suchte weiter, ob sie irgendwo etwas über Sara fand, Dr. Olivers große Liebe, kam aber nicht weiter und war schließlich zu müde, um sich noch aufrecht zu halten. In der Küche kochte sie sich einen starken schwarzen Tee, löschte die Lichter, kontrollierte mehrfach, ob sie überall abgeschlossen hatte, dann fuhr sie mit den Unterlagen zurück in die Pension.

THOMAS

Nein, es ging nicht um Sara und das Kind, das sie von Connors Vater Colin bekommen hatte. Nein, davon wusste Connor nichts, er erfuhr nie davon, niemand tat es. Connor kannte kaum seine Halbgeschwister aus der ersten Ehe seines Vaters, weil die meisten von ihnen in Amerika lebten. Es ging um etwas anderes, aber es hatte tatsächlich mit Colin Keady zu tun.

Ich schrieb bereits, dass auch Saras Liebhaber anwesend war, als das Attentat auf Michael Collins verübt wurde. Ich schrieb auch schon, dass ich sicher bin, dass er die tödlichen Schüsse auf Michael Collins abgegeben hat. John fand es irgendwie heraus und konfrontierte Connor damit. Connor vernichtete anschließend alles, was auch nur den geringsten Hinweis auf eine Beteiligung seines Vaters an dem Attentat geben könnte. Alles, was ich als Beweis hatte, war Johns Wort. Ich habe protokolliert, was er mir erzählte und wie er darauf gestoßen war.

Es war eine absurde und tragische Konstellation: De Valera wusste von Anfang an, dass es keine Lösung für das gesamte Irland geben würde. Deshalb wohl überließ er die Verhandlungen Michael Collins. Dieser wiederum war sich darüber im Klaren, dass der von ihm ausgehandelte Vertrag ein Kompromiss war, der den radikalen Kräften im Land nicht gefallen konnte. Er wusste, er würde damit sein Todesurteil unterzeichnen, und leider behielt er recht. Dabei wollte er die Grundlage für den Weg in die Freiheit schaffen. Den ersten Schritt tun. Es gab keine andere Möglichkeit ohne weiteres Blutvergießen. Und noch einen Krieg gegen die Briten hätten die Iren nicht überstanden.

De Valera erkannte den Vertrag offiziell nicht an, nur um dann später auf Grundlage dieses Vertrags den parlamentarischen Weg zur vollständigen Unabhängigkeit zu gehen. Es waren geschickte Winkelzüge eines Politikers. De Valera zog immer rechtzeitig den Kopf aus der Schlinge. Immer waren es andere, die für ihn den Kopf hinhielten. Immer kam er als strahlender Sieger wieder.

Michael Collins war also in die Falle gegangen. Er hatte das Beste für sein Land tun wollen, hatte getan, was De Valera von ihm verlangt hatte, und man bestrafte ihn dafür mit dem Tod. Colin Keady, ein enger Freund von De Valera und bekennender Vertragsgegner, tötete ihn. Nichts davon wird in die Geschichtsbücher eingehen, weil die Beweise nicht mehr existieren. Was De Valeras Leute nicht schon vernichteten, das besorgte Colins Sohn einige Jahrzehnte später. Connor schrieb die Familiengeschichte neu. Laut John fälschte er sogar Dokumente, um Lücken zu füllen. Er wollte, dass sein Vater in der Erinnerung der Menschen gut dastand. Denn bei allem Hass auf die Briten, bei allem Frust über die Teilung des Landes, wurde selbst radikalen Republikanern klar, was Michael Collins für Irland getan hatte. Es galt nicht als Heldentat, Collins getötet zu haben. Ganz im Gegenteil.

Connor war natürlich auch – oder vor allem – um seinen eigenen guten Ruf besorgt. Und es gab, wie du nun weißt, so einiges nicht nur in seiner eigenen, sondern überhaupt in der Familiengeschichte, das besser unerwähnt blieb. Diese Unaufrichtigkeit wollte John ihm nicht verzeihen.

Vor ein paar Tagen kam Cahal Keady zu mir. Ich erzählte ihm alles, was ich über seinen Großvater und das Attentat auf Michael Collins wusste. Er bat mich, selbst noch diese letzten Reste zu vernichten. Ich sagte ihm, dass diese längst nicht als Beweise gelten könnten, weil es sich nur um die mündliche Überlieferung von John handelte, und John war selbst nicht einmal Zeuge der eigentlichen Tat gewesen – aber Cahal war davon nicht abzubringen. Also machte ich ihm klar, dass ich es nicht tun würde. Er hat eine Reise geplant und wird sich wieder bei mir melden, wenn er zurück ist. Ich hoffe, ihn davon überzeugen zu können, wie falsch es ist, die eigene Geschichte nicht nur zu leugnen, sondern umschreiben zu wollen. Er muss akzeptieren, was geschehen ist, er versteht noch nicht, welche Stärke er daraus für seine Position ziehen kann. Im Gegenteil sieht er die Tat seines Großvaters als eigenen Makel. Vielleicht hat er jetzt Zeit, darüber nachzudenken. Ich wünsche ihm, dass er klüger ist als sein Vater.

Cahals Besuch hat mir außerdem zu dem Entschluss verholfen, endlich auch das letzte Geheimnis in meinem Leben zu lüften. Manchmal ist es besser, ein Geheimnis zu wahren, um andere zu schützen. Ich habe nie mich selbst geschützt, darum ging es mir nicht. Ich habe ein Versprechen gegeben, an das ich mich auch nach dem Tod der Person gebunden sah – vor allem, weil sie mich im Tode darum gebeten hat, es weiter zu wahren. Aber nun, nach so vielen Jahren, nach Jahrzehnten und so kurz vor meinem eigenen Tod, glaube ich, sie hätte nichts mehr dagegen, wenn du die ganze Wahrheit erfährst.

13.

Als Hannah am Sonntagmorgen aus einem kurzen, traumlosen Schlaf erwachte, rief sie sofort Zadie an. Ihre Freundin war zwar keine Anwältin, aber sie bildete als Professorin die zukünftige Anwaltselite aus und kannte die Besten im Land. Hannah konnte sich die Besten nicht leisten, aber Zadie versicherte ihr, sie würde jemanden finden. Gegen Mittag hatte Zadie eine junge, aber hochgelobte Strafverteidigerin für Hannah ausgemacht: Rameshwari Rath meldete sich nur wenig später, und sie besprachen zwei Stunden lang Hannahs Situation. Dann beschlossen sie, dass Rameshwari zur Staatsanwaltschaft gehen und den Fall in Gänze vortragen würde, inklusive des Bestechungsversuchs durch Laura Blankley. Es war ein Risiko, denn Hannah konnte nicht alles lückenlos beweisen, sie war sich außerdem sicher, dass in den vergangenen Wochen so einiges an belastendem Material verschwunden war, obwohl gegen die Kanzlei und den Mandanten aus Katar ermittelt wurde. Trotz des Risikos wollte sie genau das. Sie hatte nichts zu verlieren, dafür aber einiges zu gewinnen, egal, wie die Sache für sie ausging. Es gab Wichtigeres als Geld, besonders wenn Blut an dem Geld klebte. Oder Giftmüll.

Rameshwari teilte ihr mit, was sie alles brauchte, um sich einzuarbeiten, und versprach, so schnell wie möglich Kontakt mit einem Staatsanwalt aufzunehmen, in jedem Fall aber, bevor die von Laura Blankley gesetzte Frist verstrichen war. Hannah fühlte sich erleichtert, nachdem sie mit Rameshwari gesprochen hatte. Die Frau wirkte motiviert, klug und zielstrebig, und sie hatte sich bereits über Details informiert, bevor sie Hannah angerufen hatte. Hannah war sich sicher, genau das Richtige zu tun.

»Sie wissen, dass Sie nun in jedem Fall vor Gericht aussagen müssen?«, fragte Rameshwari.

»Gegen die Kanzlei. Ja.«

»Man wird versuchen, Sie zu diskreditieren. Das wird nicht schön.«

»Ich habe dort gearbeitet. Zwar nicht als Strafverteidigerin, aber ich kann es mir sehr gut vorstellen.«

»Theoretisch können Sie es sich vorstellen. Praktisch wird es ein Schock sein. Aber wir schaffen das. Sie sind sehr mutig.«

»Danke.«

»Ich weiß nicht, wie lange Ihre Identität vor der Öffentlichkeit geschützt bleiben kann.«

Hannah war immer noch im Schlafanzug, sie war vor lauter Telefonieren an diesem Sonntag noch zu gar nichts gekommen. Sie ließ sich auf das Bett fallen. »Ja, ich fürchte, das wird dann noch ein Schock.«

»Mein Rat: Sobald es losgeht, keine Nachrichten mehr lesen oder ansehen.«

»Ich bleibe einfach in Irland. Da interessiert das

doch bestimmt viel weniger, oder?« Es sollte wie ein Scherz klingen.

»Vielleicht nicht die schlechteste Idee. Weiß jemand außer Ihren Eltern und Zadie, wo Sie sind?«

»Nein.«

»Das sollte so bleiben. Wenn es geht, kommen Sie nur für die Gerichtstermine.«

»Das klingt sehr dramatisch.«

»Sie wissen, wer Ihr Gegner ist. Ich mache mich jetzt an die Arbeit und melde mich, sobald ich mit der Staatsanwaltschaft gesprochen habe. Und Sie schicken mir jetzt noch die Infos, die ich brauche. Okay?«

Hannah, immer noch im Schlafanzug, nahm ihren Laptop, setzte ein Gedächtnisprotokoll des Telefonats mit Laura Blankley auf und schickte es ihrer Anwältin. Auch die Notizen, Scans und anderen Unterlagen, die sie vor zwei Monaten der Journalistin zugespielt hatte, leitete sie ihr weiter. Als alles erledigt war, fühlte sie sich hungrig und müde. Hannah duschte und zog sich an, ging raus, um sich ein wenig die Beine zu vertreten, am Fluss entlang durch die Innenstadt. Vorbei an Cafés und Pubs, an Geschäften, aber sie wollte nirgendwo hineingehen. Die Menschen überforderten sie, die in Sonntagslaune dort gingen und standen und saßen, die entschleunigt wirkten und ihre Liebsten um sich hatten.

Sie ging zurück zur Pension, ins Pub. Daniel war der einzige Mensch, den sie in Bandon kannte. Der einzige, dem sie wahrscheinlich wirklich vertrauen konnte und mit dem sie jetzt reden wollte.

Er setzte sich zu ihr an den Tisch, als hätte er sie erwartet. Es fiel ihr nicht schwer, ihm alles zu erzählen. Alles, was geschehen war, seit sie nach Irland gekommen war, und alles, was sie heute entschieden hatte. Stundenlang, so kam es ihr vor, ließ er sie erzählen, stellte hier und da eine Frage, wenn er drohte, den Faden zu verlieren. Sein Kollege brachte ihnen Essen und Getränke, und Daniel war wohl der geduldigste Zuhörer, den Hannah je gehabt hatte. Und der konzentrierteste.

»Wie kommen Sie damit klar, dass Ihre Anwaltskarriere vermutlich vorbei ist?«, fragte er.

Sie legte ihr Besteck auf den jetzt leeren Teller. »Keine Ahnung. Jetzt ist es eben einfach so. Fragen Sie mich das in ein, zwei Jahren noch mal.«

»Immerhin ist es nicht das Schrecklichste, was Sie sich in Ihrem Leben vorstellen konnten.«

»Überhaupt nicht. Ich habe gern Jura studiert und auch gern als Anwältin gearbeitet. Aber vielleicht ist es einfach nicht das Richtige für mich.« Sie hob die Schultern. »Es wird sich zeigen.« Als sie sah, dass er lächelte, fragte sie: »Was ist? Finden Sie, ich gehe zu unbekümmert an die Sache ran?«

»Gar nicht. Ich musste nur gerade daran denken, dass ich … Nein, es wäre falsch zu sagen, ich war in einer ähnlichen Situation. Aber ich musste auch einmal alles hinschmeißen und ganz neu bei null anfangen.«

»Wirklich?« Sie merkte selbst, wie das klang, und fügte schnell hinzu: »Ich meine, natürlich habe ich nicht gedacht, dass Sie noch nie etwas anderes gemacht haben, als hier …«

»… Bier zu zapfen?« Er lachte. »Ich hab das Pub vor zwei Jahren übernommen. Und ich hab hier früher schon gejobbt, um mir mein Studium zu finanzieren.«

»Was haben Sie studiert?«

»Architektur.«

»Im Ernst?«

»Warum denn nicht?«

Sie überlegte. »Weil Sie gar nicht wie ein Architekt aussehen.«

»Wie sehen Architekten aus?«

Jetzt musste Hannah lachen. »Nein, das war blöd von mir. Ich stelle mir bei Architekten nur immer ziemlich unsinnliche, dröge Typen vor, die den ganzen Tag im Anzug über dem Zeichentisch hängen. Entschuldigung. Ich weiß natürlich, dass das nicht stimmt. Aber das ist immer das erste Bild, das mir in den Kopf kommt.«

»Ich kann mich auch im Anzug über einen Zeichentisch beugen, wenn Ihnen das Freude macht.« Er grinste.

»Tut mir leid.«

»Sie entschuldigen sich in letzter Zeit sehr oft bei mir.«

»Dazu habe ich auch allen Grund. Ich dachte wirklich, Sie seien einfach nur eifersüchtig auf Cahal und wollten sich wichtigmachen. Aber Sie hatten so recht. Ich hätte mal besser gleich auf Sie gehört.«

Er wirkte nun sehr ernst und nachdenklich, und dann erzählte er ihr von seinem Verhältnis zu Cahal. Wie schon ihre Väter sich nicht gemocht hatten. Daniels

Vater John hatte ihm immer eingeschärft, niemals einem aus der Keady-Familie zu vertrauen. Das war ihm in Fleisch und Blut übergegangen. Dann war er eine Weile nicht mehr so oft in Bandon gewesen – die Ausbildung, das Studium, der Job, er war viel im Land herumgekommen und hatte an vielen Bauprojekten mitgearbeitet, bis die Krise kam und niemand mehr Geld hatte. Er hatte die Anzeichen nicht kommen sehen. Vor lauter Arbeit war alles andere zu kurz gekommen, selbst der Blick in die Tageszeitung. Von einem auf den anderen Tag gab es keine Aufträge mehr, und die Firma, bei der er Anteilseigner war, hatte Außenstände in Millionenhöhe. Nur mit großem Glück kam er ohne katastrophale Schulden aus der Sache heraus. Er musste wieder bei seinen Eltern einziehen und im Pub jobben. Bis er eines Morgens aufstand und dachte: Eigentlich ist es genau das, was ich machen möchte.

Es kam noch eine anstrengende Zeit, als erst sein Vater und dann seine Mutter starben. Aber Daniels Schwestern, die beide in Dublin lebten, unterstützten ihn, kauften vom Erbe der Eltern das Pub und weigerten sich, ihrem kleinen Bruder Geld für die Beteiligung abzunehmen.

»Schön, solche Schwestern zu haben«, sagte Hannah herzlich.

»Haben Sie keine Geschwister?«

»Nein, Einzelkind, der Augapfel meiner Eltern. Das war manchmal wunderbar und manchmal ganz schlimm.«

»Glaub ich.«

»Meine Mutter hat immer erwartet, dass ich ihr Geschäft übernehme. Das wollte ich nicht.«

»Warum nicht?«

Hannah hob die Schultern. »Ich wollte etwas Eigenes.«

»Schließt sich das aus?«

»Vielleicht nicht. Aber das Komische ist, dass ich jetzt denke: Warum sollte ich nicht ihr Geschäft übernehmen? Es läuft gut und vor allem: Es macht mir Spaß. Es hat mir immer Spaß gemacht, ich habe es nur nicht zugeben wollen.«

Er lächelte breit. »Mussten Sie dazu erst nach Irland kommen?«

Sie lächelte nicht. »Ich musste dazu erst einmal richtig auf die Nase fallen, glaube ich.«

»Um schätzen zu können, was Sie da haben?«

»Vielleicht auch das. Aber es ist wirklich das, was ich gern mache.«

Er wollte wissen, was ihr daran gefiel, und sie erzählte von den Möbelstücken, wie fasziniert sie davon war, von den Spuren der Vergangenheit, den Jahrzehnten und Jahrhunderten, von den Gerüchen, die sie noch hatten. Wie sie immer Bruchstücke von Geschichten vor sich sah, wenn sie ein solches Möbelstück berührte, wie ihre Fantasie von ihnen angeregt wurde. Sie unterbrach sich, als sie sein Gesicht sah, seine großen blauen Augen, die sie unentwegt anstarrten. »Sie finden das albern?«

»Ich finde es großartig. Das müssen Sie doch im Studium und bei Ihrer Arbeit vermisst haben!«

Sie schüttelte den Kopf. »Manchmal merkt man gar

nicht, dass etwas fehlt, weil so viel anderes, so viel Neues da ist. Es ist mir erst in den letzten Tagen wieder aufgefallen, wie unglaublich gern ich mit den alten Dingen arbeite. Auch mit den Papieren, übrigens. Das hatte ich ja auch im Studium. Bergeweise Akten durchwühlen und mich in alte Fälle reindenken. Doch, das hat mir auch Spaß gemacht!«, rief sie, als sie sein ungläubiges Gesicht sah. »Was glauben Sie, warum ich diesen Auftrag hier überhaupt angenommen habe?« Dann wurde sie wieder ernst. »Daniel, ich muss noch über etwas mit Ihnen sprechen.«

Sein Mitarbeiter legte die Hand auf Daniels Schulter und raunte ihm etwas ins Ohr. Daniel entschuldigte sich, er müsse nur eben etwas überprüfen. Die beiden verschwanden hinter der Theke oder vielmehr unter der Theke. Offenbar war etwas mit der Zapfanlage nicht in Ordnung.

Hannah überlegte, wie sie es Daniel sagen sollte, dann entschied sie sich, die Seiten, die sie schon den ganzen Tag mit sich herumtrug, einfach auf dem Tisch liegen zu lassen. Daniel sollte sie in Ruhe allein lesen. Ohne Eile verließ sie das Pub und ging auf ihr Zimmer. Er würde sich melden, sobald er alles gelesen hatte.

THOMAS

Es war im August 1942. Das Jahr, nachdem ich meine Verlobung mit Kathleen gelöst hatte. Meinem Vater ging es in diesem Sommer sehr schlecht, und Sara und ich kamen uns näher. Ich berichtete davon. Was ich dir bisher verschwiegen habe: wie nahe wir uns wirklich kamen. Aber vielleicht hast du es längst erraten, vielleicht ist alles gar kein Geheimnis mehr für dich …

Sara wohnte im Gartenhaus, und ich blieb in den warmen Sommernächten oft lange auf. Ich saß dann, nachdem alle anderen schon im Bett lagen, im Garten auf der Bank bei der Birke und rauchte, wartete, bis Sara fertig mit der Arbeit war. Wir unterhielten uns, manchmal sogar, bis sich der nächste Tag am Horizont ankündigte. Wir küssten uns, manchmal scheu und zärtlich, manchmal leidenschaftlich und atemlos. Und eines Nachts stand sie unvermittelt auf, nahm meine Hand und führte mich ins Gartenhaus.

Es war kein ungewöhnlicher Tag gewesen. Nichts war anders als sonst, nichts war geschehen. Jedenfalls nichts, was ich bemerkt hätte. Ich weiß also nicht, warum Sara ausgerechnet diese Nacht wählte, aber sie tat es. Ich bedrängte sie nicht. Ich überredete sie nicht.

Ich war zu der Zeit vollkommen zufrieden mit dem, was sie mir gab: die Küsse im Garten, die heimlichen Berührungen im Vorbeigehen, die liebevollen Blicke, wenn wir allein waren. Sie wollte mich, und ich verbrachte in ihren Armen die glücklichste Nacht meines Lebens.

Ich wäre so gern neben ihr eingeschlafen, um mit ihr aufzuwachen, aber ich wusste, dass es nicht ging. Niemals.

Ich fragte sie, warum sie mich mitgenommen hatte. Neckisch fragte sie zurück: »Wolltest du etwa nicht?«

Ich lächelte. »Wie lange ich darauf gewartet habe! Das weißt du gar nicht.«

»Doch«, sagte sie. »Drei Jahre lang.«

»Natürlich. Ich habe mich zwischendurch aufgeführt wie ein liebeskranker Idiot. Weißt du, warum?«

Fragend sah sie mich an, während sie auf dem Bauch nackt vor mir lag, das Kinn in beide Hände gestützt und das Gesicht von den langen dunklen Haaren eingerahmt.

»Weil ich ein liebeskranker Idiot war.«

»Kein Idiot«, sagte sie leise und streckte eine Hand nach mir aus, um über meine Wange zu streichen, dann mit einem Finger über meine Lippen. »Es ist nur alles nicht so einfach.«

»Dein Mann?«

Sie sagte nichts, drehte sich nur zur Seite. In dem Moment fielen mir die Schwangerschaftsstreifen an ihrem Bauch auf. Ich hatte sie vorher schon gesehen, aber in der Hitze der Leidenschaft nicht als das verstanden, was sie waren. Als sie meinen Blick sah, rollte sie sich wieder auf den Bauch und deckte sich zu.

»Hast du …«, begann ich.

»Nicht«, unterbrach sie mich mit ruhiger, fester Stimme. »Nicht heute. Bitte.«

»Du hast viele Geheimnisse. Mehr, als ich dachte.«

»Ich sagte doch, es ist alles nicht so einfach.«

»Warum hast du ihn geheiratet? Du bist mit ihm zusammen aufgewachsen, aber erst Jahre später, Jahrzehnte später heiratet ihr?« Als sie nicht sofort antwortete, fügte ich hinzu: »Ist das auch ein Geheimnis?«

Jetzt sah sie mir fest in die Augen. »Ja, eigentlich ist es das.«

»Sara, ich liebe dich! Ich habe jahrelang auf dich gewartet, und ich bin bereit, noch länger auf dich zu warten. Ich tu alles, was du von mir verlangst. Aber gib mir doch ein bisschen was, damit ich dich besser verstehen kann. Nicht nur Geheimnisse!« Ich klang so verzweifelt, wie ich war, aber sie lächelte.

»Er interessiert sich nicht für Frauen«, sagte sie, und vor lauter Verwunderung brauchte ich eine Weile, um zu verstehen, wen sie meinte. Im ersten Moment dachte ich, sie spräche von meinem Bruder Charles.

»Dann ist eure Ehe ein Arrangement?«

»Es kommt uns beiden zugute.«

Mir fiel ein, dass sie davon gesprochen hatte, er sei schon einmal verheiratet gewesen. Ich fragte sie danach.

»Ja, er hat natürlich lange gebraucht, um es sich einzugestehen. Und seine Familie ist sehr, sehr katholisch. Sehr konservativ. Er glaubt heute noch, dass er in der

Hölle schmoren muss, weil er fühlt, wie er fühlt. Seine erste Frau wusste nichts davon, sagt er. Ich weiß nicht, ob das stimmt. Ob sie wirklich so naiv und unerfahren war, um es nicht zu merken, oder ob sie es einfach akzeptiert hat. Viele Frauen heiraten, um versorgt zu sein. Wahrscheinlich tun das die meisten.«

Ich dachte an Kathleen und verzog das Gesicht. Sie schien meine Gedanken zu erraten und strich mir sanft über die nackte Schulter.

»Aber mit dir hat er offen darüber gesprochen?«

»Ich kenne ihn seit unserer Kindheit. Ich wusste es damals schon. Als ich nach Bandon zurückkam und mich mit ihm traf, sprach ich ihn direkt darauf an. Er wirkte sehr unglücklich und getrieben auf mich. Es stellte sich dann heraus, dass es hartnäckige Gerüchte gab, die offenbar von seinen Brüdern in die Welt gesetzt worden waren. Von seinen eigenen Brüdern! Ich machte ihm den Vorschlag mit der Heirat. Schließlich hatte ich dadurch auch Vorteile. Eine unverheiratete Frau in meinem Alter hat es auch nicht leicht. Da gibt es immer sofort Gerüchte.«

Ich nickte nachdenklich. Die Ehe war ein Arrangement, aber sie konnte sich nicht scheiden lassen. Sie könnte die Ehe annullieren lassen, aber das käme einem Skandal gleich und würde ihr mindestens so sehr schaden wie ihrem Mann. Nun, dachte ich, *dann ist es eben so, Hauptsache, sie weiß, dass ich sie liebe, und ich bin ihr auch nicht egal. Vielleicht liebt sie mich sogar. Vielleicht …* »Warum warst du nie verheiratet?«, fragte ich. »Es gab da mal jemanden, stimmt's?«

»Das ist lange her, und wir machen alle Fehler im Leben, nicht wahr?«

Sie spielte natürlich auf Kathleen an. »Ich dachte, du willst mich nicht«, verteidigte ich mich. »Ich dachte, es würde mir helfen, mit einer anderen zusammen zu sein.«

»Hat es geholfen?«

»Nein.«

»Deshalb war ich nicht verheiratet. Es hätte nichts geholfen.«

»Aber jetzt?«, fragte ich aufgeregt. »Jetzt ist er dir doch egal? Wenn es so lange her ist?«

»Jetzt ist sehr viel Zeit vergangen«, sagte sie, beugte sich vor und küsste meine Stirn. »Was für ein neugieriger junger Mann du bist!«

Ich seufzte schwer. »Sara, du machst mich noch wahnsinnig. Ich kann seit dem Tag, an dem ich dich zum ersten Mal sah, an nichts anderes als an dich denken. Und jetzt schenkst du mir diese Nacht! Wie geht es weiter mit uns? Wie kann es weitergehen? Es kann nicht einfach aufhören, oder? Sag mir, was du dir von mir wünschst, und ich werde es tun.«

Sie lachte und schlang ihre Arme um mich. »Vergiss nicht, wie schön es ist zu lieben«, flüsterte sie.

Ich wollte, dass sie mir erklärte, was sie damit meinte, aber sie schüttelte nur den Kopf, küsste mich und schob mich sanft aus ihrem Bett. »Du musst gehen«, sagte sie.

»Sara, ich …«

»Du musst gehen.« Sie lächelte, und ich schwöre dir,

sie wirkte glücklich. Unbeschwert. Ich hatte sie noch nie so gesehen.

»Du bist noch viel schöner als sonst. Ich wusste gar nicht, dass das möglich ist«, sagte ich, während ich mich anzog.

»Pass auf, dass dich niemand erwischt«, flüsterte sie. Zum Abschied küssten wir uns noch einmal, erst voller Leidenschaft, dann immer sanfter. Sie brachte mich zur Tür, draußen war es noch dunkel, aber die Vögel zwitscherten bereits. Ich war vollständig bekleidet, aber sie stand nackt vor mir, ganz ohne Scheu und Scham. Sie schlang die Arme um mich und vergrub ihr Gesicht an meinem Hals. Ich spürte ihre Lippen, wie sie suchend den Hals entlangwanderten, über meine Wangen, bis zu meinem Mund. Ich wollte nicht, dass sie aufhörte, mich zu küssen. Mit den Händen fuhr ich erregt über ihre nackte Haut, bis sie sich lachend losriss.

»Genug für heute.«

»Aber nur für heute!«, sagte ich.

»Versprochen«, sagte sie fröhlich, gab mir einen sanften, spielerischen Schubs und schloss die Tür.

Ich blieb noch eine Weile im Garten. Ich stand unter den Weiden, rauchte, sah der Sonne dabei zu, wie sie sich langsam den Tag erkämpfte und die Dunkelheit vertrieb. Glücklich und müde schlich ich mich in mein Zimmer. Als ich mich ins Bett legte, schlief ich sofort ein, und ich sollte bis zum Mittag durchschlafen. Niemand weckte mich, nichts störte mich. Ich wurde wach und dachte sofort an Sara und die letzte Nacht. Ich dachte an ihr Versprechen, freute mich auf die nächsten Nächte mit ihr, glaubte, vor Liebe und Glück fast zu zerspringen.

Als ich hinunterging, war es ungewöhnlich still im Haus. Ich fand nur meine Mutter im Garten, sie kam mir sofort entgegen und sagte: »Es ist etwas Schreckliches geschehen.«

»Vater?«, keuchte ich und spürte, wie mein Herz anfing zu rasen.

»Nein, nein«, sagte sie schnell. »Oh, entschuldige, ich hätte dir als Erstes sagen müssen, dass nichts mit deinem Vater ist. Sein Zustand ist unverändert. Nein, es geht um Sara. Ihren Mann. Er ist gefallen. Heute Morgen bekam sie die Nachricht. Sie ist jetzt bei seinen Eltern.«

Ich wusste nicht, was ich sagen sollte. Ich ging an ihr vorbei, setzte mich auf die Bank und zündete mir eine Zigarette an. Ich wollte nicht, dass meine Mutter mein Gesicht sah, denn dort kämpften die unterschiedlichsten Empfindungen. Wie konnte ich mich über den Tod eines Menschen so sehr freuen? Ich fühlte mich schuldig. Ich fühlte mich zugleich glücklich und befreit. Meine Gedanken überschlugen sich. Ihr Mann war tot. Ein Jahr lang würde sie trauern, dann konnten wir heiraten. Alles würde gut werden. Wir müssten uns nicht mehr lange verstecken. Wie unglaublich, dass dies geschehen war. Wie unendlich schrecklich von mir, nicht eine Sekunde lang den Tod dieses Mannes zu bedauern.

»Tom? Ist alles in Ordnung?«, fragte meine Mutter.

Ich nickte. »Die arme Sara«, sagte ich. »Wann kommt sie wieder? Wir müssen uns um sie kümmern.«

Mutter sah mich seltsam an. Sie kannte mich zu gut. Aber sie sagte nichts, fragte nichts.

Und dann kam alles anders. Sara zog sich von mir zurück. Ich vermute, sie hatte ein schlechtes Gewissen, auch wenn sie ihren Mann nicht geliebt hat, jedenfalls nicht auf diese Art. Sein Tod veränderte aber etwas in ihr, das ich nicht begriff und worüber sie auch nicht reden wollte. Über die Jahre konnte ich es mir nur so erklären: Sie hatte Angst vor der Liebe. Sie fühlte sich vielleicht sicher, solange sie mit einem anderen, den sie nicht liebte, verheiratet war. Solange alles heimlich und auf eine Art unverbindlich war. Vielleicht aber liebte sie noch den anderen, von dem ich damals nicht wusste, wer er war. Vielleicht liebte sie ihn noch und konnte deshalb nichts Ernstes eingehen, wollte sich nicht auf eine Heirat einlassen, die kein Arrangement war, sondern bei der es eigentlich um Liebe gehen sollte. Vielleicht hatte sie Angst davor, selbst zu lieben, wirklich zu lieben, mit allem, was dazugehörte. Ich weiß es nicht, ich kann nur spekulieren. Jedenfalls war der Tod ihres Mannes auch das Ende dessen, was zwischen uns gewesen war.

Als sie uns mitteilte, dass sie schwanger war, wusste ich, dass ich der Vater des Kindes sein musste. Wir hatten es nie ausgesprochen. Sie wollte, dass es für alle Welt so aussah, wie es aussehen musste: Das Kind war von ihrem Ehemann. Wie gut, dass er kurz vor seinem Tod in Irland gewesen war, weil sein Vater gestorben war. Wie gut, dass sie das Kind glaubhaft als das ihres Mannes ausgeben konnte. Sie hätte es sonst nicht bekommen können. Sie hätte wieder ein Kind weggeben müssen. Ich weiß nicht, warum sie sich diese Nacht mit mir ausgesucht hatte. Sie hätte wissen können, dass der Zeitpunkt höchst unsicher war, wenn man eine Schwangerschaft vermeiden wollte. Manchmal denke ich, vielleicht hatte sie die Nacht bewusst gewählt. Ihr Mann hätte natürlich gewusst, dass es nicht von ihm war, aber er hätte sich kaum daran gestört. Im Gegenteil, seine Tarnung wäre dadurch umso perfekter gewesen.

Wirklich, ich habe keine Ahnung, was in Sara damals vor sich ging.

Ich musste ihr versprechen, dass ich John immer – immer! – als Sohn ihres Mannes betrachtete. Egal, was auch geschah. Sie wollte nicht, dass er es wusste. Sie wollte, dass er glaubte, das Kind aus einer normalen Ehe zu sein. Aus geordneten Verhältnissen, wie es sich gehörte. Sara hatte große Angst davor, ihr Sohn könnte zu einem Außenseiter werden, Probleme bekommen, sich schlecht fühlen. Sie wollte ihn schützen. Ich weiß nicht, ob es tatsächlich das Beste für ihn war, man weiß es doch vorher nie, oder? Aber ich hatte es ihr versprochen, mehr als einmal, und in ihrem Abschiedsbrief an mich bat sie mich noch einmal darum, unser Geheimnis auch über den Tod hinaus zu wahren.

Ich habe sie so sehr geliebt, ich konnte nicht anders, als ihr diesen Wunsch zu erfüllen.

Jetzt aber, lieber Daniel, ist so viel Zeit vergangen. Sara ist tot, John ist tot, und ich sterbe auch bald. Ich habe mir eine gemeine Erkältung zugezogen, diese

Übergangszeit ist tückisch. Sie hat sich mir auf die Lunge gelegt, und mein Fieber steigt mit jedem Tag. Noch bin ich klar und bei Verstand, aber das kann sich schnell ändern. Vielleicht überlebe ich diesen Infekt, sehr viel wahrscheinlicher ist aber, dass ich sterben werde. Ich bin neunundneunzig Jahre alt, und ich bereue wenig in meinem Leben. Ich weiß, dass ich Fehler gemacht habe, und einer davon mag sein, dass ich Sara dieses Versprechen gab, John nicht zu sagen, wer wirklich sein Vater ist. Vielleicht hätte ihn das davon abgehalten, sich das Leben zu nehmen. Vielleicht liege ich damit aber auch völlig falsch.

Ich sage es nun dir, ich möchte dieses Geheimnis nicht mit ins Grab nehmen. Schließlich bist du mein Enkel.

Ich möchte übrigens, dass du mein Erbe antrittst. Wenn du es denn willst. Ich lege das Testament bei, es ist notariell beglaubigt und tritt in Kraft, sobald du es vorlegst. Bis dahin gilt ein anderes, in dem es heißt, dass mein Erbe an eine Stiftung gehen soll. Ich treffe diese komplizierte Maßnahme aus verschiedenen Gründen. Der Hauptgrund ist, dass ich dich entscheiden lassen möchte, ob du mich als deinen Großvater akzeptierst und beerben willst. Ein weiterer Grund ist, dass ich Angst habe, meine Unterlagen könnten in die falschen Hände geraten, und Cahal Keadys Besuch hat mich darin bestärkt. Jemand von außerhalb muss alles sichten, für den Fall, dass du nicht mein Erbe sein möchtest. Ich kenne die Keadys, ich weiß, wie sie sind. Cahal wird alles versuchen, um die Geschichte seines

Großvaters zu vertuschen. Ich will nicht, dass er Unterlagen durcheinanderbringt oder gar verschwinden lässt. Er ist genauso durchtrieben wie schon sein Vater und sein Großvater. Er ist niemand, dem man vertrauen darf. Ich halte nicht viel von dieser Familie, und kein Keady hat jemals gezeigt, dass ich damit falsch läge.

Daniel, du bist ein guter Junge. Ich habe dich immer genauso geliebt, wie ich auch deinen Vater geliebt habe. Bitte glaub mir das.

Ich werde diesen Brief – entschuldige, dass er so lang geworden ist! – an dich schicken, sobald es mir besser geht. Bis dahin verstecke ich ihn an einem sicheren Ort, damit Cahal ihn nicht findet. Halte mich für verrückt, aber ich traue ihm zu, dass er sich ins Haus schleicht und alles auf den Kopf stellt. Er wird nicht viel finden, es sei denn, er verbringt Wochen im Archiv. Ich habe alles, was ihn betrifft, gut verborgen.

Sollte ich sterben, bevor ich den Brief an dich schicken kann, wird ihn derjenige, der sich um meinen Nachlass kümmert, finden und dir geben. Ich vertraue darauf, dass sich die Dinge fügen, so wie es am besten ist.

Daniel, ich hoffe, du verzeihst einem alten Mann, ein Geheimnis so lange für sich behalten zu haben. Ich tat es für Sara, für ihr Andenken, für ihre Liebe. Ich denke, sie würde mir heute verzeihen, dass ich mein Versprechen breche.

Bleib, wie du bist, mein Junge. Du bist ein großartiger Mensch. Du hast das Richtige getan im Leben, hast dich nicht verbiegen lassen. Du warst immer so stark und so ehrlich. Ganz wie dein Vater. Und anders als dein Vater neigst du überhaupt nicht zur Schwermut. Du wirst dein Glück finden, das weiß ich. Glaub an dich, so wie ich an dich glaube.

In Liebe
Dein Großvater
Thomas

14.

Hannah musste nun Geduld haben, wie sich die Sache entwickelte. Sie vertraute ihrer Anwältin, sie hatte sich am Montag mit ihr in London getroffen, gemeinsam waren sie zur Staatsanwaltschaft gegangen, und Hannah hatte einem dünnen jungen Mann, der den Akzent einer teuren englischen Privatschule hatte, alles erzählt, was sie wusste. Nun hieß es abwarten, wie die Ermittlungen verlaufen würden. Rameshwari machte ihr Mut, auf dem Weg zur U-Bahn versicherte sie ihr immer wieder, dass sie sehr wahrscheinlich nichts zu befürchten hatte, allein schon deshalb, weil sie von sich aus gekommen war, statt darauf zu warten, dass sie angezeigt wurde oder dass beim Prozess gegen die Kanzlei etwas herauskam.

Hannah fuhr bei ihren Eltern vorbei und ließ sich dort ein paar Stunden bemuttern und die neuesten Aufnahmen von Wildvögeln auf den Äußeren Hebriden zeigen. Zadie holte sie ab, um sie zum Flughafen zu begleiten, und abends war sie wieder in der Pension, die einerseits fremd wirkte, weil sie gerade von zu Hause gekommen war, andererseits aber auch etwas Tröstliches hatte, weil London weit weg war und damit so viel Unangenehmes.

Sie fragte sich, wie es mit ihrer Arbeit an Dr. Olivers Nachlass weitergehen würde. Wenn Daniel sein Erbe antrat, würde er vielleicht nicht mehr wollen, dass jemand von außerhalb die Unterlagen durchging. Vielleicht aber würde er sie auch brauchen, um die Antiquitäten zu beurteilen. Lehnte Daniel ab, ging ihre Arbeit nun erst richtig los. Alles, was sie bisher getan hatte, gehörte noch zur Sichtung, zur Annäherung. Wer Thomas Oliver gewesen war, was ihn als Menschen ausmachte, glaubte sie besser begriffen zu haben, nachdem sie die Aufzeichnungen aus der Biedermeierkommode gelesen hatte. Was für ein widersprüchlicher, seltsamer, liebenswerter Mensch er doch gewesen sein musste! Sie fragte sich, wie Daniel nun damit umging.

»Mein Großvater«, sagte er, als sie sich am folgenden Nachmittag in einem kleinen Café trafen. »Und ich hatte nicht mal eine Ahnung davon.«

»Wirklich nicht?«

Er schüttelte den Kopf. »Wirklich nicht. Alles andere wäre eine nachträgliche Überinterpretation. Nein, ich hatte nie auch nur den Hauch einer Ahnung.«

»Bist du enttäuscht?«

Daniel sah sie verwundert an. »Nein, warum sollte ich?«

»Weil er sich nicht zu erkennen gegeben hat. Es könnte ja sein, dass du jetzt denkst, etwas verpasst zu haben.«

»Ich weiß es nicht. Wenn er es so wollte, dann war es nun mal so. Ich habe ihn manchmal gesehen und seinen Garten ein bisschen sortiert, an den Tagen haben wir nett miteinander geredet.« Er zögerte. »Nein, das stimmt nicht. Wir haben uns immer sehr gut unterhalten. Es war toll, sich mit ihm zu unterhalten. Ein kluger Mensch.«

Hannah versuchte sich vorzustellen, wie sich Daniel fühlen musste, aber es gelang ihr nicht nachzuvollziehen, wie er so ruhig sein konnte. »Wenn ich erfahren würde, dass einer meiner Großväter gar nicht mein Großvater war, sondern jemand anderes …«, überlegte sie laut.

»Weißt du, mein Vater war adoptiert. Er hatte soziale Eltern und Großeltern, und ich dadurch automatisch eine Familie, in der Blutsverwandtschaft weniger zählte als die Bereitschaft, füreinander da zu sein und sich zu lieben. Es ist nicht so wichtig, dass ich seine Gene habe. Oder findest du, dass es wichtig ist?«

Sie dachte an Dr. Olivers Notizen. »Er hat sich jahrzehntelang damit beschäftigt, was familiäre Bindungen ausmachen. Er hat sich zu allen Leuten notiert, wie sie politisch ticken und wie gläubig sie sind, welche Berufe sie haben und welche ihre Verwandten … Vielleicht wollte er herausfinden, was Gene wirklich ausmachen. Besonders in einem so engen sozialen Raum. Vielleicht dachte er, Gene machen keinen großen Unterschied. Die Gemeinschaft übernimmt die Erziehung und die Prägung.«

»Aber wozu das Ganze?«

Hannah hob die Schultern. »Vielleicht das schlechte Gewissen, seinen Sohn weggegeben zu haben?«

Jetzt schüttelte Daniel den Kopf. »Nein. Er konnte nicht anders. Wenn er zugegeben hätte, Johns Vater zu sein, hätten alle schlecht über meine Großmutter Sara gedacht. John wäre der Bastard gewesen. Und er wäre nicht bei seinem biologischen Vater aufgewachsen, sondern ohnehin zur Adoption freigegeben worden. Niemand hätte einem alleinstehenden Mann ein Kind zugesprochen. Thomas hat ihm all das ersparen wollen. Und er hat sich immer um ihn gekümmert.« Warm sah er Hannah an. »Es ist aber ein tolles Gefühl, das jetzt alles zu wissen. Danke.«

»Danke?«

»Dass du mir die Möglichkeit gegeben hast, es herauszufinden.«

»Das war Dr. Oliver.«

»Du hast den Brief gefunden.«

»Er hat ihn dir geschrieben.« Sie lächelte. »Was wirst du tun? Das Erbe antreten?«

Er antwortete nicht, sein Blick glitt an ihr vorbei in die Ferne. Er versank tief in Gedanken, bei denen sie ihn nicht stören wollte. Sie wartete geduldig ab.

»Was hast du eigentlich vor?«, fragte er dann unvermittelt.

»Das liegt ein bisschen an dir. Mein Job ist es, die Möbel zu begutachten und den Papierkram zu durchforsten. Bis man mir etwas anderes sagt.«

Er nickte und sah wieder an ihr vorbei. Sie dachte, er würde sich nun endlich zu dem Erbe äußern, aber stattdessen sagte er: »Ich meinte auch eher danach. Wenn du hier fertig bist mit Begutachten und Durchforsten.«

Danach. Etwas, das für sie im Moment wenig Bedeutung hatte. »Keine Ahnung. Vielleicht woanders Möbel begutachten.«

»Du hast dir noch gar nichts überlegt?«

»Nein. Muss ich?«

Er schüttelte den Kopf und legte endlich den Kaffeelöffel zur Seite. »Ich wollte nur die wahnsinnig blöde Frage stellen, ob du konkrete Pläne hast, für immer nach London zurückzugehen.«

Hannah lachte überrascht auf, staunte selbst darüber, dass sie bei der Frage nicht zusammenschreckte, sich nicht mal bedrängt fühlte. »Daniel, im Moment weiß ich gar nichts. Und soll ich dir mal was sagen? Ich halte das nicht einmal für einen schlechten Zustand.«

Daniel machte ein Gesicht, dem sie entnahm, dass er es durchaus für einen schlechten Zustand hielt. Sie musste noch mehr lachen. »Glaub mir, ich habe mich noch nie im Leben so wohl gefühlt wie gerade. Zum ersten Mal weiß ich nicht genau, wie es weitergeht, ich habe keine Pläne, nur vage Vorstellungen. Und das Beste daran ist, dass ich das Gefühl habe, alles ist möglich.«

Er wirkte immer noch nicht begeistert.

»Alles«, wiederholte sie.

Er sah sie an. »Denkst du, ich sollte das Erbe antreten?«

»Das musst du wissen. Wenn es dir richtig vorkommt, dann tu's.«

»Bleibst du dann trotzdem hier und hilfst mir mit den Möbeln? Und dem ganzen Kram?«

Sie lächelte. »Klar.«

Er nickte und sah aus, als sei ihm ein riesiger Stein vom Herzen gefallen. »Gut. Danke.«

»Wofür?«

»Dass du mir hilfst.«

Jetzt grinste Hannah. »Meine Mutter wird dir eine saftige Rechnung schreiben.«

Er lachte. »Wenn du mir hilfst, will ich dir auch einen Gefallen tun. Wünsch dir was.«

Sie überlegte kurz, nahm dann seine Hand. »Schmuggelst du mich in diesen Golfklub rein? Old Head?«

»Warum? Willst du Golf spielen?«

»Ich will …« Sie zögerte. »Vielleicht will ich sehen, was Sara gesehen hat. Vielleicht eine Blume für sie ablegen. Keine Ahnung. Blöde Idee. Vergiss es.«

Daniel runzelte die Stirn und dachte nach. Dann schüttelte er entschieden den Kopf. »Nein. Wir fahren hin.«

»Du kommst mit?«

»Natürlich.« Sein Blick wurde nachdenklich. »Ihr Kind … ich meine, ihr erstes Kind. Es wird wohl nicht möglich sein, es zu finden, oder?«

»Es wäre vermutlich auch längst tot.«

»Vielleicht gibt es Nachkommen. Das wären meine Verwandten.«

»Wie willst du sie finden?«

Daniel hob die Schultern. »Keine Ahnung. Hilfst du mir?« Er drückte ihre Hand und sah sie gespannt an.

»Daniel, es wird mir mindestens eine Ehre und sogar ein Vergnügen sein, dir zu helfen.«

»Darf ich dich küssen?«, fragte er leise.
Sie nickte.

SARA

Liebster Tom,

verzeih mir. Verzeih mir alles. Ich weiß, du kannst und wirst mich nicht verstehen, aber verzeih mir wenigstens.

Ich ertrage mein Leben nicht länger, die Schuld, die ich seit so vielen Jahren in mir trage …

Ich traf vor Kurzem den Mann wieder, der mein Leben bestimmt hat wie kein anderer, seit ich sechzehn Jahre alt war. Es war, als hätte ich ihn nun zum ersten Mal richtig kennengelernt, nach all den Jahren. Erst jetzt habe ich verstanden, was für ein Mensch er wirklich ist. Ich habe damals ein Phantom geliebt und mein Leben für dieses Phantom weggeworfen.

Ich kann es mir selbst nicht verzeihen. Und ich kann dir nicht mehr darüber sagen, weil es mich zu sehr schmerzt, es aufzuschreiben. Ich will nicht einmal, dass du weißt, wie dumm, wie schrecklich einfältig ich war und welchen entsetzlichen Fehler ich damals machte.

Ich muss dir danken für alles, was du für mich getan hast. Dir und deiner Familie. Deine Liebe, eure Zuneigung habe ich nie verdient.

Ich habe wirklich geglaubt, ich könnte John eine gute Mutter sein.

Ich kann es nicht.

Ich muss gehen.

Bitte sorge dafür, dass er eine gute, liebevolle Familie bekommt.

Bitte denke an dein Versprechen. John ist der Sohn meines Mannes. Daran darf sich nichts ändern. Brich niemals dieses Versprechen!

Tom, ich gehe, weil ich nicht anders kann. Ich mache euch alle nur unglücklich. Und ich selbst finde kein Glück mehr in mir. Ich bin schon tot.

Du bist das Beste, das mir je widerfahren ist. Danke, dass es dich in meinem Leben gab.

Aber du musst mich vergessen.

Verzeih mir.

S.